Norwegian T

Grammar and Vocabulary Workbook

Norwegian Tutor

Grammar and Vocabulary Workbook

Elettra Carbone and Guy Puzey

First published in Great Britain in 2018 by John Murray Learning. An Hachette UK company.

British Library Cataloguing in Publication Data: a catalogue record for this title is available from the British Library.

Library of Congress Catalog Card Number: on file.

9781473617445

8

Typeset by Cenveo® Publisher Services.

Printed and bound in Great Britain by CPI Group (UK) Ltd., Croydon, CR0 4YY.

John Murray Learning policy is to use papers that are natural, renewable and recyclable products and made from wood grown in sustainable forests. The logging and manufacturing processes are expected to conform to the environmental regulations of the country of origin.

Carmelite House
50 Victoria Embankment
London EC4Y 0DZ
www.hodder.co.uk

CONTENTS

SCOPE AND SEQUENCE OF UNITS

UNIT	CEFR	TOPIC	LEARNING OUTCOME
UNIT 1 **Jeg pleier å like fiskekaker, men…** pages 2–15	A2	*Food and drink*	• Understand a recipe • Decide when to use the definite and indefinite forms of nouns
UNIT 2 **Jeg har delt din video med vennene mine** pages 16–25	A2	*Family relationships*	• Describe family • Describe different types of relationships
UNIT 3 **Jeg gleder meg til å dra på safari** pages 26–35	B1	*Holidays and travel*	• Describe events and routines • Express dreams, hopes, ambitions and plans • Give orders and make suggestions • Write about experiences, describing feelings and reactions
UNIT 4 **Vi må gjøre noe før det blir for seint** pages 36–46	B1	*Weather, seasons and environmental concerns*	• Describe the weather • Understand weather forecasts • Identify main conclusions in clear argumentative texts • Discuss climate change
UNIT 5 **Jeg vil klage på min nye hårføner** pages 47–58	B1	*Appliances*	• Understand advice and warnings • Distinguish between reflexive and non-reflexive use of verbs
UNIT 6 **Vi har blitt syke** pages 59–66	B1	*Health and illness*	• Describe ailments and health • Give information about remedies
UNIT 7 **Vi gikk berserk på det store klessalget** pages 67–76	B1	*Shopping, colours and clothes*	• Describe items of clothing • Describe a state of mind • Distinguish between definite and non-definite adjectives

LANGUAGE		SKILLS	
GRAMMAR	**VOCABULARY**	**READING**	**WRITING**
Nouns Gender system	Food and drink; recipes; restaurants	Read two reviews of the same restaurant	Write your own online review of a good, bad or mixed dining experience
Main clauses Conjunctions Clausal adverbs	Family members; relatives and relationships; celebrations and family occasions	Read a story about Julia	Write a story about getting something you always wanted
Present tense Imperative	Travel; holidays; means of transport	Read Karl's diary entries about his and Live's journey to Tanzania	Write a diary entry about Karl's feelings and thoughts
Modal verbs Future tense	Weather; recycling; climate change	Read a debate about climate change from an online forum	Write about things you do for the environment
Personal pronouns Reflexive pronouns Possessive pronouns	Technical and electronic items; consumer complaints	Read a consumer complaint letter and the answer from the shop manager	Write a letter of complaint to a shop or manufacturer about an appliance
Perfect tense	Illnesses and injuries; doctors and healthcare professionals; medicines and remedies	Read a holiday postcard to Karla and Øyvind's parents and read their parents' email reply	Write a postcard from Karla and Øyvind, including how they are feeling now and what they have been doing
Adjectives Demonstratives	Items of clothing; toys; colours; states of mind; shopping	Read Synnøve and Beate's instant messages about some Christmas presents	Write an affectionate review about your favourite item(s) of clothing

UNIT	CEFR	TOPIC	LEARNING OUTCOME
UNIT **8** Så går Nora ut pages 77–86	B2	*Equality and gender roles*	• Discuss gender roles in the family and in society • Understand articles and reports concerned with contemporary problems in which writers adopt particular stances or viewpoints • Describe the action of a film or play
UNIT **9** Lengst mot nord pages 87–97	B1	*Nature, geography and landscape*	• Describe and compare places and situations • Compare and contrast Norway with other Nordic countries
UNIT **10** Mobilen min tok over mitt liv pages 98–105	B1	*Media, communication and technology*	• Discuss digital technology and social media • Share views and opinions online
UNIT **11** Jeg søker stillingen fordi jeg ønsker nye utfordringer pages 106–117	B1	*Work and professions*	• Describe job situations and work environments • Understand job advertisements
UNIT **12** Skal jeg kjøpe en enebolig eller en leilighet? pages 118–131	B1	*House and home*	• Describe a home environment • Describe where things are and where they are being put • Understand texts about living in different locations
UNIT **13** Når begynte du å drive med yoga? pages 132–143	B1	*Hobbies and leisure*	• Describe hobbies and leisure activities • Exchange information about topics of personal interest
UNIT **14** Jeg hadde aldri trodd at det ville være så gøy å studere i Bergen pages 144–152	B2	*Education*	• Discuss aspects of your education • Understand correspondence relating to school and education

LANGUAGE		SKILLS	
GRAMMAR	**VOCABULARY**	**READING**	**WRITING**
Adverbs Adverbials	Gender equality; welfare state; family life	Read a blog post about a play and its impact	Write a short blog post review describing the action of a film or play
Comparatives Superlatives Other kinds of comparisons	Landscapes; animals; cities; Nordic countries and natural features; infrastructure	Read a short magazine article about the Arctic and the Norwegian territory of Svalbard	Write a short magazine feature column on the geography and natural life of your own area
Simple past tense	Internet and social media; blogs; mobile phones	Read a blog debate about social media	Write your own response to the blog about social media
Subordinate clauses Subordinating conjunctions Relative pronouns	Professions; experience and personal qualities; job advertisements and applications	Read a job advertisement and an application for a position	Find a job advertisement you are interested in and write a short application statement
Prepositions Prepositional phrases	House, home and buildings; rooms and interior; DIY; geography	Read an online debate about which type of property is best	Write your own response to the forum entry: what type of property do you like best and why?
Quantifiers	Hobbies; arts and crafts; music; cooking	Read an advertisement about a yoga weekend experience and an interview with one of the yoga instructors	Complete a survey about your favourite activity or hobby
Pluperfect Past future	School; university; degrees and qualifications	Read an email exchange about studying in Bergen	Reply to an email about an educational establishment

LANGUAGE		SKILLS	
GRAMMAR	**VOCABULARY**	**READING**	**WRITING**
Passive voice -s verbs	Crime; justice; criminal justice system	Read a text about being a lay judge	Write a brief description of a crime you have witnessed or read about
Present participles Past participles	Theatre, dance, film, TV and music; feelings and emotions; literature	Read a book review	Write a book review: what is the book about?
Det sentences Cleft sentences	Customs and traditions; festivals and celebrations; public holidays	Read an invitation to the 17 May celebration	Write an invitation to an event or a private party
Genitive Compound nouns	Sports; outdoor activities; sports facilities and equipment	Read a short feature from a sports magazine about a famous Norwegian sportswoman	Write a short introductory article for a sports magazine about a sports star
Verbs expressing thought Prepositions for agreement and disagreement	Politics and elections; human rights; Nobel Peace Prize; agreement and disagreement; beliefs and opinions	Read a short text summarizing the life and political convictions of a Norwegian poet. Then read one of his poems	Write a short text about a past, present or potential future winner of the Peace Prize (real or imaginary)
Indirect speech	Language learning; language variation; language history; reporting verbs	Read a report on the influence other languages have had on Norwegian	Write a summary of a factual article or documentary

Having taught Norwegian at University College London since 2012, I now hold the position of Lecturer in Norwegian Studies at the same university. I come from a family of language enthusiasts. My parents taught me that languages are not only useful but fun to learn, as they can open the door to different cultures. My father started teaching me English, French, German and a little Russian from a very early age and he was always keen to take the whole family on various summer adventures to let me and my sister try out what we had learnt. I have always loved the feeling of satisfaction that you experience the first time you can sustain a conversation in a new foreign language. Over the years I have experienced this a few times, most recently with Finnish, but I am also lucky enough to be able to relive this moment every time one of my students reaches this stage.

Elettra Carbone

I have been teaching Norwegian at the University of Edinburgh since 2006, first through evening open-learning courses, and now as Lecturer in Scandinavian Studies, working with undergraduate and postgraduate students. I love learning languages, and as well as Norwegian, I have also taken courses at various levels in Italian, Scottish Gaelic, French, German, Russian, Polish, Finnish, Romanian and Korean. One of the best things about learning Norwegian is that it opens doors not only to the exploration of Norwegian culture, but also to the Danish and Swedish languages, which are very similar to Norwegian. I feel very strongly about the importance of linguistic diversity and am particularly interested in the way the Norwegian language allows users flexibility and freedom of choice in the way they express themselves. When learning languages, motivation is key, so I think it is very important to try and have fun while you learn, and not to be afraid of making mistakes.

Guy Puzey

Acknowledgements

We would like to extend a huge thank you to Jesper Hansen, who has worked closely with us from the very inception of this book. We are also grateful to our editors, Sarah Turner, Frances Amrani and Emma Green, for their advice, to our proofreaders, Astrid Kristoffersen and Andy Cook, and to Marzia Ballardin, Janet Garton, Anne Grydehøj, Arne Kruse, Julie Larsen, Kristin Lorentsen and Helén Lundén for their creative input and grammatical knowledge. Thanks also to our students for taking the time to test some of these units and to Norvik Press for allowing us to adapt the text about *Lillelord* by Johan Borgen in Unit 16.

Picture Credits

If you have studied Norwegian before but would like to brush up on or improve your grammar, vocabulary, reading and writing skills, this is the book for you. The *Norwegian Tutor* is a grammar workbook which contains a comprehensive grammar syllabus from advanced beginner to upper intermediate and combines grammar and vocabulary presentations with over 200 practice exercises.

The language you will learn is presented through concise explanations, engaging exercises, simple infographics and personal tutor tips. The infographics present grammar points in an accessible format while the personal tutor tips offer advice on correct usage, colloquial alternatives, exceptions to rules, etc. Each unit contains reading comprehension activities incorporating the grammar and vocabulary taught, as well as freer writing and real-life tasks. The focus is on building up your skills while reinforcing the target language. The reading stimuli include emails, blogs, social media posts and business letters using real language so you can be sure you're learning vocabulary and grammar that will be useful for you.

You can work through the workbook by itself or you can use it alongside our *Complete Norwegian* course or any other language course. This workbook has been written to reflect and expand upon the content of *Complete Norwegian* and is a good place to go if you would like to practise your reading and writing skills on similar topics.

Icons

 Discovery

 Vocabulary

 Writing

 Reading

 Personal Tutor

THE DISCOVERY METHOD

There are lots of philosophies and approaches to language learning, some practical, some quite unconventional, and far too many to list here. Perhaps you know of a few, or even have some techniques of your own. In this book, we have incorporated the Discovery Method of learning, a sort of awareness-raising approach to language learning. What this means is that you will be encouraged throughout to engage your mind and figure out the language for yourself, through identifying patterns, understanding grammar concepts, noticing words that are similar to English, and more. This method promotes language awareness, a critical skill in acquiring a new language. As a result of your own efforts, you will be able to better retain what you have learnt, use it with confidence, and, even better, apply those same skills to continuing to learn the language (or, indeed, another one) on your own after you've finished this book.

Everyone can succeed in learning a language – the key is to know how to learn it. Learning is more than just reading or memorizing grammar and vocabulary. It's about being an active learner, learning in real contexts, and, most importantly, using what you've learnt in different situations. Simply put, if you figure something out for yourself, you're more likely to understand it. And when you use what you've learnt, you're more likely to remember it.

As many of the essential but (let's admit it!) challenging details, such as grammar rules, are introduced through the Discovery Method, you'll have more fun while learning. Soon, the language will start to make sense and you'll be relying on your own intuition to construct original sentences independently, not just reading and copying.

Enjoy yourself!

BECOME A SUCCESSFUL LANGUAGE LEARNER

1 **Make a habit out of learning**
   ▶ Study a little every day. Between 20 and 30 minutes is ideal.
   ▶ Give yourself **short-term goals**, e.g. work out how long you'll spend on a particular unit and work within this time limit, and **create a study habit**.
   ▶ Try to **create an environment conducive to learning** which is calm and quiet and free from distractions. As you study, do not worry about your mistakes or the things you can't remember or understand. Languages settle gradually in the brain. Just give **yourself enough time** and you will succeed.

2 **Maximize your exposure to the language**
   ▶ As well as using this course, you can listen to the radio, watch television or read online articles and blogs.
   ▶ Do you have a personal passion or hobby? Does a news story interest you? Try to access Norwegian information about them. It's entertaining and you'll become used to a range of writing styles.

3 **Vocabulary**
   ▶ Group new words under **generic categories**, e.g. *food*, *furniture*, **situations** in which they occur, e.g. under *restaurant* you can write *waiter*, *table*, *menu*, *bill*, and **functions**, e.g. *greetings*, *parting*, *thanks*, *apologizing*.
   ▶ Write the words over and over again. Keep lists on your smartphone or tablet, but remember to switch the keyboard language so you can include all accents and special characters.
   ▶ Cover up the English side of the vocabulary list and see if you remember the meaning of the word. Do the same for the Norwegian.
   ▶ Create flash cards, drawings and mind maps.
   ▶ Write Norwegian words on sticky notes and attach them to objects around your house.
   ▶ **Experiment with words**. Look for patterns in words, e.g. nouns ending in **-else** are normally masculine in gender.
   ▶ Try using a Norwegian **thesaurus-style dictionary** every now and then as it will help you broaden your vocabulary and improve your style.

4 **Grammar**
   ▶ **Experiment with grammar rules**. Sit back and reflect on how the rules of Norwegian compare with your own language or other languages you may already speak.
   ▶ Use known vocabulary to practise new grammar structures.
   ▶ When you learn a new verb form, write the conjugation of several different verbs you know that follow the same form.

5 **Reading**
   The passages in this book include questions to help guide you in your understanding. But you can do more:
   ▶ **Imagine the situation.** Think about what is happening in the extract/passage and make educated guesses, e.g. a postcard is likely to be about things someone has been doing on holiday.
   ▶ **Guess the meaning of key words before you look them up.** When there are key words you don't understand, try to guess what they mean from the context.

If you're reading a Norwegian text and cannot get the gist of a whole passage because of one word or phrase, try to look at the words around that word and see if you can work out the meaning from context.

6 Writing

- ▶ Practice makes perfect. The most successful language learners know how to overcome their inhibitions and keep going.
- ▶ When you write an email to a friend or colleague, or you post something on social media, pretend that you have to do it in Norwegian.
- ▶ When completing writing exercises, see how many different ways you can write it, imagine yourself in different situations and try answering as if you were someone else.
- ▶ Try writing longer passages such as articles, reviews or essays in Norwegian; it will help you to formulate arguments and convey your opinion as well as helping you to think about how the language works.
- ▶ Try writing a diary in Norwegian every day, this will give context to your learning and help you progress in areas which are relevant to you.

7 Visual learning

- ▶ Have a look at the infographics in this book: do they help you to visualize a useful grammar point? You can keep a copy of those you find particularly useful to hand to help you in your studies, or put it on your wall until you remember it. You can also look up infographics on the Internet for topics you are finding particularly tricky to grasp, or even create your own.

8 Learn from your errors

- ▶ Making errors is part of any learning process, so don't be so worried about making mistakes that you won't write anything unless you are sure it is correct. This leads to a vicious circle: the less you write, the less practice you get and the more mistakes you make.
- ▶ Note the seriousness of errors. Many errors are not serious, as they do not affect the meaning.

9 Learn to cope with uncertainty

- ▶ Don't over-use your dictionary. Resist the temptation to look up every word you don't know. Read the same passage several times, concentrating on trying to get the gist of it. If after the third time some words still prevent you from making sense of the passage, look them up in the dictionary.

Variation in Norwegian

As you may already know, there are two official written standards of Norwegian, which are called Bokmål and Nynorsk. Historically, Bokmål is based on a Norwegianization of written Danish, while Nynorsk is based on a common denominator of spoken Norwegian dialects. This book focuses on Bokmål, the more widely used of the two standards, although you will also find occasional notes on a few selected differences in Nynorsk.

The distance between Bokmål and Nynorsk varies. Sometimes every single word in a given sentence might differ, while other sentences could be the same in Bokmål and Nynorsk:

Bokmål: **Jeg kommer fra Norge.**
Nynorsk: **Eg kjem frå Noreg.**
} (*I come from Norway.*)

Bokmål/Nynorsk: **Han reiser til Finland i dag.** (*He's travelling to Finland today.*)

Norwegian grammar is quite liberal, allowing for a considerable degree of variation within each written standard, and this book reflects this freedom of choice. This is why you will sometimes see two or more options, e.g. **en/ei avis** (*a newspaper*) or **skrev/skreiv** (*wrote*). For the sake of clarity, we have not always given all possible options, so bear in mind that there are, for instance, exercises where the possible answers given are not exhaustive.

The Norwegian alphabet

There are 29 letters in the Norwegian alphabet. The first 26 letters are the same as in English and many other languages, while the additional Norwegian letters come at the end of the alphabet, after **Z**, in the following order: **Æ**, **Ø** and **Å**.

You may find older documents with **Aa**, which is how **Å** was generally written until 1917. Some names are still spelt with **Aa** (e.g. Crown Prince Haakon Magnus, Ivar Aasen, or Aavatsmarkbreen), and these are alphabetized along with **Å**.

Even if you are not lucky enough to have access to a Norwegian keyboard, you can usually change device settings to allow you to type the extra characters or set up shortcuts in individual applications; or you can simply copy and paste the characters from a Norwegian website.

Another common way of typing these characters on many PCs is by using the so-called Alt codes: this involves holding down the Alt key (to the left of the space bar) while you type a code on the keyboard's number pad, which is normally on the right-hand side. If you do this, make sure the Num Lock function is on, otherwise it may not work. The codes can be fiddly to start with, but if you write a lot of Norwegian on a computer, you might find you end up committing the codes to muscle memory!

Æ = Alt + 0198	**Ø** = Alt + 0216	**Å** = Alt + 0197
æ = Alt + 0230	**ø** = Alt + 0248	**å** = Alt + 0229

1 Jeg pleier å like fiskekaker, men…

I normally like fishcakes, but…

In this unit you will learn how to:

- ✅ Understand the flexible noun gender system.
- ✅ Use the singular and plural forms of nouns.
- ✅ Decide when to use definite and indefinite forms of nouns.

CEFR: Can identify specific information in simpler written material he/she encounters, such as short newspaper articles describing events e.g. a visit to a restaurant (A2); Can write very short, basic descriptions of events, past activities and personal experiences e.g. a dining experience (A2).

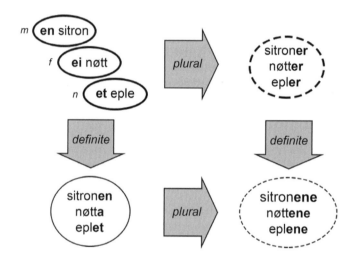

Meaning and usage

Noun genders

1 Norwegian nouns belong to categories known as genders. There are three grammatical genders in Norwegian: masculine, feminine and neuter:

    m.   **en appelsin** (*an orange*), **en kjeks** (*a biscuit/cracker*)

    f.   **ei bønne** (*a bean*), **ei kake** (*a cake*)

    n.   **et brød** ([*a loaf of*] *bread*), **et eple** (*an apple*)

2   The words **en**, **ei** and **et** are indefinite articles. These are used the same way as *a* or *an* in English, but they vary according to the gender of the noun in question.

 *Since **en**, **ei** and **et** clearly show gender, it is a good idea to learn these indefinite articles together with the nouns as you build your vocabulary. If your dictionary does not give noun genders, try the very useful free online dictionary **Bokmålsordboka og Nynorskordboka** at ordbok.uib.no/.*

A   **Complete the sentences with indefinite articles, according to the given noun gender.**

   1   Vil du ha (*f.*) _____ skive med ost eller (*n.*) _____ rundstykke?

   2   Hvor sulten er du? Vil du spise (*m.*) _____ ispinne eller (*f.*) _____ hel iskake?

   3   Har du lyst på (*n.*) _____ glass vann eller (*m.*) _____ kopp kaffe?

3   Knowing the meaning of a word can sometimes help to guess its gender. Most nouns that could describe both males and females (e.g. many job titles) are masculine:

   Det er en lærer som baker kaker på TV. (*There's a teacher baking cakes on TV.*)

   Det var en student som alltid drakk kaffe i timene. (*There was a student who always drank coffee in class.*)

   Jeg har en venn som liker lutefisk. (*I have a friend who likes **lutefisk** [a traditional Norwegian fish delicacy].*)

   but: **et barn** (*a child*), **et menneske** (*a person*), **ei/en jordmor** (*a midwife*).

Nouns that describe males are usually masculine, while words that describe females are usually feminine:

   en far (*a father*), **en sønn** (*a son*), **en brudgom** (*a bridegroom*)

   ei/en mor (*a mother*), **ei/en datter** (*a daughter*), **ei/en brud** (*a bride*)

   but the grammatical gender of **en kjæreste** (*a boyfriend/girlfriend*) is always masculine.

4   There is no simple way to tell the gender of any noun only by looking at it, but there are some useful patterns. Certain noun endings may give clues about the gender, although not all words will follow these general patterns.

Noun endings	Most likely gender	Examples
-dom	m.	en barndom (*a childhood*)
-else		en forkjølelse (*a cold*)
-er		en baker (*a baker*)
-sjon		en revolusjon (*a revolution*)
-het	m./f., but masculine far more commonly used for most nouns in this group	en/ei hemmelighet (*a secret*)
-ning -ing	m./f., except for nouns in these groups describing people, which are usually masculine	en/ei festning (*a fortress*) (en/ei) matlaging (*food preparation*) but for people: en flyktning (*a refugee*) en vestlending (*a person from western Norway*)
-eri	n.	et bryggeri (*a brewery*)

Relatively few words for animals or plants are neuter, with some important exceptions, e.g. **et bær** (*a berry*), **et dyr** (*an animal*), **(et) gress** (*grass*), **et tre** (*a tree*).

 B **Sort these words according to their gender. Some may be placed in more than one category. Use a dictionary to check.**

> bekreftelse (*confirmation*), bjørn (*bear*), blanding (*mixture*), evighet (*eternity*), fisker (*fisherman/-woman*), folk (*people* [in general]), godteri (*confectionery/sweets*), kokk (*cook/chef*), løve (*lion*), panne (*pan*), pannekake (*pancake*), porsjon (*portion*), skapning (*creature*), vindu (*window*), visdom (*wisdom*)

Masculine	Feminine	Neuter

 C **Identify any overall trends you notice in how many nouns are distributed per gender.**

5   There is some room for variation and choice in noun genders, as is often the case in Norwegian. In Bokmål, it is possible to treat any feminine noun as if it were masculine, as part of a common gender category bringing together masculine and feminine. For instance, while **bok** (*book*) can be treated as feminine (**ei bok**), it can also be treated as masculine (**en bok**).

In Nynorsk, feminine genders are always used wherever possible. In Bokmål, on the other hand, some people might use feminine genders at all times, but very many people treat at least some nouns that can be feminine as masculine. Here are some patterns of usage you might encounter, with the use of feminine genders underlined:

Full feminine gender:	**ei leilighet** (a flat), <u>**ei skål**</u> (a bowl), <u>**ei ku**</u> (a cow)
Some feminine gender:	**en leilighet** (a flat), <u>**ei skål**</u> (a bowl), <u>**ei ku**</u> (a cow)
Less feminine gender:	**en leilighet** (a flat), **en skål** (a bowl), <u>**ei ku**</u> (a cow)
No feminine gender:	**en leilighet** (a flat), **en skål** (a bowl), **en ku** (a cow)

All four patterns are acceptable and correct, but there are some differences. The use of feminine gender at all times is more radical in style, while the use of no feminine gender at all may seem a little conservative, formal or old-fashioned, especially with nouns that are biologically feminine, such as **ei/en ku** (a cow) *or* **ei/en jente** (a girl).

6   There are some other nouns (although not many) that belong to more than one gender for other reasons. In these cases, the choice of gender is free as long as it is consistent when using that word. Here are some examples:

en/et jafs (*a gulp*)

en/ei/et skjell (*a shell*)

en/et smil (*a smile*)

Two nouns that are spelt the same may have different genders according to their meaning. These should really be seen as separate words:

en/et bruk (a use/custom)	*vs.*	**et bruk** (a farm/factory)
en/ei egg (a blade)	*vs.*	**et egg** (an egg)
en kurs (a course/heading [of a boat or ship])	*vs.*	**et kurs** (a course [of instruction])
en rot (a root)	*vs.*	**et rot** (a mess)

Indefinite vs. definite nouns

1 Indefinite forms of nouns, such as **en potet** (*a potato*) or **poteter** (*potatoes*), are normally used when the noun is referencing information that is new to the reader:

Jeg spiste <u>fisk</u> og <u>poteter</u> til middag i dag. (*I ate fish and potatoes for dinner today.*)

Indefinite nouns are also often used when describing something generally:

Vanligvis liker jeg <u>fisk</u> og <u>poteter</u>. (*I normally like fish and potatoes.*)

2 Once the information referenced by nouns has become known to the reader, definite nouns are used, as the reference is now specific:

<u>Fisken</u> var bra, men <u>potetene</u> var ikke varme nok. (*The fish was good, but the potatoes weren't warm enough.*)

3 Definite forms are also sometimes used for nouns referencing new information if some more specific context is already given: **Jeg spiste lunsj i <u>kantina</u> i dag. <u>Vaflene</u> var deilige!** (*I ate lunch at the canteen today. The waffles were delicious!*). It might be news that this person ate lunch at the canteen, but there is some context for understanding which canteen it is, so the definite form is used. The waffles are also the specific ones eaten in the canteen, so they are in the definite form too.

4 When a person uses a classifying noun, such as stating what profession or other groups they may belong to, no indefinite article is used (unlike in English):

Jeg er <u>kokk</u>. (*I am a cook.*)

Julie er <u>veganer</u>. (*Julie is a vegan.*)

The main exception is when an adjective is used before the noun:

Jeg er <u>en dårlig kokk</u>. (*I am a bad cook.*)

5 Many abstract nouns are often used in a definite form in Norwegian where they would appear in an indefinite form in English:

<u>Tida</u> går sakte når man er sulten. (*Time goes slowly when you're hungry.*)

 Recipes often include some abbreviations that may be unfamiliar, such as **dl** (**en desiliter** = decilitre = 100 ml), **ss** (**spiseskje** = tablespoon = 15 ml), **stk.** (**stykk** = piece/pieces) *and* **evt.** (**eventuelt** = possibly/if applicable).

D Find the definite nouns in Kjell and Njål's unusual pancake recipe and identify the four different endings for definite nouns.

Oppskrift på pannekaker med pølser

Du trenger (til fire personer):

8–12 egg	2 liter melk
16–18 dl mel	smør til steking
2 ss sukker (etter behag)	revet gulost (etter behag)
wienerpølser (minst 12 stk.)	

Pisk sammen melken og eggene. Tilsett mel til røra er passe tykk og klumpfri. Strø evt. litt sukker i røra og la den stå litt.

Kok vann i en ganske stor kasserolle. Når vannet koker, skru ned varmen litt og legg pølsene i kasserollen. Pølsene skal trekke i ca. 10 minutter.

Ta fram ei stor stekepanne. Hvis du eller romkameraten din har husket å kjøpe smør, ta ut smøret fra kjøleskapet og bruk det til å smøre stekepanna. Stek pannekakene. Husk å snu dem (helst i lufta)!

Legg pølsene i pannekakene. Tilsett evt. gulosten og spis.

How to form indefinite nouns

1 Nouns take on slightly different forms according to whether they are <u>singular</u> or <u>plural</u>:

Jeg ser at hun har en mandarin. I går hadde hun tre mandariner. (*I see that she has a mandarin. Yesterday she had three mandarins.*)

2 These are the main forms for indefinite plural nouns (words like *books* or *houses* in English):

		Singular	Plural
Masculine		en appelsin (*an orange*)	appelsiner (*oranges*)
Feminine		ei kake (*a cake*)	kaker (*cakes*)
Neuter	(more than one syllable)	et eple (*an apple*)	epler (*apples*)
	(single syllable)	et brød ([*a loaf of*] *bread*)	brød ([*loaves of*] *bread*)

The most common plural ending is **-(e)r**. The main exception is single-syllable neuter nouns, most of which have no indefinite plural endings. Sometimes even neuter nouns with more than one syllable have no indefinite plural endings (especially compound nouns in which the last component is a single-syllable noun):

et glass – to glass (*a glass – two glasses*)

et vinglass – to vinglass (*a wine glass – two wine glasses*)

3 Many other neuter nouns have different options when forming the plural:

et kjøkken – to kjøkkener/kjøkken (*a kitchen – two kitchens*)

et måltid – to måltider/måltid (*a meal – two meals*)

4 A few irregular masculine and feminine nouns do not change between the singular and plural, for example:

en kjeks – to kjeks (*a biscuit – two biscuits*)

en ting – to ting (*a thing – two things*)

5 If the singular noun already ends in an **-e**, normally only an **-r** is needed to make the plural:

ei/en pære – to pærer (*a pear – two pears*); not **to pæreer**

The key exception to this is if the **-e** ending on the singular noun is stressed:

en kafé – to kaféer (*a café – two cafés*)

ei/en skje – to skjeer (*a spoon – two spoons*)

E Complete the sentences with the indefinite plural forms of these nouns. The genders have been given.

1 Hvor mange _____ (vannmelon, *m.*) har du kjøpt?

2 Trenger vi virkelig ni _____ (granateple, *n.*)?

3 Skal vi bruke _____ (blåbær, *n.*) når vi baker muffins?

4 Kan man lage saft av _____ (rødbete, *m./f.*)?

6 There are many irregular plural forms: often these will involve changes to vowels. A few irregular masculine and feminine nouns do not change between the singular and plural. Meanwhile, there are also a small number of single-syllable neuter nouns that do change in the plural. Here are a few more examples of nouns that behave a little differently in the plural:

en bonde – to bønder (*a farmer – two farmers*)

ei/en mor – tre mødre/mødrer (*a mother – three mothers*)

en sko – fire sko (*a shoe – four shoes*)

et sted – fem steder (*a place – five places*)

7 Most masculine nouns already ending in **-er** take only an additional **-e** to form the indefinite plural:

en vegetarianer – to vegetarianere (*a vegetarian – two vegetarians*)

Irregular forms need to be learnt separately, but occasionally you will see they create patterns of their own, and sometimes nouns that are irregular in English are irregular in Norwegian too:

en fot – seks føtter (a foot – six feet)

ei/en gås – sju gjess/gjæser (a goose – seven geese)

en mann – åtte menn (a man – eight men)

8   A lot of nouns ending in **-el**, and some ending in **-er**, are shortened or can be shortened in the plural, and double consonants may be shortened too:

en artikkel – to artikler (*an article – two articles*)

en finger – to fingre/fingrer (*a finger – two fingers*)

9   No word can end with a double **m**, so when a noun ends in the letter **m**, that letter will often be doubled before plural (and definite) endings, if a short vowel comes before the **m**:

en sykdom – to sykdommer (*an illness – two illnesses*)

10 Many loanwords ending in **-um** lose that ending before adding plural (and definite) endings:

et museum – to museer (*a museum – two museums*)

F   **Complete the plural forms of the nouns in the email message. Remember to check the genders.**

Fra:	noerdnjaal1977@norge-mail.com
Til:	kjell.flatmark@e-post.no
Emne:	Stein

Hei, Kjell!

Hvordan går det? Jeg trenger hjelp. I morgen skal jeg lage middag til noen _____(1) (venn). Det er fem _____(2) (person) som kommer, men det er spesielt én som gjør at hjertet mitt banker litt fortere enn vanlig, nemlig Stein.

Jeg vil gjerne lage noe som kan imponere ham, så jeg tenkte at jeg kunne lage _____(3) (pannekake) med _____(4) (pølse) inni slik som vi pleide å lage da du og jeg var studenter. Så husket jeg at Stein har mange _____(5) (allergi). Du kjenner ham fra før. Vet du om han tåler _____(6) (egg)? Det er litt vanskelig når folk er allergiske mot slike _____(7) (ting). Etterpå har jeg tenkt at vi kan gjøre noe morsomt. Vet du om han liker å spille _____(8) (kort) eller _____(9) (dataspill)?

En ting til: Nå husker jeg også at Stein er veldig interessert i litteratur og sånn. Har du lest noen gode _____(10) (bok) i det siste? Kan du fortelle meg hva de handler om?

På forhånd takk!

Klem fra Njål

How to form definite nouns

1 Nouns also use different forms depending on whether they are <u>definite</u> or <u>indefinite</u>. A noun is marked as definite in English with the use of a definite article (*the*), but in Norwegian, definite nouns are marked by noun suffixes (endings):

Jeg spiste ei <u>skive</u> med <u>brunost</u> i dag. <u>Skiva</u> var god, men <u>brunosten</u> smakte litt rart.
(*I ate a slice of bread with brown cheese today. The slice of bread was good, but the brown cheese tasted a little strange.*)

2 This table shows the singular and plural indefinite and definite forms of nouns, according to gender.

		Singular		Plural	
		Indefinite	Definite	Indefinite	Definite
Masculine		en appelsin	appelsinen	appelsiner	appelsinene
Feminine		ei kake	kaka	kaker	kakene
Neuter	(more than one syllable)	et eple	eplet	epler	eplene/epla
	(single syllable)	et brød	brødet	brød	brødene/brøda

3 Singular definite nouns end in **-en** for masculine, **-a** for feminine, and **-et** for neuter:

sitronen (*the lemon*)

pannekaka (*the pancake*) (or **pannekaken** if you prefer to use the masculine gender)

glasset (*the glass*)

4 Most plural definite nouns of all three genders end in **-ene**. For most neuter nouns, you can alternatively choose to use an **-a** ending instead:

sitronene (*the lemons*)

pannekakene (*the pancakes*)

glassene/glassa (*the glasses*)

Although the **-ene** *ending is more commonly used than the* **-a** *ending for neuter plural definite nouns, there are two neuter nouns in particular that are almost always given with the* **-a** *plural ending. These are* **barna** (the children) *and* **beina/bena** (the legs *or* the bones, *depending on the context*):

et barn – barnet – to barn – barn<u>a</u>

et bein/ben – beinet/benet – to bein/ben – bein<u>a</u>/ben<u>a</u>

5 When forming definite nouns, most of the same special patterns apply as when forming indefinite plurals. For instance, most nouns already ending in -e drop the final letter before adding the definite ending:

ei/en pære – pæra/pæren – to pærer – pærene

et eple – eplet – to epler – eplene/epla

Again, the exceptions are nouns ending in a stressed -e:

en kafé – kaféen – to kaféer – kaféene

ei/en skje – skjea/skjeen – to skjeer – skjeene

6 Many masculine nouns ending in -er, for instance many job titles and other descriptions of people, end in -erne in the definite plural:

en vegetarianer – vegetarianeren – to vegetarianere – vegetarianerne

7 Nouns that are irregular in the indefinite plural will normally follow the same patterns in the definite plural:

en bonde – bonden – to bønder – bøndene

en fot – foten – to føtter – føttene

G Complete the table with the correct genders, indefinite and definite forms of these fruits and vegetables. Be careful as some may be irregular.

	Gender (m/f/n)	Singular Indefinite (with article)	Singular Definite	Plural Indefinite	Plural Definite
Example	M	en agurk	agurken	agurker	agurkene
1			ananasen		
2				erter	
3					ferskenene
4		en/ei gulrot			
5			jordbæret		
6				nektariner	
7					potetene
8		en purre			
9			rosinen/rosina		
10				tomater	
11					tyttebærene/tyttebæra

Even though many learners think it would be easier just to use two genders, it is best to learn at least to recognize all three. Although some users of Bokmål only use two (and that is fully acceptable), you are very likely to see and hear all three genders being used frequently. You will probably want to use all three too, as never using the feminine gender at all can sound a little stilted, especially in colloquial speech, unless, for instance, you are from Bergen, where it is part of the dialect!

Vocabulary

H Complete the table with what you ate and drank yesterday. Remember to use plurals when necessary.

Frokost	Lunsj	Middag	Mellommåltider

If you want to practise further, copy this table onto another sheet of paper and keep a record for each day over the next week. Maybe you can even write your shopping list in Norwegian next time you go to buy food!

I Find the odd one out.

1 rødbete | syltetøy | squash | potet
2 øl| hvitvin | pils | brus
3 suppe | potetgull | godteri | sjokolade
4 eplekake | sjokoladekake | pepperkaker | marsipankake
5 pinnekjøtt | lutefisk | moussaka | rakfisk

 # Reading

J Read this extract of a restaurant review from a local newspaper and answer the question:

Hvor mange andre personer spiste på restauranten på mandag?

_____

_____

MATREVOLUSJON PÅ «HAVETS BUNN»

Av Ingrid Andersen, restaurantanmelder

Det er en ny restaurant i Sjøgata, men alle leserne våre har jo sett den: «Havets bunn». Hvem har ikke latt seg imponere av den vakre nye fasaden?

På mandag gikk jeg og mannen min inn på restauranten. Det var litt rart at det ikke var noen andre kunder, men Rune Jon Hannesen kom plutselig bort til oss. Det er han som er mannen bak dette nye restaurantkonseptet. Både mannen min og jeg valgte dagens fisk, som var «fiskepinner *à la norvégienne*». Etter bare få minutter hørte vi et «pling», og så fikk vi spise. Aldri har jeg spist noe så godt!

 In Norway, reviewers of films, books, plays, restaurants, etc. often give scores out of six. These scores are known as a **terningkast**, *which literally means* a throw of the die, *since most dice have six sides. Six out of six is really excellent!*

K   Read this online review of the same restaurant then answer the questions.

◀ | ▶   www.godmat.no

Restaurant burde ha blitt på «Havets bunn»

Anmeldelse av Ivar (brukernavn: m4tg4id1), 30. juni

Jeg fikk veldig lyst til å besøke restauranten «Havets bunn» etter å ha lest en strålende anmeldelse i lokalavisa her i byen. Nå har jeg lest anmeldelsen igjen, og det var ganske tydelig at det var noe som ikke stemte ettersom det var så få andre kunder. Faktisk lurer jeg på om avisa fikk betalt av restauranteieren for å trykke noe så positivt.

Kjæresten min og jeg ble mottatt av en veldig snill servitør, og jeg må understreke at kritikken min ikke er rettet mot servitøren, men bare mot restauranteieren.

Vi så på menyen og hadde lyst til å spise lutefisk. Lutefisken var dessverre utsolgt. Kjæresten min spurte om fiskepinnene, som vi hadde lest om, men de var også utsolgt. Derfor spurte vi hva de hadde på kjøkkenet. Servitøren sa at de hadde noen fiskekaker, så vi bestilte dem. Vi ventet i femten minutter, og så kom han tilbake med fiskekakene.

Vi hadde lyst til å spise dem i et jafs, men det var helt umulig: De var iskalde og tørre som kjeks! Da hadde jeg fått nok.

Restauranteieren kom bort til oss. Jeg forklarte at jeg pleier å like fiskekaker, men at vi ikke kunne spise disse fordi de var frosne.

«Å ja, det stemmer», sa han. «Mikrobølgeovnen er i ustand.»

Dette går ikke an! Mener dere at vi bør klage til Forbrukerrådet hvis restauranteieren ikke finner en løsning?

1   Hvorfor ville Ivar spise på restauranten?

_____

2   Hvem er Ivar kritisk mot?

_____

3   Hvorfor spiste de ikke lutefisk eller fiskepinner?

_____

4   Hvorfor er fiskekakene kalde?

_____

 # Writing

L Write your own online review (about 100 words) of a good, bad or mixed dining experience, based on one of the reviews in the Reading. Try to use singular and plural forms, and pay attention to noun genders. These questions may help you to structure your review:

- ▶ Hvor og når spiste du?
- ▶ Hva spiste du, og hvordan smakte det?
- ▶ Var du fornøyd med betjeningen?
- ▶ Hvilket terningkast ville du gi restauranten?

_____

_____

_____

_____

_____

_____

_____

_____

_____

_____

_____

Self-check

Tick the box which matches your level of confidence.

1 = very confident   2 = need more practice   3 = not confident

Sett kryss i tabellen for å vise hvor sikker du føler deg.

1 = veldig sikker   2 = trenger mer øvelse   3 = usikker

	1	2	3
Understand the flexible noun gender system.			
Use the singular and plural forms of nouns.			
Decide when to use definite and indefinite forms of nouns.			
Can identify specific information in simpler written material he/she encounters, such as short newspaper articles describing events (e.g. a visit to a restaurant). (CEFR A2)			
Can write very short, basic descriptions of events, past activities and personal experiences (e.g. a dining experience). (CEFR A2)			

2 Jeg har delt din video med vennene mine

I have shared your video with my friends

In this unit you will learn how to:

- ✓ Recognize, form and link main clauses.
- ✓ Connect words and phrases using conjunctions.
- ✓ Use a variety of clausal adverbs.

CEFR: Can use a series of phrases and sentences to describe family, other people, living conditions and daily routines (A2); Can use the most frequently occurring connectors to link simple sentences in order to tell a story or describe something as a simple list of points (A2).

Jeg	elsker	familien min,	(og)	familien min	elsker	meg.

Main clause				Main clause		
subject	verb	direct object	coordinating conjunction	subject	verb	direct object

Meaning and usage

Main clauses

1   Texts can be looked at in larger or smaller units. The largest grammatical unit is the sentence, which can be defined as everything between two full stops (or question marks or exclamation marks). Every sentence consists of one or more clauses, which are smaller units containing a subject and a finite verb. This chapter focuses on main clauses.

2   Main clauses are also called independent clauses because they can often stand alone. The sentence **Jeg liker julen fordi hele familien er samlet** (*I like Christmas because the entire family is together*) consists of two clauses because there are two sets of subject and verb, namely **Jeg liker** and **hele familien er**.

The first clause, **Jeg liker julen**, is an independent clause as it can stand alone and make sense on its own. The second clause **fordi hele familien er samlet** cannot stand on its own and depends on the main clause to make sense. This clause is called a dependent or subordinate clause.

 While the distinction between main and subordinate clause may not be important in other languages that you know, it is important in Norwegian as it affects the word order.

A **Identify the main clauses in these sentences.**

1   Mange familier spiser ikke middag sammen fordi de har det så travelt.

2   Mange mener at det er sunt for barn å gå i barnehage så de kan lære å være sammen med andre barn.

3   Selv om mange fedre nå tar pappapermisjon, er det oftest mødrene som har det største omsorgsansvaret for barna.

4   Barn blir ofte syke, så foreldrene må ta seg fri fra jobben.

5   Søsken blir noen ganger uvenner fordi de blir misunnelige på hverandre, men de elsker hverandre likevel.

6   Først skiftet han bleie på henne, så varmet han melken i mikroen, og til slutt la han henne i vuggen.

3   There are two types of conjunctions: coordinating and subordinating. In this chapter the focus is on coordinating conjunctions:

og	*and*
men	*but*
eller	*or*
for	*for*
så	*so*

4   As their name suggests, coordinating conjunctions are used to connect two or more things:

a   words and phrases (**og, eller**):
Jeg har en bror og en søster. (*I have a brother and a sister.*)

Foreldrene mine kommer og besøker oss hver søndag. (*My parents come to visit us every Sunday.*)

Kona eller tanta mi henter barna på skolen. (*My wife or my aunt pick up the children from school.*)

b   main clauses (**og, men, eller, for, så**):
Benjamin kjenner faren sin, men han har aldri møtt mora si. (*Benjamin knows his father, but he has never met his mother.*)

Man kan tydelig se at han er faren, for han ligner ham på en prikk. (*You can clearly see that he is the father as he looks just like him.*)

Dattera mi skal begynne på skolen neste år, så jeg har ikke lyst til å flytte. (*My daughter begins school next year, so I don't feel like moving.*)

c   subordinate clauses (**og, men, eller**):

De hadde bestemt seg for at de ikke ville ha barn, men at de ville vurdere adopsjon.
(*They had decided that they did not want children but that they would consider adoption.*)

5   Some conjunctions deserve particular attention:

   a   **for** and **fordi** can both be used to mean *because* or *as*, but there is a grammatical difference. **For** is a coordinating conjunction, whereas **fordi** is a subordinating conjunction:
Jeg tar alltid toget, <u>for</u> jeg liker ikke å fly. (*I always take the train as I don't like to fly.*)

     Jeg tar alltid toget <u>fordi</u> jeg ikke liker å fly. (*I always take the train because I don't like to fly.*)

   b   **så** can have different meanings and grammatical functions, but it can be particularly tricky to distinguish between these three usages:

      ▶   as an adverb meaning *then*:
Først skal vi spise middag. Så kan vi leke gjemsel. (*First we are going to eat dinner. Then we can play hide and seek.*)

      ▶   as a subordinating conjunction meaning *so that*:
Jeg hjelper barna mine med leksene så de kan klare seg bra på skolen. (*I help my children with their homework so they can do well at school.*)

      ▶   as a coordinating conjunction meaning *so therefore*:
Jeg har alltid hjulpet barna mine med leksene, så de klarer seg bra på skolen.
(*I have always helped my children with their homework, so they do well at school.*)

B   Choose the correct coordinating conjunction to connect the main clauses.

1   Hun snakket med legen om å få en abort, _____(og, så, for) hun følte seg ikke klar til å være mor.

2   Hun hadde aldri kjent foreldrene sine, _____(så, for, eller) hun betraktet tanta si og onkelen sin som mor og far.

3   Bestefaren kunne ikke lenger klare seg alene, _____(så, eller, men) han nektet å flytte på pleiehjem.

4   Babyen gråt hver natt, _____(og, så, for) noen ganger gråt den også mesteparten av dagen.

5   Mora mi har aldri feiret bursdagen sin, _____(så, men, for) hun liker ikke å få oppmerksomhet.

6   Vi kan ta hele familien med på ferie til Sicilia, _____(så, eller, men) vi kan spare opp og kjøpe nye sykler.

7   Jordmora hjalp dem med fødselsforberedelsene, _____(for, men, eller) de var likevel veldig nervøse.

8   De kjøpte et nedlagt gårdsbruk, _____(og, for, så) der bodde de resten av livet.

How to form main clauses

1   When it comes to the position of the subject and the finite verb in a main clause there are two possibilities in Norwegian: subject before verb and verb before subject (called inversion).

2   The subject–verb structure is considered the norm. Inversion is, however, required in these cases:

a   questions:
   Kan du hente Marcus på skolen i morgen? (*Can you pick up Marcus from school tomorrow?*)

   Hvor <u>skal barnet deres</u> døpes? (*Where will your child be christened?*)

b   the clause begins with something other than the subject (generally for added emphasis):
   I morgen <u>skal jeg</u> besøke onkelen min og mannen hans. (*Tomorrow I am going to visit my uncle and his husband.*)

   Ham <u>kjenner jeg</u> ikke. (*I don't know him.*)

   Coordinating conjunctions do not lead to inversion:

   Jeg er utrolig tiltrukket av ham, men jeg har ikke lyst til å gifte meg med ham. (*I am incredibly attracted to him, but I don't want to marry him.*)

c   short answers:
   Kan du ringe til moren din i kveld? Nei, det <u>kan jeg</u> ikke. (*Can you call your mum tonight? No, I can't.*)

   Ser du stadig vekk stefaren din? Ja, det <u>gjør jeg</u>. (*Do you still see your step-father? Yes, I do.*)

   Ja and **nei** as answers are considered separate units (hence the comma), and they therefore do not affect the word order of the following main clause.

d   the main clause is preceded by a subordinate clause:
   Hvis man har det vanskelig med å få barn, <u>kan man</u> prøve prøverørsbefruktning. (*If you have difficulty conceiving, you can try IVF treatment.*)

   Når du kjøper julegaver til familien, <u>bruker du</u> alltid for mange penger. (*When you buy Christmas presents for your family, you always spend too much money.*)

3   Clausal adverbs modify the entire clause. They are normally placed immediately after both subject and finite verb, but some can also be placed at the beginning of the clause. They often consist of only one word, though several clausal adverbs can be used together:

   Jeg er <u>ikke</u> interessert i å adoptere et barn. (*I am not interested in adopting a child.*)

   Jeg er <u>slett ikke</u> interessert i å adoptere et barn. (*I am not at all interested in adopting a child.*)

C   **Look at these sentences. Identify which one differs from the rules covered so far:**
   1   Søstrene mine er litt late og har aldri lyst til å hjelpe til med husarbeidet.
   2   Mamma ber dem alltid hjelpe til med å rydde, men det ender alltid med at jeg gjør det.
   3   Som takk gir hun alltid meg en stor bursdagsgave.

4   In the sentence **Mamma ber dem alltid hjelpe til med å rydde** the clausal adverb (**alltid**) follows the direct object (**dem**). We refer to elements that can 'jump' before clausal adverbs as *light elements*. Placing the light elements before the clausal adverbs is the norm and this option is unstressed and neutral. It is, however, possible to place them after the clausal adverb, but this makes them stressed.

Mamma ber alltid dem hjelpe til med å rydde would therefore create a contrast between **dem** and other children in the family. In other words, the mother does not ask all her children to help tidy up. This is also seen in C sentence 3, where a contrast is created between **meg**, receiving a large birthday present, and the other sisters, who don't.

There are strict rules for this grammatical phenomenon:

a the clause must consist of only one verb:
Jeg ga ham ikke en bursdagsgave i år. (*I didn't give him a birthday present this year.*)

but **Jeg har ikke gitt ham en bursdagsgave i år.** (*I haven't given him a birthday present this year.*)

b the direct or indirect object must be a pronoun or the adverbs **her** or **der**:
Jeg ga ham ikke en bursdagsgave i år. (*I didn't give him a birthday present this year.*)

but **Jeg ga ikke Peter en bursdagsgave i år.** (*I didn't give Peter a birthday present this year.*)

D Reorder the following words to create meaningful sentences. Begin with the underlined word(s). // indicates a separate clause.

1 Hvorfor / besøke / ikke / svogeren / vil / din / du / ?

2 Da foreldrene hans / skilt / ble // flyttet / han / si / hos / inn / bestemora / .

3 Oldefaren / møtt / aldri / min / jeg / har / .

4 De / fosterbarn / alltid / har / flere / hatt / .

5 Jeg / fri / jobben / fra / tok // passe / så / jeg / barna / kunne / .

6 Mange / på / gruer / for / seg / å amme / offentlige / steder / kvinner / .

7 Som lege / debatten / hun / har / engasjert / om / i / av / omskjæring / seg / gutter / .

8 Ekskjæresten min / plutselig / festen / dukket / på / opp // så / jeg / gikk / .

9 Gunnar / sunt / spiser // han / for / seg / vil / slanke / .

E Read these sentences and find the clausal adverbs.

1 Adoptivbarnet får alltid samme rettigheter som om barnet hadde vært adoptivforeldrenes biologiske barn.

2 Adopsjon skal bare finne sted dersom adopsjonsmyndighetene i mottakerlandet har funnet at adopsjonssøkerne oppfyller vilkårene og er egnet til å adoptere.

3 Loven angir ingen øvre aldersgrense, men i henhold til retningslinjene bør søkerne ikke være over 45 år.

4 Det er normalt kun ektefeller som kan adoptere sammen.

5 Søkerne må selvfølgelig ha en stabil økonomi.

F Translate the following sentences into Norwegian, using unstressed structures where possible.

1 I didn't see him last night.

_____

2 My cousin Joe is strange. I like the rest of my family but I definitely don't like him.

_____

3 I haven't seen her for a while.

_____

4 He didn't tell him it until he was eighteen.

_____

Vocabulary

Clausal adverbs are very common and include high-frequency words e.g. **ikke** (_not_), **alltid** (_always_) and **aldri** (_never_). There are, however, many more, some of which are one-word adverbs and some of which are phrases:

blant annet	among other things
faktisk	in fact, actually
for eksempel	for example
for sikkerhets skyld	to be on the safe side
forhåpentligvis	hopefully
formodentlig	most likely
forresten	by the way
i hvert fall	in any case
muligens	possibly
nødvendigvis	necessarily
så vidt	just
til gjengjeld	in return
tilfeldigvis	by any chance, coincidentally
under ingen omstendigheter	under no circumstances
unektelig	undeniably

G Complete the sentences by translating and inserting the clausal adverb given in the brackets.

Example: Har du snakket med tante Vivian i dag? (*by any chance*)

Har du <u>tilfeldigvis</u> snakket med tante Vivian i dag?

1 Du har husket bryllupsdagen vår i år? (*hopefully*)

_____

2 Jeg vil gifte meg med sønnen din. (*under no circumstances*)

_____

3 Har du fått venneforespørselen min? (*by the way*)

_____

4 Du ligner på faren din. (*undeniably*)

_____

5 Har dere vurdert fertilitetsbehandling? (*for example*)

_____

H Match the beginning of the sentences with the correct ending.

1 Min familie består blant annet av

2 Har du tilfeldigvis

3 Faren min er unektelig

4 Alle forhold opplever nødvendigvis

5 Min familie har i hvert fall

6 Staten bør ikke under noen omstendigheter

7 Jeg har ikke et særlig tett forhold til mormor,

8 For sikkerhets skyld synes jeg at

a en bedre kokk enn mora mi.

b forskjellsbehandle folk på grunn av deres rase, kjønn eller religion.

c men til gjengjeld har jeg et tett forhold til farmor.

d kona mi, to fosterbarn og et adoptivbarn.

e vi skal gå til legen på mandag.

f hørt fra vår fetter?

g både medgang og motgang.

h alltid støttet hverandre uansett hva.

📖 Reading

I Read the first part of the story about Julia, then answer the question.

Hvorfor tror hun ikke at det er så mange som vil se videoen hennes?

_____

_____

Da Julia var tretten, fikk hun endelig det digitalkameraet hun hadde ønsket seg i flere år i julegave. Hun slo det på med en gang og begynte å filme. Verden så helt annerledes ut gjennom kameraet, og det var som om hun så alt for første gang. Før hun la seg, bestemte hun seg for å legge videoen ut på Facebook selv om hun ikke regnet med at noen ville se den. Det var tross alt julaften, og alle var sikkert for opptatte med å feire dagen med familiene sine.

J Now continue reading and answer the following questions.

Dagen etter sto hun opp og sjekket profilen sin. Det var allerede hundre og seksti *likes* og nesten femti kommentarer. Noen av dem var korte og sa at det så koselig ut, men de fleste ønsket henne og familien en god jul. En av kommentarene fanget Julias oppmerksomhet:

«Hei Julia! Du husker meg nok ikke, men jeg heter Arne og er kjæresten til tante Gunn. Jeg ble veldig imponert av videoen din, som gir et autentisk innblikk i norske juletradisjoner. Jeg har delt din video med vennene mine som også synes den var bra. Takk og fortsatt god jul til deg og familien.»

Julia kunne merke hvor spent hun ble mens hun leste Arnes kommentar. Tanken om at livet hennes kunne være interessant for andre, og at andre ville gjenoppleve verden gjennom henne, gjorde henne helt ekstatisk og fikk henne til å føle seg viktig.

Fra den dag av hadde Julia alltid kameraet med seg. Hun filmet alt, og om kvelden satt hun flere timer foran pc-en og redigerte de beste klippene sammen til en video, som hun la ut på nettet. For hver dag som gikk, fikk hun flere og flere *likes* på videoene sine, og det var mange som skrev meldinger til henne for å fortelle hvor spennende de syntes livet hennes var.

Likevel var det ikke alle som var så glade for Julias nye hobby og til slutt måtte lærerne hennes sende et alvorlig brev til foreldrene fordi hun ikke lenger gjorde leksene sine og heller ikke fulgte med i timene. Lærerne oppfordret dem blant annet til å diskutere Julias oppførsel med henne.

Da Julias foreldre leste brevet, ble de ganske sinte på lærerne: Var det virkelig så viktig at Julia alltid fikk gode karakterer, og var det ikke bedre å ha hundrevis av venner på nettet enn en håndfull venner på skolen? Det synes i hvert fall de. Som de sa til Julia mens hun filmet dem lese brevet, så var vel ikke skolen det viktigste i vår moderne verden!

1   Hva slags respons får hun?

2   Hvorfor fanger Arnes kommentar hennes oppmerksomhet?

3   Hvordan endrer kameraet livet hennes?

4   Er alle glade for denne nye utviklingen?

5   Hvordan reagerer foreldrene til Julia?

K Change the following verbs into nouns. All the verbs are from the text but have been changed into the infinitive.

	Verb	Noun
1	å ønske	
2	å begynne	
3	å filme	
4	å bestemme	
5	å feire	
6	å føle	
7	å fortelle	
8	å oppfordre	
9	å diskutere	

L Find the odd one out.

1 briller | digitalkamera | linse | trefot
2 frimerke | gave | innpakningspapir | sløyfe
3 eksmann | kjæreste | kone | venn
4 autentisk | ekte | gammel | original
5 friminutt | hobby | karakter | lærer

Writing

M Write a story (80–100 words) by continuing the following prompt: «Carla hadde ønsket seg den/det i flere år, og nå hadde hun endelig fått den/det.»

While writing, use a variety of clausal adverbs, coordinating conjunctions and sentence structures. Use the table to check that you have used as many of the following as possible at least once.

og	☐
men	☐
eller	☐
for	☐
så	☐
inversion	☐
light element	☐

_____

_____

_____

_____

_____

_____

_____

_____

_____

_____

Self-check

Tick the box which matches your level of confidence.

1 = very confident   2 = need more practice   3 = not confident

Sett kryss i tabellen for å vise hvor sikker du føler deg.

1 = veldig sikker   2 = trenger mer øvelse   3 = usikker

	1	2	3
Recognize, form and connect main clauses.			
Connect words and phrases using conjunctions.			
Use a variety of clausal adverbs.			
Can use a series of phrases and sentences to describe family, other people, living conditions and daily routines. (CEFR A2)			
Can use the most frequently occurring connectors to link simple sentences in order to tell a story or describe something as a simple list of points. (CEFR A2)			

3 Jeg gleder meg til å dra på safari

I am looking forward to going on safari

In this unit you will learn how to:

✅ Recognize and use the present tense.

✅ Recognize and use the imperative.

✅ Use fixed expressions to express the present continuous.

CEFR: Can describe experiences and events, dreams, hopes and ambitions and briefly give reasons and explanations for opinions and plans (B1); Can write accounts of experiences, describing feelings and reactions in simple connected text (B1).

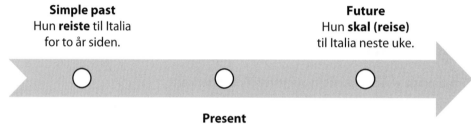

Simple past
Hun **reiste** til Italia
for to år siden.

Future
Hun **skal (reise)**
til Italia neste uke.

Present
Hun **reiser** til Italia.

Meaning and usage

Present tense

The present tense is used for the following functions in Norwegian:

1   For something that is happening right now:

    Klokka <u>er</u> akkurat åtte. (*It is precisely eight o'clock.*)

    Jeg <u>sitter</u> klar på jobb. (*I am at work and ready to start.*)

2   For something that happens regularly:

    Jeg <u>leser</u> ofte om folk som <u>klager</u> over rushtiden. (*I often read about people who complain about the rush hour.*)

    Jeg <u>står</u> opp klokka fem hver dag så jeg <u>kan</u> være på jobb innen klokka sju. (*I get up at five o'clock every day so I can be at work at seven.*)

3   For general facts:

    Alle <u>vet</u> at det <u>er</u> mye trafikk på motorveiene mellom klokka sju og åtte. (*Everybody knows that there is a lot of traffic on the motorways between seven and eight o'clock.*)

4   For the dramatic present (past events that are dramatized):

En dag ringer sjefen min og ber meg komme tidligere dagen etter. (*One day my boss calls me and asks me to come to work earlier the following day.*)

Jeg står opp en time tidligere enn vanlig og drar av sted. (*I get up an hour earlier than normal and leave.*)

5   For events in the future, especially those planned at a specific time:

På lørdag, for eksempel, planlegger jeg å stå opp enda tidligere.
(*This Saturday, for example, I am planning on getting up even earlier.*)

 A   Read the text and identify the present-tense verbs. Complete the table.

HVORFOR JEG ALLTID GÅR PÅ JOBB FØR RUSHTIDEN

Kjære Aftenposten

Jeg leser ofte om folk som klager over rushtiden, men jeg har en lett løsning som jeg gjerne deler med leserne deres: Stå opp tidligere! Inntil nylig hadde jeg samme problem, men så en dag ringer sjefen min og ber meg komme tidligere dagen etter. Jeg står opp en time tidligere enn vanlig og drar av sted. Det var en helt ny opplevelse å ha veien for seg selv!

Alle vet at det er mye trafikk på motorveiene mellom klokka sju og åtte. Nå foretrekker jeg derfor å møte tidlig, og på den måten unngår jeg å sitte i kø på motorveien. Jeg står opp klokka fem hver dag så jeg er på jobb innen klokka sju. Selv i helga gir det noen ganger mening å starte tidlig. På lørdag, for eksempel, planlegger jeg å stå opp enda tidligere ettersom mange gater kommer til å være stengt på grunn av Oslo maraton. Så slutt å klage og gjør som meg: Klokka er akkurat sju, og jeg sitter klar på jobb!

Mvh

Ragnar

Now	Regularly	General fact	Dramatic	Future plan

There is no progressive form in Norwegian, i.e. am eating. *Normally the same form is used to express both simple present and present continuous. When translating from Norwegian into English, the context will help.*

Jeg spiser kjøtt. (I eat meat./I am eating meat.)

How to form the present tense

B **Find all the verbs in the present tense. Look carefully at the present-tense verbs and try to identify a pattern. Look for any that do not fit.**

1 Jeg elsker å lage kanelboller, men dessverre er jeg ikke særlig god til å bake.
2 Hvorfor spør du ikke broren din om han kan hjelpe oss med å planlegge vår neste ferie?
3 Faren min sa alltid at man blir hva man spiser.
4 Jeg vet ikke om han fortsatt bor i Oslo, men for tre uker siden snakket jeg med kjæresten hans som fortalte meg at de har planer om å reise til Nigeria senere på året.
5 Jeg synes at det er kjedelig å gjøre det samme hver dag.

1 Most verbs form the present tense by adding **-er** to the stem of the verb.

Infinitive	Stem	Present
å klatre (*to climb*)	klatr-	klatrer
å reise (*to travel*)	reis-	reiser

2 If the stem of the verb ends in a vowel, the present tense is formed by adding only **-r**.

Infinitive	Stem	Present
å få (*to get*)	få-	får
å se (*to see*)	se-	ser

3   The present tense of all verbs whose infinitive ends in -**s** is the same as the infinitive.

Infinitive	Present
å **finnes** (*to exist*)	finnes
å **lykkes** (*to succeed*)	lykkes
å **minnes** (*to recall*)	minnes
å **slåss** (*to fight*)	slåss
å **synes** (*to think*)	synes

4   The present tense of all the modal verbs is irregular, but is generally treated as a separate category.

Infinitive	Present
å **burde** (*should/ought to*)	bør
å **kunne** (*can/be able to*)	kan
å **måtte** (*must/have to*)	må
å **skulle** (*will/shall*)	skal
å **ville** (*want/would*)	vil

5   There are only a handful of other irregular present forms, but these are verbs which are used very frequently, so it is important to memorize them.

Infinitive	Present
å **gjøre** (*to do*)	gjør
å **si** (*to say*)	sier
å **spørre** (*to ask*)	spør
å **vite** (*to know*)	vet
å **være** (*to be*)	er

C   **Look back at B and divide all the verbs in the present tense into the following categories, depending on their present-tense ending:**

-er	-r	-s	Modal verbs	Irregular verbs

Although there is no separate continuous form of Norwegian verbs, there are several ways you can express continuous action by using expressions and phrases. Here are some of the most common ones:

Hva gjør du? Jeg holder på med å pakke kofferten min. (What are you doing? I am packing my suitcase.)

Hva driver du med? Jeg er på vei til jobben. (What are you doing? I am on my way to work.)

Jeg sitter og skriver e-poster på kontoret mitt. (I am writing emails in my office.)

Har du lyst til å gå en tur? Nei, jeg er i gang med å bestille flybilletter på nettet. (Do you want to go for a walk? No thanks, I am booking plane tickets online.)

D Complete the sentences, using the correct phrases from the box.

er i gang med å bestille – holder på med – sitter og sammenligner – står og venter

1 Jeg _____ priser på flybilletter.
2 Hun kan ikke komme på telefonen nå, for hun _____ reiseforsikringen til vår tur til Thailand.
3 Han _____ ved innsjekkingsskranken.
4 Jeg vet ikke hva han _____ mens han er på ferie.

Meaning and usage

Imperative

The imperative form of the verb is used to issue commands/orders, requests or instructions:

Gå inn på rommet ditt og hent kofferten din! (Go into your room and get your suitcase!)

Gi meg passnummeret ditt! (Give me your passport number!)

Pass på lommetyver på togstasjonen! (Look out for pickpockets at the train station!)

Vær oppmerksom på avstand mellom tog og plattform! (Pay attention to the distance between the train and the platform!/Mind the gap!)

How to form the imperative

1 The imperative form is identical to the stem of the verb:

Reis med meg til Italia! (Travel with me to Italy!)

2 If the stem ends in **-mm**, this is reduced to **-m**:

Kom til Italia! (Come to Italy!)

3   If the stem ends in a consonant cluster that can be difficult to pronounce (e.g. **-ml**, **-kl** or **-pn**), it is more common to use the infinitive form as the imperative form:

Samle/Saml sammen tingene dine. Bussen kjører snart! (*Gather your things. The bus leaves soon!*)

4   When giving a negative instruction, the imperative can be placed before or after **ikke**:

Ikke bruk bilen når du kan gå!/Bruk ikke bilen når du kan gå! (*Don't use your car when you can walk!*)

E   **Change the polite questions and statements into more direct instructions, using the imperative.**

1   Vil du skrive et postkort til mormor?

_____

2   Kan du være snill og gå i svømmehallen med broren din?

_____

3   Pakker du teltet sammen?

_____

4   Du bør ikke drikke alkohol rett før du skal fly.

_____

5   Kan du ikke sykle litt fortere?

_____

6   Husk å tømme postkassa mens vi er i Syden.

_____

Norwegians use the word **Syden** *to refer to warm southern European countries, such as Spain, Portugal, Greece or Italy, where many Norwegians go during their summer holidays. Travelling* **til Syden** *or taking a* **sydentur** *means going to a place where you can enjoy the sun on the beach, often in an all-inclusive resort.*

Vocabulary

F   **Find the verb related to the noun and complete the table with the infinitive, present tense and imperative forms.**

	Noun	Infinitive	Present	Imperative
1	en bestilling			
2	et besøk			
3	et fly			
4	en haik			
5	en opplevelse			
6	en overnatting			

G   Complete the sentences using the verbs from the box.

| elsker – gleder – håper – står – vet |

1   Jeg _____ meg til å dra til Hardanger til sommeren!
2   De _____ at været blir godt ettersom de skal ligge i telt.
3   Når Nikita og Leila er på ferie, _____ de alltid opp tidlig.
4   Foreldrene mine _____ ikke om de har råd til å reise sydpå i år.
5   Paula _____ å prøve nye retter når hun er i utlandet.

Reading

H   Read Karl's diary entries about his and Live's journey to Tanzania then answer the question.
Hva håper Karl å oppleve i Tanzania?

_____
_____

	20. juni
	Kjære dagbok
	Live er fortsatt i gang med å pakke, men jeg er klar, og i morgen flyr
	vi til Tanzania. Jeg gleder meg virkelig til å dra på safari og se alle
	de dyrene jeg ellers kun har lest om. Visste du at sjiraffen har det
	høyeste blodtrykket av alle pattedyrene? Og at løven er det nest største
	kattedyret i verden, kun slått av tigeren?
	Jeg tror vi får en fantastisk tur, og jeg håper vi kommer til å oppleve
	både naturen og de lokale skikkene. Jeg håper også at vi kan lære å
	kjenne nye sider av hverandre. Jeg driver nemlig og tenker på om jeg skal
	spørre Live om hun vil gifte seg med meg, men jeg er ikke helt sikker ennå.
	Vi snakkes!
	Karl

I   Now continue reading and answer the questions.

24. juni

Kjære dagbok

Jeg opplevde noe virkelig fantastisk i morges. Jeg sto opp tidlig, og selv
om det fortsatt var mørkt ute, gikk jeg ut på den lille terrassen. Og
mens jeg står der og nyter den kjølige morgenlufta, ser jeg sola stå opp
i horisonten. Jeg ble helt paff og glemte å vekke Live, som lå og snorket.
Kanskje er det et tegn på at hun ikke er den riktige for meg? Jeg vet
ikke, men her, hvor sola er så mye sterkere enn i Norge, ser jeg alt i et
helt annet lys. Jeg tror aldri jeg vil hjem igjen!

5. juli

Kjære dagbok

Vi er tilbake i Norge, og det er litt trist. De eneste ville dyrene
her er rever og ekorn! Selv om det er sommer, er det overskyet,
og det duskregner. Live holder på med å laste ned bildene fra
speilreflekskameraet vårt, og så skal vi i gang med å sortere dem. Det er
over 1 500 bilder, så det kommer til å ta tid.
Jeg vet nå uten tvil at Live og jeg skal være sammen for alltid. Jeg tror at
jeg fant ut av det da vi sto ved Victoriasjøen, og ansiktene våre smeltet
sammen i vannet. Jeg er nå sikker på at vi er skapt for hverandre. I
morgen tror jeg at jeg frir til henne, og jeg håper at hun sier ja.
Ønsk meg lykke til!

1   Hva vil Karl spørre Live om?

_____

2   Hvorfor blir Karl i tvil om Live er den riktige for ham?

_____

3   Hvordan er Norge annerledes enn Tanzania?

_____

_____

4 Hva gjør Live mens Karl skriver dagbok 5. juli?

_____

5 Når blir Karl klar over at Live er den riktige for ham?

_____

_____

J **Match the definitions with the Norwegian words in the box. Two of the words do not match any definition.**

> **duskregne – horisont – nyte – overskyet –**
> **pattedyr – safari – skikk – snorke – sortere**

1 ekspedisjon for å se på eller jakte ville dyr _____

2 dyr som føder unger som får melk _____

3 et lands eller en gruppes måte å oppføre seg på _____

4 når man koser seg med noe _____

5 der hvor himmelen og havet ser ut til å møtes _____

6 når det faller nedbør i form av små dråper _____

7 når man inndeler noe i kategorier _____

> **duskregne – ekorn – kattedyr – kjølig morgenluft –**
> **løve – overskyet – pattedyr – rev – safari –**
> **sjiraff – sterk sol – trist – Victoriasjøen**

K **Categorize the words according to whether they relate to Norway or Tanzania.**

Norge	Tanzania

 # Writing

L   Write a diary entry (80–100 words) about Karl's feelings and thoughts after his proposal to Live on 6 July. You can tell about the actual proposal, but you should also reflect on his feelings and expectations for the future. You should mainly write in the present tense, but also try to include a couple of imperatives.

> ▶   Hvordan frir Karl til Live?
> ▶   Hva svarer Live?
> ▶   Hvordan har Karl det etterpå?

_____

_____

_____

_____

_____

_____

_____

_____

_____

_____

Self-check

Tick the box which matches your level of confidence.

1 = very confident   2 = need more practice   3 = not confident

Sett kryss i tabellen for å vise hvor sikker du føler deg.

1 = veldig sikker   2 = trenger mer øvelse   3 = usikker

	1	2	3
Recognize and use the present tense.			
Recognize and use the imperative.			
Use fixed expressions to express the present continuous.			
Can describe experiences and events, dreams, hopes and ambitions and briefly give reasons and explanations for opinions and plans. (CEFR B1)			
Can write accounts of experiences, describing feelings and reactions in simple connected text. (CEFR B1)			

Vi må gjøre noe før det blir for seint

We must do something before it's too late

In this unit you will learn how to:

✓ Use the full system of modal verbs.

✓ Link modal verbs with other types of verbs.

✓ Describe different kinds of future events.

CEFR: Can identify the main conclusions in clearly signalled argumentative texts (B1); Can write about everyday aspects of his/her environment (e.g. recycling and basic environmental concerns) (A2).

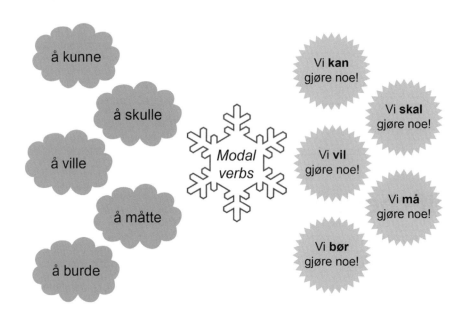

Meaning and usage

Modal verbs

1   In Norwegian, there is a small group of verbs called modal verbs. Modal verbs may be used to express possibility (in terms of ability, permission, probability or likelihood) or necessity (in terms of obligation, duty, expectation or desire). They are seen as a special category because of their function and the way they are used with other verbs. There are five main modal verbs:

å kunne (*can/be able to*)

å skulle (*will/shall*)

å ville (*want/would*)

å måtte (*must/have to*)

å burde (*should/ought to*)

*Although the modal verbs each have main general meanings, their precise meaning often depends on context. In Nynorsk there is also a sixth modal verb, å **lyte** (have to/had better), which is conjugated as follows:*
lyt – laut – har lote (present – simple past – perfect).

A   **Match the sentences in Norwegian with their meanings in English, paying attention to the modal verbs.**

1	Det skal bli fint å gå på tur.	a	You can just sit indoors if you want to.
2	Må vi dra ut hvis det regner?	b	It will be nice to go for a walk.
3	Jeg vil ikke bli våt.	c	You should take an umbrella with you.
4	Du kan bare sitte inne hvis du vil.	d	I don't want to get wet.
5	Dere bør ta med paraply.	e	Do we have to go out if it's raining?

2   It is worth noting that the verbs considered modal verbs in Norwegian are not necessarily the same as in English. The best example is å **ville**. Although it looks like *will* (and it is sometimes used in the same way as *will*) its most basic meaning is *to want*, which is not a modal verb in English:

Jeg vil ha is. (*I want to have ice cream.*)

Å **ville** is often used with the adverb **gjerne** to soften requests a little:

Jeg vil gjerne ha is. (*I would like to have ice cream.*)

How to form modal verbs

1   All the modal verbs are irregular, but they are used very often, so it is easy to learn their different forms. The present and simple past forms are the most commonly used.

B   **Complete the table with the correct forms of the modal verbs given in the box.**

> **må – kunne – burdet – skullet – ville – skal – måtte – villet**

	Infinitive	Present	Simple past	Perfect
1	å kunne	kan		har kunnet
2	å skulle		skulle	har_____
3	å ville	vil		har_____
4	å måtte			har måttet
5	å burde	bør	burde	har_____

C   **Identify the unusual pattern in the simple past forms of the modal verbs.**

2 A modal verb almost always accompanies another verb in the infinitive minus **å**:

Vi kan snakke norsk. (*We can speak Norwegian.*)

Vi skal snakke norsk. (*We will speak Norwegian.*)

Vi vil snakke norsk. (*We want to speak Norwegian.*)

Vi må snakke norsk. (*We must speak Norwegian.*)

Vi bør snakke norsk. (*We should speak Norwegian.*)

When most other verbs are accompanied by another verb, the second verb will be in the infinitive with **å**, e.g. **Vi liker å snakke norsk.** (*We like to speak Norwegian.*)

 English modal verbs follow a very similar pattern. Think about the difference between we must recycle (must = *modal verb*) *and* we like to recycle (like = *non-modal verb*). *The modal verb* must *is not followed by* to.

3 Sometimes a modal verb can be used on its own without another verb, especially when describing movement to a given destination. In such cases, the verb of movement (e.g. **å dra, å gå**, **å komme**, or **å reise**) is implied and can be left out:

Her kommer sola. <u>Skal vi ut?</u> (*Here comes the sun. Shall we go outside?*)

<u>De skulle på jobb,</u> men det hadde snødd en del. (*They were going to go to work, but it had snowed a fair bit.*)

<u>Jeg må til Bergen</u> med det samme, men været er så dårlig. (*I need to go to Bergen straight away, but the weather is so bad.*)

<u>Ingen ville hjem</u> da det sluttet å regne. (*Nobody wanted to go home when it stopped raining.*)

Another example is when **å kunne** is used on its own to refer to things that somebody knows how to do, such as speak a language or recite a text:

<u>Kirsti kan norsk.</u> (*Kirsti knows Norwegian.*)

Hun <u>kan diktet</u> om regn utenat. (*She knows the poem about rain by heart.*)

4 There are a few other verbs that are sometimes considered to be modal verbs depending on their function, in particular **å få** (the basic meaning of which is *to get*) and **å tore/tørre** (*to dare*), but they do not share all the features of the five main modal verbs. One thing these two do share with modal verbs, though, is that both can be used with other verbs in the infinitive minus **å**:

Barna får selvfølgelig (lov til å) leke ute selv om det regner. (*Of course the children are allowed to play outside, even if it's raining.*)

De sa at jeg fikk komme tilbake en annen gang. (*They said that I would have to come back another time.*)

Tør du seile i dag selv om det blåser så mye? (*Do you dare to go sailing today, even though it's so windy?*)

Vi torde ikke spørre. (*We didn't dare ask.*)

D   Complete the sentences with the correct form of the verbs in brackets, using the infinitive with or without å, as appropriate.

1   Når kan du _____ (å ta) ut søpla?
2   Alle må _____ (å prøve) _____ (å sortere) avfallet sitt.
3   Skal vi _____ (å si) at vi kan _____ (å møtes) kl. 10 på lørdag hvis det ikke regner?
4   Jeg bør _____ (å fortelle) henne at det blir flott vær i morgen.
5   Måkene vil alltid _____ (å åpne) søppelposene våre.
6   Vi kunne ikke _____ (å vente) hele dagen bare for _____ (å se) om himmelen klarnet.

E   Decide whether you need an infinitive after the modal verb or not. If an infinitive is needed, choose an appropriate verb to complete the sentence.

1   Alle ville _____ hjem før stormen slo til.
2   Meteorologisk institutt har sendt ut OBS-varsel om at det kan _____ mye regn i Trøndelag.
3   Jeg skal _____ til Nord-Norge i desember for å oppleve mørketid med korte dager.
4   I dag kom jeg på at jeg må _____ å skifte til vinterdekk.
5   Han forsto ikke noe av det den britiske miljøaktivisten sa fordi han ikke kunne _____ engelsk.

Meaning and usage

Future tense

1   There are several ways to talk about the future in Norwegian. Sometimes the present tense is used to talk about future events, especially if describing changes or transitions:

Været blir sikkert bedre. (*Surely the weather will get better soon.*)

Det er snart vår. (*It'll be spring soon.*)

The present tense might also be used to talk about future events if a time is specified, or in questions using **når**:

Jeg drar hjem på tirsdag. (*I'll be going home on Tuesday.*)

Når planlegger du å flytte? (*When are you planning to move house?*)

2 Another way of talking about the future is to use the modal verb **å skulle**, followed by the infinitive. This is most commonly used when somebody has planned or decided that something will happen:

Hun <u>skal bygge</u> et hus. (*She will build a house.*)

<u>Skal</u> dere <u>dra</u> på ferie neste år? (*Will you be going on holiday next year?*)

3 If a future event is expected or assumed to happen but is not under anybody's direct control, we can describe it using the modal verb **å ville** followed by the infinitive:

Det <u>vil være</u> spennende. (*It will be exciting.*)

De sa at det <u>vil bli</u> vanskelig å redde verden hvis vi ikke gjør noe nå. (*They said it will be difficult to save the world unless we do something now.*)

4 **Å komme til å** plus the infinitive is also used to describe future events over which nobody has direct control, but that are still presumed to be likely. It is usually interchangeable with **å ville** but is commonly used in more colloquial speech, and can often be translated into English using *to be going to*:

Han <u>kommer til å bli</u> syk hvis han går ut i det været. (*He's going to get ill if he goes out in that weather.*)

<u>Kommer</u> vi <u>til å bli</u> våte hvis vi ikke tar med regntøy? (*Are we going to get wet if we don't take our rainclothes?*)

F **Choose which way of expressing the future is most appropriate in each context.**

1a Hurra! Det er fredag i morgen.
  b Hurra! Det skal være fredag i morgen.
  c Hurra! Det kommer til å være fredag i morgen.

2a Skal vi samle søppel på stranda?
  b Vil vi samle søppel på stranda?
  c Kommer vi til å samle søppel på stranda?

3a Du fryser uten skjerf.
  b Du vil fryse uten skjerf.
  c Du kommer til å fryse uten skjerf.

How to form the future tense

There are four main ways to form the future tense:

1 Present tense for future actions

De <u>kommer</u> hit i morgen. (*They're coming here tomorrow.*)

2 **å skulle** + infinitive

Åsmund <u>skal skrive</u> til ham. (*Åsmund will write to him.*)

3 **å ville** + infinitive

Jeg tror at du vil trives i Bergen selv om det regner. (*I think you will like it in Bergen even if it rains.*)

4 **å komme til å** + infinitive

Det kommer til å snø i natt. (*It's going to snow tonight.*)

G **Change these sentences from the present or past tenses into the future, using skal.**

1 Nå vasker jeg opp. → I morgen _____.

2 Bruker du mye vann? → _____ mye vann?

3 Jeg reiste til Korea i fjor. → _____ neste år.

4 Går du ut hvis sola skinner? → _____ hvis sola skinner?

Vocabulary

H **Refer to the weather map and complete the weather forecast with words from the table. Not all words will be used. Choose between nouns and verbs, and use the correct forms of each word.**

Nouns	Verbs	Adjectives
en bris (*breeze*)		
(et) hagl (*hail*)		
(et) klarvær (*clear/fine weather*)		
en kuling (*strong breeze/gale*)		
et lyn ((*bolt of*) *lightning*)	å blåse (*to blow/be windy*)	kraftig (*strong/powerful/heavy*)
en orkan (*hurricane*)	å hagle (*to hail*)	lett (*light/gentle*)
(et) regn (*rain*)	å lyne (*to emit lightning*)	overskyet (*overcast*)
(en/ei) regnbyge (*rain shower*)	å regne (*to rain*)	skyet (*cloudy*)
(en/ei) skodde (*fog/mist*)	å skinne (*to shine*)	sterk (*strong*)
(et) sludd (*sleet*)	å sludde (*to sleet*)	stiv (*stiff*)
(en) snø (*snow*)	å snø (*to snow*)	tåkete (*foggy/misty*)
en/ei sol (*sun*)	å tordne (*to thunder*)	
en storm (*strong gale/storm*)		
(en) torden (*thunder*)		
(en/ei) tåke (*fog/mist*)		
en vind (*wind*)		

1 I morgen blir det _____ i Karasjok.
2 I Bodø blir det stiv _____ mens i Tromsø blir det lett _____.
3 Det vil _____ langs sørvestkysten.
4 Sola kommer til å _____ i Trondheim, og det blir _____.
5 Det blir kraftig _____ og _____ i Bergen og på Vestlandet.
6 I Oslo blir det delvis _____ med lette _____.
7 I Kristiansand og på Sørlandet blir det _____.
8 På Lillehammer og i resten av Oppland blir det _____.

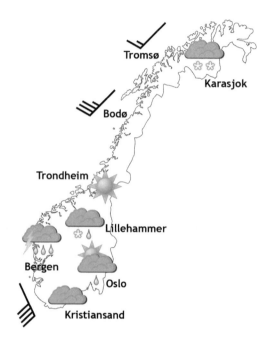

 The free online service **Yr** at www.yr.no provides worldwide weather forecasts delivered by the Norwegian Meteorological Institute and NRK, including long-term forecasts. You can use the website in Bokmål and Nynorsk, as well as in the minority languages Kven and Northern Sámi, and in English. Why not check the weather in Norwegian the next time you are heading out?

If you look at forecasts for Arctic Norway during the winter, you may see some unfamiliar representations of the sun. This is because it may be daytime, and the weather may be clear, but the sun may be below the horizon: it is **mørketid** (the polar night).

I Decide whether these suggestions are good or bad ideas to help protect the environment. If they are bad ideas, write a better suggestion, using modal verbs.

Examples:

Du kan kildesortere.

God idé!

Du må alltid vaske klær ved 60 eller 90 grader.

Dårlig idé! Du må ikke alltid vaske klær ved 60 eller 90 grader.

1 Du må pante flasker!
God idé eller dårlig idé? _____

2 Du bør kjøre bil så ofte som mulig.
God idé eller dårlig idé? _____

3 Du bør bruke elektrisk oppvarming hele året.
God idé eller dårlig idé? _____

4 Hvis du må kjøre til jobben, kan du dele bilen med andre.
God idé eller dårlig idé? _____

Most shop-bought cans or bottles in Norway will have a symbol on them with the word **pant** *and a value in kroner. This means that a deposit was included in the price you paid, and you can have it refunded by returning the can or bottle to a shop for recycling. There is even a verb for this:* **å pante**. *Automatic machines at many supermarkets can scan the barcodes on your empties and then print out a* **pantelapp** *(deposit receipt). You can either take the receipt to the till for your refund, or choose to donate the deposit to charity. This is a good way to save money in an expensive country, and an excellent way to reduce waste, alongside other kinds of* **kildesortering** *(recycling)!*

📖 Reading

J Read this post from an online current-affairs forum in which a user starts a debate about climate change, and answer the question:

Hva slags potensielle fordeler ved klimaendringer tenker denne nettbrukeren på?

_____

◀ | ▶ www.norgeidag.no

Kommer Norge til å vinne eller tape ved klimaendringer?

👤 *JonasFlodberg2000, 12. februar, 20:12*

Det har vært mye snakk om klimaendringer i de siste årene, ikke sant? Alle vet at Norge ikke er det eneste landet som kan påvirke miljøet på en negativ måte, og vi gjør faktisk ganske mye for å forurense verden. Hvis det likevel blir store klimaendringer i verden, kommer dette bare til å skape problemer for oss i Norge, eller er det også noen fordeler? Jeg tenker kanskje litt mer på meg selv her, men... hvis det blir varmere, er ikke det bare fint? Jeg elsker sola! Hva mener dere andre?

K Read this reply from another user to the same forum thread and answer the questions that follow:

 ◀ | ▶ www.norgeidag.no

SV: Kommer Norge til å vinne eller tape ved klimaendringer?

 👤 *MerPeilingEnnDeg2001, 13. februar, 07:14*

Hvis vi ser på det på en litt kynisk måte, kan det stemme at det er noen fordeler for Norge ved klimaendringer. Hvis polarisen smelter, kan skipene seile raskere fra Nord-Europa til Asia gjennom Nordøstpassasjen. Kan det bli bra for den norske økonomien hvis Norge blir et viktig knutepunkt for logistikk? Ja, det kan bli penger av det, men dette betyr også et økende press på naturen, og den norske økonomien er også avhengig av naturen. Tenk på fiskeindustrien og skogbruk! Og ikke glem dyrene. I framtida kan havene stige hvis isen smelter, og hva kommer til å skje med isbjørnene på Svalbard?

Vi må ikke se bort fra vårt eget ansvar i alt dette. Til å begynne med eksporterer Norge mye olje og gass, og dette fører til store utslipp av klimagasser. Nordmenn er dessuten veldig vant til å ta fly både for å reise innenlands og til utlandet, men vi må ikke glemme at landets geografi spiller en stor rolle i dette også.

Vi må gjøre noe før det blir for seint, og det er mye vi kan gjøre hjemme: Ta på deg varme sokker slik at du ikke må ha varmekablene på året rundt. Gjør det i dag! Det er ikke hele svaret, for vi trenger politiske løsninger, men det kan hjelpe...

V **en/ei klimaendring**	climate change
en klimagass	greenhouse gas
et knutepunkt	junction/hub
Nordøstpassasjen	the Northeast Passage
(et) skogbruk	forestry
et utslipp	emission
en varmekabel	(underfloor) heating

1 Hva slags mulige økonomiske fordeler kan det være for Norge ved klimaendringer?

_____

_____

2 Hvilke dyr kan få problemer hvis havene stiger?

_____

3 Hvilke ting nevnes som gjør at Norge har en stor påvirkning på utslipp av klimagasser?

_____

4 Hva kan man bruke istedenfor å ha varmekablene på året rundt?

_____

Writing

L **Write about things you do for the environment (about 100 words). Try to use a variety of modal verbs and some future-tense expressions. Here are some ideas:**

▶ Kildesorterer du? Hva gjør du ellers for å være miljøvennlig?
▶ Er det noe som du vil eller bør gjøre, men som du ikke gjør?
▶ På hvilke måter kan livet ditt endre seg hvis det blir store klimaendringer i framtida?

_____

_____

_____

_____

_____

_____

_____

_____

_____

_____

_____

Self-check

Tick the box which matches your level of confidence.

1 = very confident   2 = need more practice   3 = not confident

Sett kryss i tabellen for å vise hvor sikker du føler deg.

1 = veldig sikker   2 = trenger mer øvelse   3 = usikker

	1	2	3
Use the full system of modal verbs.			
Link modal verbs with other types of verbs.			
Describe different kinds of future events.			
Can identify the main conclusions in clearly signalled argumentative texts. (CEFR B1)			
Can write about everyday aspects of his/her environment (e.g. recycling and basic environmental concerns). (CEFR A2)			

5

Jeg vil klage på min nye hårføner

I want to complain about my new hair dryer

In this unit you will learn how to:

✅ Recognize and use personal and reflexive pronouns.

✅ Distinguish between reflexive and non-reflexive use of verbs.

✅ Recognize and use possessive and reflexive possessive pronouns.

CEFR: Can find and understand relevant information in everyday material (B1); Can write about past events (letter of complaint) (A2).

Subject pronoun		Reflexive pronoun			Possessive pronoun
Jeg	**barberer**	**meg**	**alltid**	**med barbermaskinen**	**min.**
↓		↓			↓
Han	**barberer**	**seg**	**alltid**	**med barbermaskinen**	**sin.**

Meaning and usage

Personal and reflexive pronouns

1   Personal pronouns are used to refer back to a particular person, group or thing (concrete or abstract). They are used stylistically to avoid repeating the noun they refer to:

Jeg ga Hanne en kaffetrakter i bursdagsgave. Hun ble veldig glad for den. (*I gave Hanne a coffee machine for her birthday. She was very happy with it.*)

2   When referring to people in general and not to a specific person, **man** and **en** can be used, corresponding to impersonal *you* or *one*:

Man bør alltid gjenvinne brukte batterier. (*You/one should always recycle used batteries.*)

3   Reflexive pronouns are used when the object of a sentence is the same as the subject:

Han skar seg på den nye elektriske kniven sin. (*He cut himself on his new electric knife.*)

4 The reflexive pronoun is always unstressed. The pronoun **selv** is used to add emphasis, which stresses that the subject did something on his/her own:

Med de riktige hjelpemidlene kan mange funksjonshemmede klare <u>seg selv</u>. (*With the right aids, many people with disabilities can manage on their own.*)

5 A number of verbs change their meaning when they are used with a reflexive pronoun:

Etter lynnedslaget <u>oppfører</u> mine elektriske apparater <u>seg</u> merkelig. (*After the lightning strike, my electrical appliances are behaving strangely.*)

Uten ordentlig scenebelysning er det vanskelig å <u>oppføre</u> et teaterstykke. (*Without proper stage lighting, it is difficult to stage a play.*)

As you can see, a number of verbs are reflexive in Norwegian but not in English: **Tilbudet på elektriske varmeovner slutter i morgen, så du må <u>skynde deg</u> hvis du vil kjøpe en.** (The offer on electric heaters ends tomorrow so you have to <u>hurry</u> if you want to buy one.)

A **Identify what the underlined pronouns refer back to.**

1 Selskapet mitt har nettopp kjøpt nye kopimaskiner, men **de** fungerer nesten aldri.

_____

2 Jeg ga kona mi en avfallskvern, men **hun** bruker den ganske sjelden.

_____

3 Universitetet brukte mange penger på et elektronmikroskop. Det er mange som mener at **det** ikke blir brukt nok.

_____

4 Jeg ønsker **meg** en massasjestol.

_____

5 Naboen lånte hekkeklipperen min til å beskjære sine busker og hekker. **De** har blitt veldig fine.

_____

B **Choose the correct verb form for each sentence.**

1 Min far **liker/liker seg** å fortelle gjester om sin nye robotstøvsuger.
2 Hun **kom/kom seg** igjen etter at legene hadde gjenopplivet henne med hjertestarteren.
3 Han **brente/brente seg** på gassgrillen.
4 Han **føler/føler seg** ikke at hans nye kaffekvern maler bønnene ordentlig.
5 Husk å **legge/legge deg** drillen tilbake i skuret når du er ferdig med den.
6 Jeg **kjeder/kjeder meg** ikke lenger siden jeg har fått min storebrors gamle spillkonsoll.
7 Dere må **øve/øve dere** hvis dere vil lære å utnytte alle funksjonene på det nye speilrefleskameraet deres.
8 Du har sittet foran pc-en hele dagen. Tror du ikke at du snart skal **gi/gi deg**?

Forms of the personal and reflexive pronouns

Personal pronouns		Reflexive pronouns
Subject	**Object**	
Singular		
jeg	meg	meg
du	deg	deg
han	ham/han	
hun	henne	
den	den	seg
det	det	
Plural		
vi	oss	oss
dere	dere	dere
de	dem	seg
Impersonal		
man/en	en	seg

The polite form **de** (with the object and reflexive form **dem**) was normally used instead of **du/deg** when addressing a person formally. Today it is rare, but you may encounter it in older texts or very formal letters.

1   There are two forms of personal pronouns, the subject and the object form:

Hanne fortalte <u>meg</u> at <u>hun</u> var fornøyd med den nye kaffetrakteren. (*Hanne told me that she was pleased with the new coffee machine.*)

In this sentence **meg** (*me*) is an object pronoun as **meg** functions as the indirect object in the main clause. **Hun** (*she*) is a subject pronoun. It refers back to **Hanne** and is the subject of the subordinate clause.

2   After prepositions the object form is always used:

Hanne drikker mer kaffe enn <u>meg</u>. (*Hanne drinks more coffee than me.*)

Hanne drikker mer kaffe enn <u>jeg</u> drikker. (*Hanne drinks more coffee than I do.*)

In the first example **enn** is a preposition, so it is followed by the object form **meg**. In the second sentence **enn** is a conjunction introducing a subordinate clause with **jeg** as the subject.

*Both **ham** and **han** are equally acceptable object forms. In this book, only **ham** is used as the object form, to avoid confusion between **han** as subject and as object form.*

3   In impersonal constructions both **man** and **en** (*you/one*) can be used as subject forms but **man** is more common. **En** is, however, the only option in the object form. In the genitive case the form **ens** is used:

Kan man kjøpe hvitevarer her? (*Can you/one buy white goods here?*)

Kjøkkenselgeren fikk en til å føle seg virkelig velkommen i butikken. (*The kitchen salesperson made you/one feel really welcome in the shop.*)

Ens utstråling er svært viktig når man pruter på prisen. (*Your/one's charm is very important when haggling.*)

4   The reflexive pronouns are the same as the object pronouns, with the exception of the third person, which is **seg**:

Jeg kan ikke konsentrere <u>meg</u> når du ser på TV. (*I cannot concentrate when you are watching TV.*)

Han barberer <u>seg</u> alltid med barbermaskin. (*He always shaves (himself) with an electric shaver.*)

 C   **Identify all the personal pronouns in this text. Then sort them into subject and object forms in the table.**

Advarsel til dere som skal kjøpe ny støvsuger!

Kona mi overrasket meg med en Minusi-støvsuger for seks måneder siden, og jeg ble veldig glad, men nå har den begynt å suge veldig dårlig. Butikken har sett på den og har fortalt oss at det er vår egen skyld fordi vi ikke har skiftet pose ofte nok. Man skal åpenbart skifte pose mye oftere enn vi trodde. Så jeg vil gjerne advare dere alle før dere begår samme feil som oss.

Subject pronouns	Object pronouns

D Complete these sentences with the appropriate reflexive verb from the box. Remember to use the correct form of both the verb and the reflexive pronoun.

Example:

å grue seg → Jeg *gruer meg* til å få strømregningen denne måneden.

> å forsove seg – å gifte seg – å glede seg – å klippe seg –
> å slanke seg – å skynde seg – å slå seg – å ønske seg

1 Da de _____, fikk de mange hvitevarer i bryllupsgave.
2 Beklager at jeg kommer for seint. Jeg _____ fordi vekkeklokka ikke ringte.
3 Det er greit nok at dere går mange fjellturer og har tredemølle i kjelleren, men dere kommer ikke til _____ hvis dere ikke spiser sunnere mat.
4 Min mann og jeg _____ til å prøve vår nye brødmaskin.
5 Hun ble veldig glad da hun fikk vaffeljernet som hun hadde _____.
6 Med vår nye Minusi-hårklipper er det lett _____ selv.
7 Jeg forstår ikke hvordan du klarer _____ hver gang du skal reparere bilen.
8 Tilbudet på våre induksjonskomfyrer varer til søndag, så _____ og kjøp!

Meaning and usage

Possessive pronouns

1 Possessive pronouns are used to indicate ownership or belonging:

   Vi fikk installert oppvaskmaskinen vår for to uker siden. Dens pumpe har allerede gått i stykker. (*Our dishwasher was installed two weeks ago. Its pump has already broken.*)

2 The adjective **egen/eget/egne** can be used to add emphasis on the ownership, in the same way that English uses *own*:

   Får jeg låne din bærbare pc? Min egen er til reparasjon. (*Could I borrow your laptop? Mine/my own is being repaired.*)

3 In the third person singular and plural, the reflexive possessive pronouns **sin/si/sitt/sine** are used when the subject and the owner are the same person and they occur in the same clause. When the possessive pronoun is part of the subject, the reflexive possessive pronouns cannot be used:

   Ole og Ali delte en leilighet. Ole tørket aldri sine klær i tørketrommelen. (*Ole and Ali shared a flat. Ole never dried his (own) clothes in the dryer.*)

   Ole og Ali delte en leilighet. Ole tørket aldri hans klær i tørketrommelen. (*Ole and Ali shared a flat. Ole never dried his [Ali's] clothes in the dryer.*)

Ole er veldig opptatt av tannhygiene, og Ali erter ham med at <u>hans</u> elektriske tannbørste er <u>hans</u> kjæreste eie. (*Ole cares a lot about dental hygiene and Ali teases him that his electric toothbrush is his most precious possession.*)

Sine is used in the first example as it refers back to the subject of the clause (as shown by the arrow). In the second example **hans** does not refer back to the subject. **Hans** indicates here that the object **klær** does not belong to Ole but to Ali. In the third example the first **hans** is part of the subject of the subordinate clause and the second **hans** is part of the subject complement; in both cases, therefore, **hans** is the only possible choice.

E **Find the possessive pronouns in the sentences. Indicate who/what they refer to.**

1 Kåres hytte ligger i et hyttefelt rett ved Røldal skisenter, og derfor har han alt sitt skiutstyr, inkludert sitt nye digitale smørejern, liggende der.

2 I fjor ble vi uvenner med naboene våre da de plasserte sin store parabolantenne rett ved verandaen vår.

3 Shamina ble veldig sur på sin kjæreste da hun oppdaget at han hadde lest meldingene på hennes mobiltelefon.

4 Eli fortalte vennene sine at da deres barn så hennes gamle kassettspiller og kassettsamling, så spurte de henne hva de var.

5 Benjamin spurte søstrene sine: «Hvor er deres kamera? Jeg hadde jo sagt at mitt ikke virker.»

6 Nora sa til Pei-Sze: «Hvis du skal låne rettetangen min, så vil jeg få lov til å bruke krølltangen din.»

7 Da snøen smeltet, fant jeg den gamle riven min, men tennene dens var helt ødelagte, og skaftet dens var råttent.

	Pronouns	Referring to
1		
2		
3		
4		
5		
6		
7		

Forms of possessive pronouns

	Possessive pronouns	
	Non-reflexive possessive	**Reflexive possessive**
Singular	min/mi/mitt/mine	
	din/di/ditt/dine	
	hans	sin/si/sitt/sine
	hennes	
	dens	
	dets	
Plural	vår	
	deres	
	deres	sin/si/sitt/sine

1   As can be seen from this table, some possessive pronouns inflect depending on the gender and number of the noun, i.e. of what is owned. These are **min**, **din**, **vår**, **sin**. All other pronouns remain unchanged: **hans**, **hennes**, **dens**, **dets**, **deres**, **deres**:

   <u>Min</u> elektriske skrutrekker har erstattet alle <u>mine</u> gamle skrutrekkere. (*My electric screwdriver has replaced all my old screwdrivers.*)

   Hun ville gjerne arve <u>hans</u> platespiller, men var ikke interessert i <u>hans</u> plater. (*She wanted to inherit his turntable but was not interested in his records.*)

2   The possessive pronoun can be placed either before or after the noun. If the possessive pronoun is before the noun, the noun needs to be in the indefinite form. If the possessive pronoun comes after the noun, the noun needs to be in the definite form. The latter structure is most common. Placing the possessive pronoun before the noun can suggest greater emphasis on who owns what:

   Kan jeg låne høretelefonene dine?/Kan jeg låne dine høretelefoner? (*Can I borrow your headphones?*)

It is less common to put the feminine possessive before a noun:

Most common: **<u>Kona mi</u> og jeg har diskutert om man skal skrive «ruter» eller «router» på norsk.**

Very rare: **<u>Mi kone</u> og jeg har diskutert om man skal skrive «ruter» eller «router» på norsk.**

(My wife and I have discussed whether you should write '**ruter**' *or* '**router**' in Norwegian.)

3   In possessive structures that contain adjectives, the adjective is always in the definite form, while the form of the noun is determined by the position of the possessive pronoun.

Er du tilfreds med din elektriske slåmaskin?/Er du tilfreds med den elektriske slåmaskinen din? (*Are you satisfied with your electric lawnmower?*)

F   **Complete the sentences with the correct possessive pronoun. The number and person are given in brackets.**

1   For noen dager siden kom naboen _____ (*1ˢᵗ person plural*) løpende for å låne håndslukkeren _____ (*1ˢᵗ person singular*) fordi hagetraktoren _____ (*3ʳᵈ person plural*) hadde tatt fyr.

2   _____ (*1ˢᵗ person singular*) sønn Neil fikk støt fordi han stakk _____ (*3ʳᵈ person singular*) gaffel ned i brødristeren hvor _____ (*3ʳᵈ person singular*) muffins satt fast.

3   Det er greit hvis barna _____ (*2ⁿᵈ person plural*) vil overnatte her i natt, men ikke ta med dataspillene _____ (*3ʳᵈ person plural*).

4   Faren min har fått _____ (*3ʳᵈ person singular*) bestemors gamle symaskin og _____ (*3ʳᵈ person singular*) fine antikke stålampe.

Vocabulary

G   **Match and combine the words to make compound words.**

1   data   a   kjele   _____
2   fjern   b   kontroll   _____
3   el   c   kvern   _____
4   stav   d   maskin   _____
5   mandel   e   mikser   _____
6   farge   f   printer   _____
7   bade   g   trimmer   _____
8   hår   h   vekt   _____

H List the appliances in the table according to where they are normally found.

> barbermaskin – batterilader – flatskjerm – fryser – høytalere –
> høytrykkssprøyte – hårtrimmer – hårføner – kjøleskap – komfyr –
> lampett – mikrobølgeovn – mikser – motorsag – vedovn

Rom	Elektronikk
stua	
badet	
garasjen	
kjøkkenet	

📖 Reading

I Read the consumer complaint letter, then answer the question.

Hvilket svar forventer Joan å få på sitt brev?

_____

_____

Henrik Ibsens gate 3
0253 Oslo

Klage på hårføner

Den 23. juni 2017 kjøpte jeg en hårføner i butikken deres, og selgeren deres lovet meg at det gjeldende merket var av toppkvalitet. Det var pga. hans anbefaling at jeg kjøpte produktet og ekstra forsikring.

Mine to tenåringsdøtre og jeg har kun brukt hårføneren få ganger, så vår skuffelse var stor da den sluttet å virke. Jeg regner med at deres forsikring dekker dette tilfellet. Dere kan sende den nye hårføneren til vår adresse som står ovenfor.

Med vennlig hilsen
Joan Kirkeby

J Now read the answer to Joan's letter and answer the following questions.

Kjære Joan Kirkeby

Jeg har lest din klage og er lei meg for å høre at du har hatt problemer med hårføneren vår. Vi beklager på det sterkeste. Feilen dere har opplevd, er ekstremt sjelden, og de fleste av våre kunder er veldig glad i produktet.

Vår juridiske avdeling har sett på saken, og etter deres mening er dere dekket av forsikringen. Vi vil derfor be deg sende produktet tilbake til kundesenteret vårt, så sender de en ny hårføner til dere. I tillegg har sjefen min bedt meg om å tilby døtrene dine en rekke gratis prøvevarer som et ekstra plaster på såret: Det er forskjellige kremer, parfymer og sminkesaker.

Vi håper virkelig at du vil ta deg tid til å gå på nettet og skrive om du har vært tilfreds med din opplevelse av vår kundetjeneste. Mange av kundene våre benytter seg nemlig av andre kunders vurderinger og kommentarer på nettet før de selv kjøper noe, og vår målsetting er at alle får en femstjerners opplevelse. Som en ekstra bonus trekker vi hvert kvartal lodd blant alle anmeldelsene, og den heldige vinneren får sjansen til å ta med venn og kjæreste på en av Oslos fineste gourmetrestauranter.

Med vennlig hilsen
Gunnar Haugen

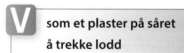

V	
som et plaster på såret	*by way of consolation*
å trekke lodd	*to draw lots*

1 Er det normalt å få problemer med denne hårføneren?

_____

2 Vil butikken imøtekomme Joans krav?

_____

3 Hva håper butikken at Joan vil gjøre?

_____

4 Hvem har sjansen til å vinne en tur på en av Oslos fineste gourmetrestauranter?

_____

Vocabulary

K Match these words from the Reading with their synonyms.

1	produkt	a	bedømmelse
2	mening	b	holdning
3	tjeneste	c	merknad
4	vurdering	d	plan
5	kommentar	e	service
6	målsetting	f	vare

L Complete the table with words from the Reading. Put the words in their basic form.

	Verb	Noun
Example:	å klage	en klage
1	å produsere	
2		en opplevelse
3	å unnskylde	
4		et ønske
5	å forsikre	
6	å såre	
7		et kjøp
8		et håp
9		en loddtrekning
10		en vinner, en gevinst

Writing

M The latest appliance you have bought is not working properly. Write a letter of complaint (75–100 words) to the shop or manufacturer and ask for a refund or a replacement. When writing the letter, reflect on what kind of pronouns you need (subject, object, reflexive and possessive pronouns). The following questions may help you to structure your letter:

▶ Hvilket produkt vil du klage på, og hvor og når kjøpte du det?

▶ Hva er galt med det?

▶ Hva slags erstatning vil du ha?

_____

_____

_____

_____

_____

_____

Self-check

Tick the box which matches your level of confidence.

1 = very confident   2 = need more practice   3 = not confident

Sett kryss i tabellen for å vise hvor sikker du føler deg.

1 = veldig sikker   2 = trenger mer øvelse   3 = usikker

	1	2	3
Recognize and use personal and reflexive pronouns.			
Distinguish between reflexive and non-reflexive use of verbs.			
Recognize and use possessive and reflexive possessive pronouns.			
Can find and understand relevant information in everyday material. (CEFR B1)			
Can write about past events (letter of complaint). (CEFR A2)			

6 Vi har blitt syke

We have fallen ill

In this unit you will learn how to:

- Recognize and use the perfect tense.
- Form the perfect tense of regular verbs.
- Recognize and use the perfect tense of irregular verbs.

CEFR: Can understand texts that consist mainly of high-frequency everyday or job-related language (B1); Can write very simple, personal letter (A2).

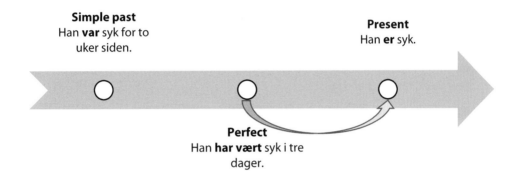

Simple past
Han **var** syk for to uker siden.

Present
Han **er** syk.

Perfect
Han **har vært** syk i tre dager.

Meaning and usage

The perfect tense

There are four different contexts that require the use of the perfect tense:

1   When something in the past happened at a non-specified time and has consequences for the present:

    Jeg har tatt hostesaft, så halsen min gjør ikke vondt lenger. (*I have taken cough syrup, so my throat doesn't hurt any more.*)

2   When something in the past is seen from the perspective of the present:

    Vet du om apoteket er åpent i dag? Jeg har prøvd å ringe til dem mange ganger. (*Do you know if the pharmacy is open today? I have tried to call them many times.*)

3   When something began in the past but reaches into and is still going on in the present:

    Jeg har tatt antibiotika i tre dager. (*I have been taking antibiotics for three days.*)

4   When something in the present has to be finished before something else can happen in the near future:

    Vi kan dra hjem når du har snakket med legen. (*We can go home after you have spoken with the doctor.*)

If you find it difficult to remember all the contexts, try to remember context 1, which covers most everyday instances.

A Explain why the perfect tense has been used in these sentences.

1   Jeg <u>har</u> ikke <u>vært</u> hos øyelege på flere år.
2   Vi kan ikke fortsette behandlingen før vi <u>har fått</u> resultatene på blodprøvene dine.
3   Hvor mange sovepiller kan man ta? Jeg <u>har</u> allerede <u>tatt</u> fire.
4   Jeg har dårlige tenner fordi jeg <u>har spist</u> for mye sukker.

 B Identify the auxiliary/helping verb that was used in the sentences in A.

How to form the perfect tense

1   The perfect tense is always a two-verb structure. It is formed by combining the auxiliary verb **har** with the past participle of the verb expressing the action itself. In A, the past participles were **vært**, **fått**, **tatt** and **spist**.

Jeg tror jeg <u>har forstuet</u> håndleddet. (*I think I've sprained my wrist.*)

*In modern Norwegian, all verbs can take **har** as their auxiliary to form the perfect tense. In some cases, the auxiliary **er** can also be used as an alternative option. This is the case only with verbs of movement and of transition. When the auxiliary **er** is used, the emphasis is not on the action but on the result of the action:*

Hvor er Vibeke? Hun er/har gått til legen. (Where is Vibeke? She has gone to the doctor.)

2   When forming the past participle, there are four main groups of regular verbs. In addition to these, there are a number of irregular verbs, which need to be learnt by heart.

3   The groups and their past participle endings are as follows:

Group one verbs end in **-et (fjernet)**   **Group two** verbs end in **-t (operert)**

Group three verbs end in **-d (prøvd)**   **Group four** verbs end in **-dd (bodd)**

4   There are some general rules in Norwegian that can help to establish which group a verb belongs to. You will generally be able to determine this by looking at the stem of the verb. If the verb is only one syllable long, the stem is the same as the infinitive (the basic form you can find in a dictionary). If the infinitive has more than one vowel, the stem can be obtained by removing the last vowel:

Group one – most verbs with a stem ending in more than one consonant take **-et** in the past participle:

Infinitive	Stem	Past participle	Example
å fjerne (*to remove*)	fjern-	fjern**et**	**Har du snakket med en hudlege om utslettet ditt?**
å snakke (*to speak*)	snakk-	snakk**et**	(*Have you spoken with a dermatologist about your rash?*)

Group two – most verbs with a stem ending in one consonant take **-t** in the past participle:

Infinitive	Stem	Past participle	Example
å operere (*to operate*)	operer-	operer**t**	**I løpet av tre år har jeg operert nesten 200 pasienter.**
å undersøke (*to examine*)	undersøk-	undersøk**t**	(*Over three years I have operated on almost 200 patients.*)

Group three – most verbs with a stem ending in a single **-v** or **-g**, or in the diphthongs (a sound formed by two vowels in a single syllable) **-ei** or **-øy**, take **-d** in the past participle:

Infinitive	Stem	Past participle	Example
å prøve (*to try*)	prøv-	prøv**d**	**Vi har greid å fjerne hele svulsten.**
å duge (*to be good [enough]*)	dug-	dug**d**	
å greie (*to manage*)	grei-	grei**d**	(*We have managed to remove the entire tumour.*)
å tøye (*to stretch*)	tøy-	tøy**d**	

Group four – most single-syllable verbs with a stem ending in a stressed vowel take **-dd** in the past participle:

Infinitive	Stem	Past participle	Example
å bo (*to live*)	bo-	bo**dd**	**Jeg har alltid trodd at jeg aldri ville bli syk.**
å tro (*to believe*)	tro-	tro**dd**	(*I've always thought I'd never get sick.*)

5   There are a number of exceptions to these rules. For instance, **å tenke** (*to think*) and **å ringe** (*to ring*) belong to Group two, even though their stems end with two consonants (**har tenkt** and **har ringt**). In addition, many Norwegian verbs have irregular past participles. Here are some examples:

Infinitive	Past participle	Example
å gi (*to give*)	gitt	**Pasienten har valgt å ikke motta cellegiftbehandling.**
å drikke (*to drink*)	drukket	
å velge (*to choose*)	valgt	(*The patient has chosen not to receive chemotherapy.*)

*Many verbs can belong to more than one of the four main groups, meaning that you are free to choose which form to use. For example, **å lage** (to make/prepare) belongs to both group one and group three, so **har laget** and **har lagd** are both correct perfect tense forms. The important thing is to be consistent in your choice.*

*Furthermore, there is an alternative standard form of the past participle available for all group one verbs: the **-a** ending (e.g. **har snakka**). These **-a** endings are a relatively radical alternative in Bokmål, but they are very frequent in the vast majority of urban and rural spoken dialects. In Nynorsk, the **-a** endings are the only option for group one verbs.*

C Change the underlined present-tense verbs into the perfect tense.

1 Sykepleieren <u>prøver</u> å hjelpe pasienten. _____

2 Ambulansen <u>når</u> sykehuset i Kristiansand. _____

3 Han <u>gir</u> barnet flytende paracetamol. _____

4 Tannlegen <u>fjerner</u> to av visdomstennene hennes. _____

5 Vi <u>låser</u> inn medisiner slik at barn ikke kan få tak i dem. _____

D Complete the sentences with the perfect tense of the verbs in the box.

> å bestille – å miste – å overveie – å snakke – å virke – å være

Farfaren min _____(1) syk i lang tid. Han _____(2) med flere spesialister, men ingenting _____(3). Han _____(4) å prøve alternativ behandling, kanskje akupunktur. Jeg _____(5) en time på en klinikk neste uke. Jeg håper at de kan finne en løsning, for det er rett før farfar _____(6) håpet.

Vocabulary

E These Norwegian expressions are often used with the perfect tense. Match them with their English counterparts.

1	aldri	a	just
2	allerede	b	already
3	alltid	c	never
4	nettopp	d	ever
5	noensinne	e	yet
6	ennå	f	always

F Complete the sentences, using the time expressions and the perfect tense of the verbs given in brackets.

1 Ambulansen _____. (å kjøre / allerede)

2 _____ du _____ en ulykke med bilen? (å ha / noensinne)

3 Legen _____ Jan. (å undersøke / nettopp)

4 Jeg _____ å finne årsaken til mine humørsvingninger. (å greie / aldri)

5 Jeg _____ av astma og allergi. (å lide / alltid)

6 Jeg _____ resepten på medisinene mine. (å motta / ennå ikke)

G **Match the specialists with the illnesses they are associated with.**

1	fysioterapeut	a	forstuing
2	gynekolog	b	depresjon
3	hudlege	c	hjerteslag
4	kardiolog	d	utslett
5	psykolog	e	livmorkreft

📖 Reading

H **Read this postcard and answer the question.**

Hvorfor har ikke Karla og Øyvind ikke kontaktet foreldrene sine før?

_____

Kjære mamma og pappa!

De første dagene i India har vært fryktelige fordi både Karla og jeg har blitt syke. Vi har snakket med en lege, og heldigvis sa hun at vi bare har fått omgangssyke. Hun har gitt oss forskjellige medisiner, som allerede har virket. Vi har sørget for å drikke masse, for vi er veldig dehydrerte, men mat har vi ikke kunnet spise, spesielt ikke Karla, som har kastet opp flere ganger.

Jeg håper ikke at jeg har bekymret dere, men jeg syntes dere skulle vite hvordan vi har det, og hvorfor vi ikke har skrevet til dere før nå.

Vi skriver igjen når vi har fått det bedre, antakeligvis neste uke.

Klem fra Karla og Øyvind

Mette og Bjørn Ødegård

Skogveien 78

0768 Oslo

I Now read the parents' email to Karla and Øyvind and answer the questions.

Fra:	metteode@norgepost.no
Til:	karlaode@norgepost.no
Emne:	Hvordan går det?

Kjære Karla og Øyvind!

Vi har tenkt så mye på dere! Har dere fått det bedre, og har dere kommet videre på deres fantastiske reise? Vi har slått det opp på nettet, og det er mange som skriver at de har opplevd lignende symptomer, og at det er helt normalt å få diaré i starten av en ferie som deres. Har dere overveid å spise noen yoghurttabletter? Kanskje skal dere også passe på med drikkevannet.

Her i Norge har vi blitt rammet av en influensaepidemi. Pappa har ligget i senga med feber i flere dager, men han har stått opp i dag, så jeg tror det verste er over nå. Jeg har unngått å bli smittet inntil videre, men jeg har også passet på: Jeg har vasket hendene hver gang jeg har vært ute, og jeg har vaksinert meg for første gang i mitt liv.

Nå skal jo ikke det hele handle om sykdom! Har dere ellers opplevd noe spennende? Vi gleder oss så mye til å høre fra dere, for her skjer det jo ikke så mye. Pappa har kjøpt ny henger til bilen, og jeg har bestilt billetter til Ibsens *Gengangere* på Nationaltheatret, men ellers har alt vært veldig stille. Så skriv snart mer om deres tur og hva dere har sett, hørt, smakt, følt, ja alt som kan gjøre vinteren litt mer eksotisk her i Norge.

Gode klemmer fra mamma og pappa

1 Har andre blitt syke som Karla og Øyvind før?

_____

2 Hvem har blitt rammet av influensaepidemien?

_____

3 Hvordan har mora klart å unngå å få influensa så lenge?

_____

4 Hva vil foreldrene vite om Karla og Øyvinds reise?

_____

J Complete each sentence with a word from the text.

1 Hvis man har _____, skal man drikke masse vann.

2 Folk risikerer å bli _____ hvis de kaster opp hele tida.

3 Hvis man er syk, kan legen gi _____.

4 Årets _____ er kraftigere enn noen gang før.

5 Ikke alle som blir _____ med influensa, blir syke.

6 Har du _____ dine barn?

K Find the infinitive of these verbs in the perfect tense in the text. Then complete the table.

	Perfect tense	Infinitive	Group
1	har fått		
2	har sørget		
3	har overveid		
4	har vaksinert		
5	har opplevd		
6	har kjøpt		
7	har sett		

Writing

L Write a postcard (75–100 words) from Karla and Øyvind. Include information about how they are feeling now and what they have been doing. You should mainly write in the perfect tense, but you may have to use the simple past and future tenses here and there. These questions may help you to structure your postcard:

► Hvordan har Karla og Øyvind det nå?

► Har de snakket med legen igjen, og hva sa hun?

► Hva har de opplevd?

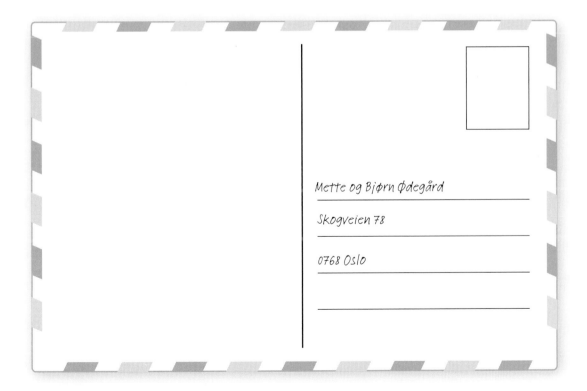

Mette og Bjørn Ødegård

Skogveien 78

0768 Oslo

Self-check

Tick the box which matches your level of confidence.

    1 = very confident   2 = need more practice   3 = not confident

Sett kryss i tabellen for å vise hvor sikker du føler deg.

    1 = veldig sikker   2 = trenger mer øvelse   3 = usikker

	1	2	3
Recognize and use the perfect tense.			
Form the perfect tense of regular verbs.			
Recognize and use the perfect tense of irregular verbs.			
Can understand texts that consist mainly of high-frequency everyday or job-related language. (CEFR B1)			
Can write very simple, personal letter. (CEFR A2)			

7 Vi gikk berserk på det store klessalget

We went berserk at the big clothes sale

In this unit you will learn how to:

✓ Use adjectives with the correct inflections according to gender and number.

✓ Use definite forms of adjectives.

✓ Refer to objects using demonstratives.

CEFR: Can understand the description of events and feelings in personal letters (or instant messages) (B1); Can write accounts of experiences, describing feelings or reactions in simple connected text (B1).

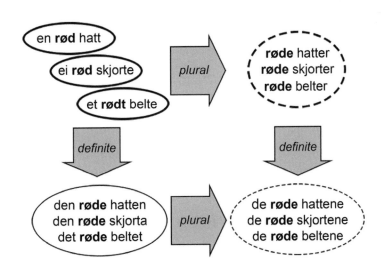

Meaning and usage

Adjectives

1 Adjectives are words used to describe attributes, qualities or characteristics, or to classify things. They are often used in front of nouns:

Har du ei lang jakke? (*Have you got a long jacket?*)

Jeg trenger et fint belte. (*I need a smart belt.*)

Liker du fargerike klær? (*Do you like colourful clothes?*)

2   Adjectives can also be used after verbs to refer back to nouns or pronouns:

Jakka di er <u>lang</u>. (*Your jacket is long.*)

Det beltet er <u>fint</u>. (*That belt is smart.*)

Disse klærne er <u>fargerike</u>. (*These clothes are colourful.*)

A   Identify the adjectives in these sentences.

1   Har du sett de gamle skoene mine?
2   Butikkvinduet er alltid fullt av forskjellige varer.
3   Han synes at det er naturlig å ville kjøpe varme klær om vinteren.
4   Jeg har hørt at det nye kjøpesenteret er veldig bra.
5   Den ullgenseren er så pen: Hvor fikk du den?
6   Er det ikke litt kaotisk og stressende å gå i butikkene på lørdag?

How to form adjectives

1   When using adjectives in close connection with a noun, the normal word order is for the adjective to go before the noun, just like in English:

en <u>svart</u> kopp (*a black cup*)

ei <u>blå</u> skjorte (*a blue shirt*)

et <u>grønt</u> tre (*a green tree*)

2   The form of an adjective changes (inflects) according to what is being described. There are three factors you may need to check: the gender (masculine, feminine or neuter), number (singular or plural), and whether or not the adjective is part of a definite construction.

B   Read these sentences using the adjective rød. Identify the basic rules for how to decline (change) adjectives in Norwegian.

Jeg har en rød genser og en rød poncho i garderoben.
Jeg har også ei rød jakke og ei rød bukse.
Jeg har til og med et rødt slips og et rødt skjerf.
Jeg har mange røde klær!
Dessverre har jeg aldri brukt den røde ponchoen her i Norge.

3 The regular adjective agreement is as follows:

	Masculine	Feminine	Neuter	Plural
Indefinite	- en **gul** genser	- ei **gul** T-skjorte	-t et **gult** skaut	-e **gule** gensere **gule** T-skjorter **gule** skaut
Definite	-e den **gule** genseren	-e den **gule** T-skjorta	-e det **gule** skautet	-e de **gule** genserne de **gule** T-skjortene de **gule** skautene

 Luckily, there are not many adjective endings to learn. The plural form is the same for all genders, and the definite form is identical to the plural. Masculine and feminine almost always follow the same patterns (except **liten**, *which has the feminine form* **lita**, *and* **annen**, *which has the feminine form* **anna***).*

4 There are some exceptions to be aware of, for instance:

a Some adjectives have only one form, including most adjectives ending in **-a** or **-e**:

bra – bra – bra (*good*)

moderne – moderne – moderne (*modern*)

gratis – gratis – gratis (*free [of charge]*)

spennende – spennende – spennende (*exciting*)

b Some adjectives have no neuter ending, including adjectives ending in a **consonant+t**, the large group ending in **-ig**, and adjectives ending in **-sk** that describe geographical origin or are longer than one syllable:

interessert – interessert – interesserte (*interesting*)

billig – billig – billige (*cheap*)

asiatisk – asiatisk – asiatiske (*Asian*)

also: **glad – glad – glade** (*happy*)

but, e.g.: **fersk – ferskt – ferske** (*fresh*)

c Adjectives derived from past participles ending in **-et** have no neuter ending, and their plural and definite form can end in either **-ete** or **-ede**:

overrasket – overrasket – overraskete/overraskede (*surprised*)

d Most adjectives ending in two identical consonants will drop one of them in the neuter form:

grønn – grønt – grønne (*green*)

emosjonell – emosjonelt – emosjonelle (*emotional*)

but, e.g.: **full – fullt – fulle** (*full/drunk*)

e Some adjectives containing double consonants are shortened in plural and definite forms:

gammel – gammelt – gamle (*old*)

sikker – sikkert – sikre (*sure/certain*)

f Most adjectives ending in **-el**, **-en** or **-er** are shortened in the plural and definite forms:

komfortabel – komfortabelt – komfortable (*comfortable*)

moden – modent – modne (*mature/ripe*)

super – supert – supre (*super*)

g Normally, adjectives ending in a stressed vowel have a **-tt** ending in the neuter form. For adjectives ending in **-å** the **-e** ending in the plural form is optional but rarely used:

blå – blått – blå(e) (*blue*)

ny – nytt – nye (*new*)

C Complete the sentences with the correct forms of the adjectives given in brackets.

1 Har du ei (ny) _____ håndveske?
2 Det var et (god) _____ valg!
3 Jeg har bare (gammel) _____ skjorter.
4 Jeg vil gjerne kjøpe et (billig) _____ kjøleskap.
5 Foretrekker du (norsk) _____ vinterklær eller (svensk) _____ vinterklær?

How to form definite adjectives

1 The definite form of adjectives looks the same as the plural form. It is used when the adjective is a direct part of a definite construction:

Den store hatten kler deg godt! (*The big hat really suits you!*)

Liker du den nye blusa som jeg kjøpte? (*Do you like the new blouse I bought?*)

Det grønne lærbeltet var slett ikke billig. (*The green leather belt was certainly not cheap.*)

It is not used when the adjective is not an immediate part of the definite construction. In those cases, adjectives still use the indefinite endings according to gender and number:

Hatten er stor. (*The hat is big.*)

Blusa er ny. (*The blouse is new.*)

Lærbeltet er grønt. (*The leather belt is green.*)

The definite form is also used after genitive nouns (e.g. **Norges store håp**), possessive pronouns (e.g. **min gode venn**) and demonstratives (e.g. **dette flotte huset**).

2   When an adjective is used as part of a definite construction, as well as using the definite form of the adjective, a definite article is added before the adjective. This is in addition to the normal definite ending of the noun, creating a 'double definite':

en billig kalender	→	**den billige kalenderen**
ei dyr klokke	→	**den dyre klokka**
et fint glass	→	**det fine glasset**
to stygge skjorter	→	**de stygge skjortene**

D   **There are some exceptions to the 'double definite' rule when it comes to proper nouns. Explain the difference in meaning between det hvite huset and Det hvite hus, or between den røde plassen and Den røde plass.**

3   The most irregular adjective is **liten** (*little/small*). Not only does it have its own feminine form, but it also has a singular definite form that is different from the plural:

	Masculine	Feminine	Neuter	Plural
Indefinite	en **liten** genser	ei **lita** T-skjorte	et **lite** hus	små gensere små T-skjorter små hus
Definite	den **lille** genseren	den **lille** T-skjorta	det **lille** huset	de små genserne de små T-skjortene de små husene

E   **Complete the sentences with the correct form of liten.**

Magnus hadde mange store og _____(1) leketøy som lillesøster Eva hadde lyst til å leke med. Hun krabbet bort til der Magnus hadde alle de _____(2) lekebilene sine. Hun tok fram den _____(3) brannbilen, de to _____(4) politibilene og et _____(5) trafikkskilt av plast. Hun laget så _____(6) bråk at Magnus ikke hørte henne, men mamma hørte. Mamma visste at Eva kunne prøve å spise det _____(7) trafikkskiltet, så hun kom løpende og tok Eva i armene.

Heldigvis var det en _____(8) barnebokhandel i nærheten, og der kjøpte mammaen til Magnus og Eva ei _____(9) bok med mange _____(10) bilder av biler som Eva kunne peke på uten at det ble farlig. Slik begynte Eva å drømme om hvordan det skulle bli da hun ble stor nok til å ha sine egne _____(11) lekebiler.

Meaning and usage

Demonstratives

1   Demonstratives are useful for identifying objects:

Liker du <u>denne</u> genseren? (*Do you like this jumper?*)

<u>Dette</u> skjerfet er blått. (*This scarf is blue.*)

<u>Disse</u> strikkejakkene er litt gamle nå. (*These knitted cardigans are a bit old now.*)

<u>Den</u> finlandshetta har jeg aldri brukt. (*I've never worn that balaclava.*)

<u>Det</u> skjørtet er veldig nytt. (*That skirt is very new.*)

Hvor er <u>de</u> tøflene som du kjøpte? (*Where are those slippers you bought?*)

2   There are two sets of demonstratives: one set generally used for objects near or close to hand (like *this* and *these* in English), and another generally used for objects further away (like *that* and *those*):

Vil du prøve <u>denne</u> skjorta her, eller <u>den</u> skjorta der borte? (*Would you like to try this shirt here, or that shirt over there?*)

How to form demonstratives

1   When a demonstrative is used in combination with a noun, the definite form of the noun is used.

	Masculine/feminine	Neuter	Plural
	denne	**dette**	**disse**
Close to hand (*this/these*)	denne genseren denne T-skjorta	dette skjerfet	disse genserne disse T-skjortene disse skjerfene
	den	**det**	**de**
Further away (*that/those*)	den genseren den T-skjorta	det skjerfet	de genserne de T-skjortene de skjerfene

 *Demonstrative constructions can also include adjectives, in which case the adjective takes the definite form. This means that e.g. **den gule jakka** can mean either the yellow jacket or that yellow jacket, depending on the context.*

2 Demonstratives can also be used on their own to stand in for a noun. They still have to agree with the gender or number of the object they are replacing:

De strømpene er ikke særlig lange. Har du prøvd <u>disse</u>? (*Those stockings aren't especially long. Have you tried these?*)

F Complete the sentences with the correct forms of the nouns, adjectives and demonstratives.

1 Jeg vil ikke prøve (den/det/de – gul – lue) _____. Jeg vil prøve (denne/dette/disse – rød) _____.

2 Hvilken farge er (den/det/de – estisk – sokker) _____ som du fortalte meg om? Var det (den/de/de – grønn) _____ eller (den/det/de – hvit) _____?

3 Har du hørt om (den/det/de – ny – butikk) _____ som åpnet i går? Det er alltid noe nytt i (denne/dette/disse – by) _____.

4 Hørte du det? Jeg tror at noen må ha knust et av (den/det/de – rosa – glass) _____ der borte. Det var bra at det ikke var et av (den/det/de – blå) _____ i det andre hjørnet fordi jeg har lyst til å kjøpe noen selv.

Vocabulary

G Complete the table with adjectives to match the nouns referring to personal feelings. Give the masculine/feminine, neuter and plural/definite forms, and note that many of them are irregular. The first row has been done for you.

	Nouns	Adjectives		
		Masculine/feminine	**Neuter**	**Plural/definite**
Example	aggresjon	aggressiv	aggressivt	aggressive
1	emosjon			
2	glede			
3	interesse			
4	lykke			
5	raseri			
6	ro			
7	sinne			
8	tilfredshet			
9	tristhet			
10	uro			

H   Complete the sentences with the correct forms of appropriate adjectives from the table.

Jeg er veldig spent. I dag er det fødselsdagen min, og mormor har gitt meg litt penger til å kjøpe hva jeg helst vil ha. Jeg er veldig _____(1) for dette fordi jeg er ganske _____(2) i et rullebrett som jeg har sett i en av butikkene i byen. Mor kan bli litt _____(3) fordi hun mener at jeg har nok å sysle med allerede med den nye sykkelen min, rulleskøytene og rulleskiene. Hun sier at jeg aldri blir _____(4) med det jeg har, men jeg tror ikke at hun blir _____(5). Mormor sa bare at jeg ikke skulle kjøpe noe voldelig for pengene, som en lekepistol.

📖 Reading

I   Synnøve and Beate are good friends, but Synnøve's family recently moved away. Read their instant messages about some Christmas presents they've received, and answer the question:

Hvilke julegaver fikk Synnøve og Beate av hverandre?

_____

> Hei, Synnøve, og god jul! Hvordan går det hos dere? Jeg håper at du har fått mange spennende julegaver. Jeg har fått mange nye klær. Fikk du gaven som jeg sendte deg i posten? Takk for den stilige skilua!

> God jul, Beate! Ja, det går bra her, men det er mye stress med hele familien hjemme til jul. Du vet at jeg er veldig glad i storesøstrene mine, men de lager så mye bråk. Tusen takk for de kule solbrillene! Jeg gleder meg til å bruke dem når vi drar på fjellet i februar. Ellers har jeg også fått mange klær, men noen av dem er litt stygge, synes jeg. Foreldrene mine var veldig sjenerøse, men jeg må innrømme at jeg ble litt skuffet. Jeg skal prøve å bytte dem når januarsalget begynner om noen dager…

J   Read this continuation of Synnøve and Beate's message thread, and answer the questions.

> Hei igjen, Synnøve! Nå er det januar: Har januarsalget begynt ennå? Jeg er veldig nysgjerrig etter å få vite hva slags såkalte «stygge» klær du egentlig fikk av de snille foreldrene dine.

> Godt nytt år, Beate! Ja, januarsalget er i gang her i Oslo, og i dag gikk jeg og søstrene mine i alle butikkene. Først og fremst ville jeg gå rundt og kikke i klesbutikkene, og vi gikk berserk på det store klessalget! Jeg hadde med klærne som jeg skulle bytte. De var egentlig ikke så stygge da, bare ikke min stil, vet du.

Til å begynne med fikk jeg en aprikosfarget hettegenser, og jeg foretrekker rosa, som du vet. Mamma sa at hun syntes den var rosa, men hun er ikke helt oppdatert på de siste trendene.

Mamma hadde beholdt kvitteringen, så det var lett å bytte klesplagget. Selgeren sa at de hadde mange rosa hettegensere i butikken. Hun viste meg dem, men de var de samme aprikosfargete som før! Så fant jeg selv en rosa hettegenser og viste den til selgeren. «Men den er jo laksefarget,» sa hun. Jeg ble så irritert at jeg tok den tilbake til hylla.

Uff! Det var synd. Men kjøpte dere noe?

Ja, til slutt kjøpte jeg ei grønn skjorte og et rosa skjørt. Maria kjøpte en lang vinterkåpe og ei blå dongeribukse. Sigrid kjøpte ikke noe.

| **hva som helst** | *whatever* | **å kikke** | *to look/peep/peer/browse* |
| **en hettegenser** | *hoodie* | **laksefarget** | *salmon-coloured* |

1 Vil Beate gjerne vite hva slags klær Synnøve fikk av foreldrene sine?

_____

2 Hva var problemet med hettegenseren som Synnøve fikk i julegave?

_____

3 Hvorfor var det lett å bytte genseren?

_____

4 Kjøpte Synnøve en rosa hettegenser til slutt?

_____

Writing

K As part of a new feature, a Norwegian website is asking readers to submit stories about their favourite clothes. Write an affectionate review of your favourite item(s) of clothing (about 100 words). Make sure to use plenty of adjectives and demonstratives. Here are some ideas for you to write about:

▶ Hvor og når kjøpte du dette klesplagget?
▶ Hvilken farge er det?
▶ Hva er det laget av?
▶ Hvor ofte bruker du det?
▶ Er det komfortabelt eller elegant?

_____

_____

_____

_____

_____

_____

_____

_____

_____

_____

Self-check

Tick the box which matches your level of confidence.

1 = very confident   2 = need more practice   3 = not confident

Sett kryss i tabellen for å vise hvor sikker du føler deg.

1 = veldig sikker   2 = trenger mer øvelse   3 = usikker

	1	2	3
Use adjectives with the correct inflections according to gender and number.			
Use definite forms of adjectives.			
Refer to objects using demonstratives.			
Can understand the description of events and feelings in personal letters (or instant messages). (CEFR B1)			
Can write accounts of experiences, describing feelings or reactions in simple connected text. (CEFR B1)			

8 Så går Nora ut

Then Nora leaves

In this unit you will learn how to:

- ✅ Recognize different kinds of adverbs and adverbials.
- ✅ Use adverbs of location and motion.
- ✅ Form adverbs from adjectives.

CEFR: Can understand articles and reports concerned with contemporary problems (e.g. issues of gender equality) in which the writers adopt particular stances or viewpoints (B2); Can write a review of a film or play (B2).

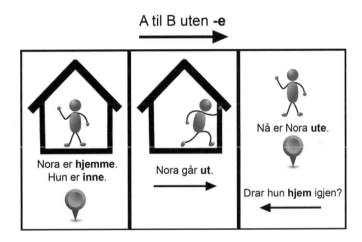

A til B uten **-e**

Nora er **hjemme**.
Hun er **inne**.

Nora går **ut**.

Nå er Nora **ute**.

Drar hun **hjem** igjen?

Meaning and usage

Adverbs

1   Adverbs modify meaning or provide descriptive information. While adjectives typically modify a noun, **adverbs** may be used to modify, for instance:

Verbs:

> **Vi snakket sakte.** (*We spoke slowly.*)

Adjectives:

> **Det var veldig interessant.** (*It was very interesting.*)

Other adverbs:

> **Tida gikk altfor fort.** (*The time went far too quickly.*)

Whole clauses or sentences:

De gjør <u>alltid</u> sitt beste. (*They always do their best.*)

Kvinner hadde <u>ikke</u> stemmerett ved stortingsvalg i Norge før 1913. (*Women didn't have voting rights in parliamentary elections in Norway before 1913.*)

2   Some adverbs may also play a role in placing emphasis on e.g. nouns or pronouns:

I Sveits kunne <u>bare</u> menn stemme ved nasjonale valg inntil 1971. (*In Switzerland, only men could vote in national elections until 1971.*)

<u>Akkurat</u> hun bør huske det. (*She, for one, should remember that.*)

 A   Find the adverbs in these sentences.

1   Hun reiste bort på fredag.
2   Problemene er altfor store.
3   Vi ville gjerne få lik lønn for likt arbeid.
4   De kom ofte med nye krav.
5   Det er kun tre dager til pappapermisjonen hans begynner.

3   There are many different types of adverb, including:

Time	Place	Manner	Degree	Modification
aldri	der	bra	altfor	bare
alltid	dit	fort	ganske	forresten
da	her	godt	lite	ikke
lenge	hit	langsomt	mye	kanskje
nå	hjem	pent	nesten	også
ofte	hjemme	slik	nokså	sannsynligvis
sjelden	nær	stygt	svært	sikkert
så	tilbake	sånn	veldig	trolig

 You may notice that some of these examples of adverbs are also forms of various adjectives. This is because many adverbs are formed from adjectives.

4   When other types of word or groups of words are used adverbially too, they are called adverbials. They may indicate when, where or how something happened:

Gro Harlem Brundtland ble Norges første kvinnelige statsminister <u>i 1981</u>. (*Gro Harlem Brundtland became Norway's first female prime minister in 1981.*)

De danset <u>i stua</u>. (*They danced in the living room.*)

Han laget middag <u>med stor entusiasme</u>. (*He made dinner with great enthusiasm.*)

5   Some short adverbs are used in an unstressed position to express different degrees
     of certainty, doubt, caution, irritation or courtesy. Several of them have other uses too
     (e.g. **da** and **nok**), but when used in this particular way, they can be called modal particles:

Adverb	Use (as modal particle)	Examples
da	Generally used to show that the speaker expects the listener to know this information already. This sometimes expresses a bit of impatience or insistence.	**Du må da forstå dette.** (*Surely you must understand this.*) **Kom igjen, da!** (*Come on, then! [Get a move on!]*)
jo	Often used to show either that what is being said is true, and everybody knows it, or that the listener should really know it. Other times it might be used to indicate surprise.	**Likestilling er jo viktig.** (*Equal opportunities are important [as we all know].*) **De er jo på jobben i dag.** (*They're at work today [as you should remember].*) **Men dette var jo godt.** (*Well, this was good [slightly to my surprise].*)
nok	Frequently used to show that the speaker assumes something to be true but might not be sure, or sometimes conversely to show that the listener should be in no doubt at all. Other times it may be used to express an admission.	**Han har det nok bra nå.** (*I'm sure he's doing fine now. [At least, I hope so. . .]*) **Det går nok bra!** (*I'm sure it'll be fine! [Don't you worry!]*) **Er det sant? Ja, det er nok det.** (*Is that true? Yes, I suppose it is [admittedly].*)
sikkert	Although this word literally translates as *certainly*, it can also express doubt.	**Det kommer sikkert flere.** (*There are bound to be more people coming. [But I could be wrong. . .]*)
vel	Often used hoping that something is true (although it may be uncertain), or supposing that something might be true, and to ask the listener for a confirmation.	**Det er vel billigere hvis man bestiller billettene på forhånd?** (*Surely it's cheaper if you book tickets in advance, isn't it?*) **Du kan vel klare deg selv?** (*You can manage on your own, can't you?*)
visst	May indicate a deduction from evidence or memory, or alternatively that a statement is based on hearsay.	**Hun er visst ikke hjemme.** (*She's clearly not home. [Since she's not answering the door, or because somebody else told me.]*)

You will notice that the use of these particles is extremely nuanced. This makes them powerful words, but also notoriously difficult to translate. While it can take a fair amount of practice to use them correctly, doing so will help you to achieve a more natural use of Norwegian.

6 Some adverbs can be used to link sentences or statements. As they can be used to make transitions, they are extremely useful when building an argument, constructing a logical train of thought, or telling a story:

Det er flere barnehageplasser nå. Derfor er det blitt lettere for begge foreldrene å arbeide. (*There are more nursery places now. That is why it has become easier for both parents to work.*)

Han gikk i butikken først. Etterpå gikk han i banken. Så gikk han på museet. Deretter gikk han hjem. (*He went to the shop first. Afterwards he went to the bank. Then he went to the museum. After that he went home.*)

De likte ikke å lage mat. Likevel måtte de lage mat hver dag. (*They didn't like making food. All the same, they had to make food every day.*)

How to form adverbs

1 It is possible to form adverbs from many adjectives simply by using the neuter form of the adjective:

Masculine/feminine adjective	Neuter adjective	Plural adjective	Adverb
god	godt	gode	godt
høy	høyt	høye	høyt
spesiell	spesielt	spesielle	spesielt
billig	billig	billige	billig
bra	bra	bra	bra

B Form adverbs from the adjectives.

1 lang _____
2 vakker _____
3 gratis _____
4 hel _____
5 komplett _____

6 relativ _____
7 mild _____
8 grei _____
9 foreløpig _____
10 vond _____

2 Some adverbs formed from adjectives take suffixes such as **-vis** when forming adverbs, e.g.:

heldig + vis → **heldigvis** (*luckily*)

sannsynlig + vis → **sannsynligvis** (*probably*)

vanlig + vis → **vanligvis** (*usually*)

3 Some adverbs to do with place tell us whether the action described is in a static location or involves movement. The adverbs of location (also known as stative or locative adverbs) are most commonly used with the verb **å være** (*to be*), while the adverbs of motion (dynamic or directional adverbs) are normally used with verbs indicating movement:

Adverb of location:

Er du hjemme nå? (*Are you at home now?*)

Adverb of motion:

Når kommer du hjem? (*When are you coming home?*)

Location (stationary)	Motion (dynamic)
borte	bort
der	dit
framme/fremme	fram/frem
her	hit
hjemme	hjem
inne	inn
nede	ned
oppe	opp
ute	ut

There are other adverbs of location or motion that only have one form, e.g. **tilbake** (*back*).

If this looks slightly confusing, don't worry: there is a simple trick to help you remember which form is which. All the adverbs of location (stationary) either end in -e or contain -e- (in the case of **her** *and* **der***). The adverbs of motion (dynamic) have no -e endings, or in the case of* **hit** *and* **dit***, the -e- is replaced by an -i-. The simple rhyme to remember is:* **A til B uten -e** *(A to B without -e). In other words, if you're moving about (from A to B), lose the -e!*

C   **Complete the sentences with the correct adverb of motion or location.**

1   Nå er vi nesten (framme/fram) _____.
2   Hallo! Er det noen (hjemme/hjem) _____?
3   Hun gikk (nede/ned) _____ trappa, og (der/dit) _____ fant hun en liten kattunge.
4   Da jeg kom (inne/inn) _____ i huset, var han allerede (her/hit) _____.
5   Neste uke skal jeg til Sør-Afrika. Jeg gleder meg til å reise (der/dit) _____.
6   Vi kan gå (borte/bort) _____ til fruktdisken.

D   **Examine the word order in these sentences, then identify the main rule for placement of clausal adverbs in main clauses and subordinate clauses.**

Jeg synes **alltid** at det **ikke** er rettferdig.
Hun var **ikke** sikker på om han **virkelig** hadde lyst til å hjelpe.
Vi kunne **imidlertid** se at det **aldri** skulle fungere perfekt.

A so-called 'clausal adverb' or 'sentence adverb' is one that affects the meaning of the whole clause it is used in.

E   Complete the sentences by placing the clausal adverbs in the correct position. In some cases there may be more than one right answer, but try not to move any of the other words.

1   Kvinner er mødre. (ikke bare)

_____

2   Barnehager bør være gratis. (alltid)

_____

3   Situasjonen i samfunnet vil forandre seg i framtida. (nok)

_____

4   Det er mye å gjøre for å få likestilling mellom heterofile og homofile. (fortsatt)

_____

Vocabulary

F   Complete the table with adverbs that have the opposite meaning.

Example	i går	i morgen
1	ofte	
2	aldri	
3	alene	
4	raskt	
5	ute	
6	der	
7	fint	

G   Complete the sentences with the correct form of the words in the box.

> å dele – en familiepolitikk – en foreldrepermisjon – ikke – en karriere –
> å kunne – mellom – mer – en mulighet – nesten alltid – (en) omsorg – å velge

1   Før 1993 kunne familier ikke _____ hvem som tok _____.

2   Før var det _____ mammaen som tok seg av barnet, men nå kan pappaen også bidra til _____.

3   Når det gjelder foreldrepermisjon, må mødrene ta mødrekvoten, og fedrene må ta fedrekvoten. Resten av permisjonen heter fellesperioden, og foreldrene kan _____ denne perioden og være med barna når de _____ er i barnehagen.

4   Foreldrene _____ velge hvordan permisjonen blir delt _____ dem.

5   Denne _____ betyr at det er _____ likestilling mellom kvinner og menn.

6   Nå har kvinner bedre _____ til å skape seg en _____ og få likelønn.

H Match the words from the box related to gender equality with their definitions.

> å diskriminere – et likekjønnet ekteskap – en/ei likelønn – (en/ei) likestilling –
> en pappapermisjon – en stemmerett – et tvangsekteskap

1 Idéen om at folk skal få like muligheter: _____
2 Rett til å delta i valg: _____
3 Når fedre kan bli hjemme med barna sine: _____
4 Når mennesker ikke velger selv hvem de vil gifte seg med: _____
5 Å behandle noen urettferdig: _____
6 Idéen om at kvinner og menn skal tjene like mye: _____
7 Rett til å inngå ekteskap uavhengig av kjønn: _____

Reading

I Read the opening of this blog post about a play and its impact, then answer the question.

Hvem er hovedpersonen i dette teaterstykket?

_____

◄ | ►   **www.likestillinginorge.no**

Likestilling på scenen

Kampen for likhet og likestilling mellom kjønnene er jo kommet veldig langt, men den er slett ikke over. Selv om det har vært mange positive utviklinger, er det fortsatt mye å gjøre på mange områder, men kampen er samtidig ikke noe nytt. I Norge var en av de viktigste kulturelle milepælene et teaterstykke fra 1879 skrevet av Henrik Ibsen. Ja, dere vet sikkert allerede hva dette handler om, nemlig *Et dukkehjem*, stykket om Nora Helmer, en av de mest spennende kvinnelige rollene i teaterhistorien. Rollen er kanskje en av de mest krevende også.

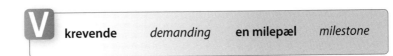

| **V** | krevende | *demanding* | **en milepæl** | *milestone* |

J   Read the rest of the blog post, and answer the questions.

◄ | ► www.likestillinginorge.no

Handlingen i *Et dukkehjem* foregår over tre dager i desember hos familien Helmer. Hovedpersonen Nora har en hemmelighet som hun prøver å skjule fra Torvald, som er mannen hennes. Torvald oppdager plutselig sannheten, og han er mest redd for at han kan miste sin egen stilling i banken der han arbeider. Han blir veldig sint på Nora, og selv om han prøver å være snill mot Nora igjen, er det for seint. Nora har gradvis innsett at hun ikke får være seg selv der hjemme med Torvald. Derfor bestemmer hun seg for å forlate både ham og barna sine. Så går Nora ut, og døra smeller igjen bak henne.

Selvfølgelig var dette skandaløst på 1800-tallet, og Ibsen ble sterkt kritisert. Personlig sa Ibsen at stykket handlet mer om menneskefrigjøring enn kvinnefrigjøring. Det er imidlertid mange personer som mener at Ibsen var en av de første mannlige feministene.

Jeg mener at dette stykket fortsatt er relevant i dag. Har dere hørt om Bechdel-testen? Det er en slags likhetsprøve for filmer der man ser om det finnes minst to kvinnelige personer (helst med navn!) som snakker sammen om noe som ikke har med en mann eller en gutt å gjøre. Dessverre er det veldig mange store filmer som ikke oppfyller disse kriteriene, men flere av Ibsens teaterstykker består testen, inkludert *Et dukkehjem*!

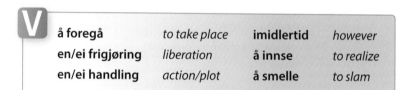

V			
å foregå	*to take place*	imidlertid	*however*
en/ei frigjøring	*liberation*	å innse	*to realize*
en/ei handling	*action/plot*	å smelle	*to slam*

1   Hvilket problem har Nora i utgangspunktet?

_____

2   Hvorfor går Nora?

_____

3   Hva handlet *Et dukkehjem* om mest ifølge Ibsen selv?

_____

4   Hva er Bechdel-testen?

_____

5   Hva er kriteriene for å bestå Bechdel-testen?

_____

Henrik Ibsen (1828–1906) was a key figure in the development of modern theatre. Among his most famous plays are **Peer Gynt** *(1867),* **Et dukkehjem** *(A Doll's House, 1879) and* **Hedda Gabler** *(1890). His realist drama was highly influential, as was the attention he paid to contemporary social problems. He sought to protest against hypocrisy and contradictions in society and, as a bourgeois rebel, some would say he was a contradiction himself. Characteristically, it is said that his last word on his deathbed was* **'Tvertimod!'** *(in modern Norwegian,* **tvert imot** *(on the contrary)) in reply to his nurse, who had just said he was looking better.*

Writing

K   Write a short blog post review (about 100 words) describing the action of a film or play, inspired by the text about *Et dukkehjem*. Use adverbs to describe the action (including any location or movement) and to make transitions between the points.

   ▶   Hva handler filmen/stykket om?
   ▶   Hvor og når foregår handlingen?
   ▶   Hva er den mest dramatiske delen?
   ▶   Blir kvinner og menn behandlet likt i filmen/stykket? Består filmen/stykket Bechdel-testen som bloggeren skrev om i forbindelse med *Et dukkehjem?*

_____

_____

_____

_____

_____

_____

_____

_____

_____

_____

_____

Self-check

Tick the box which matches your level of confidence.

1 = very confident   2 = need more practice   3 = not confident

Sett kryss i tabellen for å vise hvor sikker du føler deg.

1 = veldig sikker   2 = trenger mer øvelse   3 = usikker

	1	2	3
Recognize different kinds of adverbs and adverbials.			
Use adverbs of location and motion.			
Form adverbs from adjectives.			
Can understand articles and reports concerned with contemporary problems (e.g. issues of gender equality) in which the writers adopt particular stances or viewpoints. (CEFR B2)			
Can write a review of a film or play. (CEFR B2)			

9 Lengst mot nord

Furthest north

In this unit you will learn how to:

✓ Recognize comparative and superlative forms of adjectives and adverbs.

✓ Form and use comparatives and superlatives.

✓ Form other kinds of comparisons to compare places, people and situations.

CEFR: Can recognize significant points in straightforward magazine articles on familiar subjects (e.g. articles about places) (B1); Can write short, simple essays on topics of interest (e.g. comparing places) (B1).

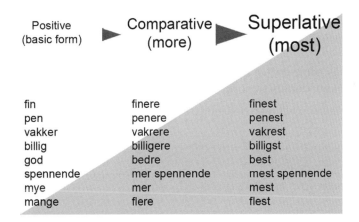

Positive (basic form)	Comparative (more)	Superlative (most)
fin	finere	finest
pen	penere	penest
vakker	vakrere	vakrest
billig	billigere	billigst
god	bedre	best
spennende	mer spennende	mest spennende
mye	mer	mest
mange	flere	flest

Meaning and usage

Comparative and superlative

1   The basic form of an adjective or adverb can be called the *positive* form. This means it merely states that the property described by the adjective or adverb applies to whatever object, person, action, etc. is being described:

Positive adjectives:

Norge er et <u>vakkert</u> land. (*Norway is a beautiful country.*)

Positive adverbs:

Norge ligger <u>langt</u> mot nord. (*Norway is far to the north.*)

2 Different forms of most adjectives, and some (but not all) adverbs, can be used for comparisons. The form used to describe a greater degree is called the *comparative*:

Comparative adjectives:

Noen sier at landskapet i Norge er <u>vakrere</u> enn i mange andre land. (*Some people say that the landscape in Norway is more beautiful than in many other countries.*)

Comparative adverbs:

Norge ligger <u>lenger</u> mot nord enn Hellas. (*Norway is further to the north than Greece.*)

3 The form used to describe the greatest degree is called the *superlative*:

Superlative adjectives:

Noen sier til og med at Norge er verdens <u>vakreste</u> land. (*Some people even say that Norway is the world's most beautiful country.*)

Superlative adverbs:

Norge er det landet i Europa som ligger <u>lengst</u> mot nord. (*Norway is the country in Europe that is furthest to the north.*)

 A **Identify any comparative or superlative adjectives or adverbs in these sentences about animals. Then identify their positive forms.**

1 Elefanten er dyret med den lengste nesen i verden.
_____

2 Gullfisker er ikke flinkere enn delfiner til å huske ting.
_____

3 Geparden løper mye fortere enn skilpadden.
_____

4 Sjiraffen er verdens høyeste dyr.
_____

5 Hva liker du best, hunder eller katter?
_____

6 Ulver har store øyne, men kyr har enda større øyne enn ulver.
_____

7 Esler lager mer bråk enn hester.
_____

8 Elgen er tyngre enn hjorten.
_____

 B **Based on the examples above, identify which subordinating conjunction is most commonly used for making comparisons.**

How to form comparatives and superlatives

1   The regular endings to form comparatives and superlatives are **-ere** and **-est** respectively. Most short adjectives (one-syllable and many two-syllable adjectives) use these endings:

Positive/basic form	Comparative	Superlative
glad (*happy*)	glad**ere** (*happier*)	glad**est** (*happiest*)
rød (*red*)	rød**ere** (*redder*)	rød**est** (*reddest*)

2   Not all adverbs can be used for comparisons, but some can. Those that can have comparative and superlative forms mostly follow the same general patterns as adjectives:

Hun snakker <u>oftere</u> om skogen enn vi gjorde. (*She spoke more often about the forest than we did.*)

Men han var den som snakket <u>oftest</u> om skogen. (*But he was the one who spoke most often about the forest.*)

As superlatives are very often used to describe which thing, person or creature from a group is <u>the</u> biggest, smallest, best, worst, etc., you will often see them used in their definite form, ending in **-e**, *for example:*

Kilimanjaro er det <u>høyeste</u> fjellet i Afrika. (Kilimanjaro is the highest mountain in Africa.)

Noen sier at Oslo er en av de <u>fineste</u> byene i Norden. (Some say that Oslo is one of the nicest cities in the Nordic region.)

Like other adjectives, the definite form of the superlative is also used in possessive constructions:

Norge er et av verdens <u>dyreste</u> land. (Norway is one of the world's most expensive countries.)

3   Many adjectives and adverbs do not have separate comparative and superlative forms, and use **mer** (*more*) and **mest** (*most*) together with the positive form. These include:

a   Most longer adjectives:

komfortabel (*comfortable*) – **mer komfortabel** – **mest komfortabel**

populær (*popular*) – **mer populær** – **mest populær**

b   Many (but not all) adjectives ending in **-sk**:

episk (*epic*) – **mer episk** – **mest episk**

but, e.g.: **norsk** (*Norwegian*) – **norskere** – **norskest**

(or **norsk** – **mer norsk** – **mest norsk**)

c   Adjectives ending in **-ende** (which are originally present participles of verbs):

     sjarmerende (*charming*) – **mer sjarmerende** – **mest sjarmerende**

d   Adjectives derived from past participles of verbs:

     farget (*dyed/coloured*) – **mer farget** – **mest farget**

     opplyst (*illuminated/enlightened*) – **mer opplyst** – **mest opplyst**

4   Adjectives ending in **-ig** or **-som** have shorter superlative forms in Bokmål (ending in **-st**):

   deilig (*lovely*) – **deiligere** – **deiligst**

   ensom (*lonely*) – **ensommere** – **ensomst**

   hurtig (*rapid*) – **hurtigere** – **hurtigst**

5   Most adjectives ending in **-el**, **-en** or **-er** have shortened comparative and superlative forms:

   diger (*huge*) – **digrere** – **digrest**

   dunkel (*dark*) – **dunklere** – **dunklest**

   moden (*mature/ripe*) – **modnere** – **modnest**

6   A small number of adjectives and adverbs have irregular comparative and superlative forms. These may involve vowel changes or may be quite different words altogether:

få (*few*) – **færre** – **færrest**	**liten** (*small*) – **mindre** – **minst**
gammel (*old*) – **eldre** – **eldst**	**mange** (*many*) – **flere** – **flest**
gjerne (*gladly*) – **heller** – **helst**	**mye** (*much*) – **mer** – **mest**
god (*good*) – **bedre** – **best**	**stor** (*big*) – **større** – **størst**
ille/vond (*bad*) – **verre** – **verst**	**tung** (*heavy*) – **tyngre** – **tyngst**
lang (*long*) – **lengre** – **lengst**	**ung** (*young*) – **yngre** – **yngst**

You may notice that many of the most common adjectives have irregular comparative and superlative forms. Fortunately, they are used so frequently that you are likely to learn them fairly easily.

7   Some adverbs (not adjectives) that do not have separate comparative forms may use **lenger** (*further*) to create comparatives. They may still have their own superlative forms:

   bak (*behind*) – **lenger bak** (*further behind*) – **bakerst** (*furthest behind*)

   inne (*inside*) – **lenger inne** (*further inside*) – **innerst** (*furthest inside*)

   ute (*outside*) – **lenger ute** (*further outside*) – **ytterst** (*further outside*)

C Complete the sentences with the correct comparative or superlative forms of the adjectives and adverbs, as appropriate.

1 Det er (god) _____ å komme seint fram enn å ikke komme fram i det hele tatt.
2 Er det (viktig) _____ å ta med vann eller mat når vi skal på tur?
3 Jeg vil heller ha te enn kaffe, men jeg vil (gjerne) _____ ha en varm sjokolade før jeg drar ut i snøen igjen.
4 Å gå på fjellet er det (norsk) _____ som finnes.
5 Jeg synes at vi har vært (aktiv) _____ i fritida i det siste.

D Complete the sentences with the comparative and superlative forms of the appropriate adjectives from the box, using the information in the tables.

få – høy – kald – lav – liten – mange – stor

Innsjø	Det kaspiske hav (Aserbajdsjan/Iran/Kasakhstan/Russland/Turkmenistan)	Mjøsa (Norge)	Saimaa (Finland)
Areal	371 000 km²	362 km²	4 400 km²

1 Saimaa er _____ enn Mjøsa, men Det kaspiske hav er _____ . Både Mjøsa og Saimaa er _____ enn Det kaspiske hav.

Fjell	Everest (Kina/Nepal)	Galdhøpiggen (Norge)	Kebnekaise (Sverige)	Møllehøj (Danmark)
Høyde	8 848 m	2 469 m	2 106 m	171 m

2 Kebnekaise er _____ enn Galdhøpiggen, men Møllehøj er _____ .
3 Galdhøpiggen er mye _____ enn Møllehøj, men Everest er verdens _____ fjell.

Sted	Karasjok (Norge)	Vostok forskningsstasjon (Antarktis)	Vuoggatjålme (Sverige)
Kulderekord	−51,4 °C (1. januar 1886)	−89,2 °C (21. juli 1983)	−52,6 °C (2. februar 1966)

4 Det var _____ i Vuoggatjålme i 1966 enn i Karasjok i 1886, men det var _____ i Antarktis i 1983.

Land	Kina	Norge	Sverige	Vatikanstaten
Innbyggere (2017)	ca. 1,4 milliarder	ca. 5,3 millioner	ca. 10,0 millioner	ca. 1 000

5 Det er _____ personer i Norge enn i Sverige, men den staten med de _____ personene er Vatikanstaten.
6 Det er _____ personer i Sverige enn i Vatikanstaten, men det er Kina som har de _____ innbyggerne.

How to form other types of comparison

1 There are other ways of making comparisons that do not require the comparative or superlative forms of adjectives or adverbs, for example **like… som** (*as… as*):

Er Sognefjorden like lang som Hardangerfjorden? Ja, den er faktisk lengre. (*Is the Sognefjord as long as the Hardangerfjord? Yes, in fact it is longer.*)

Dette fjellet er minst like høyt som fjellet vi klatret på i går. (*This mountain is at least as high as the mountain we were climbing yesterday.*)

2 To make negative comparisons, **ikke så… som** (*not as… as*) can be used:

Sognefjorden er ikke så lang som Scoresbysundet på Grønland. (*The Sognefjord is not as long as Scoresby Sound in Greenland.*)

Dette fjellet er ikke så høyt som fjellet vi skal klatre opp på i morgen. (*This mountain isn't as high as the mountain we'll climb tomorrow.*)

E **Complete the sentences to make comparisons, using like or ikke så, plus the correct form of the necessary adjective or adverb.**

1 Mjøsa er en stor innsjø og har en maksimal dybde på 449 m. Det dypeste punktet i Hornindalsvatnet er 514 m. Mjøsa er (dyp) _____ som Hornindalsvatnet.

2 Det høyeste punktet i Polen er Rysy (2 499 moh.), og det høyeste punktet i Norge er Galdhøpiggen (2 469 moh.). Galdhøpiggen er nesten (høy) _____ som Rysy.

3 I dag er det 11 grader i København og 8 grader i Oslo. Det er (varm) _____ i Oslo som i København.

4 I Norge er det ca. 5,3 millioner innbyggere, og i Sverige er det ca. 10 millioner. Det er (mange) _____ personer i Norge som i Sverige.

5 I går var det minus 10 grader i Tromsø og minus 10 grader i Murmansk. Dermed var det (kald) _____ i Tromsø som i Murmansk.

Vocabulary

F Match these adjectives about places or landscapes with their English translations in the table, then add the comparative and superlative forms.

> berglendt – bratt – bred/brei – dyrket – flat – grunn – grønn –
> isete – kort – lavtliggende – myk/mjuk – rolig – skogkledd –
> smal – steinete – stille – tropisk – tørr – våt – vulkansk

	English adjective	Norwegian adjective	Comparative	Superlative
Example:	arable	dyrkbar	mer dyrkbar	mest dyrkbar
1	calm/peaceful			
2	cultivated			
3	dry			
4	flat			
5	green			
6	icy			
7	low-lying			
8	mountainous			
9	narrow			
10	quiet			
11	rocky			
12	shallow			
13	short			
14	soft			
15	steep			
16	tropical			
17	volcanic			
18	wet			
19	wide/broad			
20	wooded			

 *There is some overlap between **nordisk** (Nordic) and **skandinavisk** (Scandinavian), but the terms are often mixed up by people outside the region. For most Scandinavians, Scandinavia means Denmark, Norway and Sweden. **Norden** (the Nordic region) is made up of the whole of Scandinavia plus neighbouring Finland to the east (including Åland, an archipelago in the Baltic), and the Faroe Islands, Greenland and Iceland to the west.*

G Complete the columns with the correct adjectives and nouns to describe people from each part of the Nordic region. Then add information about your own country in the last row (including the capital, animals on the coat of arms, and any other national animals).

Hvor?	Adjektiv og innbyggernavn	Hovedstad	Dyr i riksvåpenet eller landskapsvåpenet	Andre nasjonaldyr
Norge	norsk, en nordmann	Oslo	en opprett løve med en krone og en øks	fjordhest (nasjonalhest), fossekall (nasjonalfugl), torsk (nasjonalfisk)
Danmark		København	tre blå løver med kroner og røde tunger	knoppsvane (nasjonalfugl)
Finland		Helsingfors	en opprett løve med en krone og et sverd	brunbjørn (nasjonaldyr)
Færøyene		Tórshavn	en vær (saubukk) i sølv	tjeld (nasjonalfugl)
Grønland		Nuuk (Godthåb)	en isbjørn i sølv	–
Island		Reykjavík	en tyr (okse), en ørn, en drage (og en kjempe)	jaktfalk (nasjonalfugl)
Sverige		Stockholm	løver (og kroner)	ikke noe offisielt nasjonaldyr, men mange mener at det bør være elgen
Åland		Mariehamn	en kronhjort	havørn (nasjonalfugl)

Sub-state coats of arms can be called **landskapsvåpen**. *Every municipality and county in Norway has its own* **kommunevåpen** *(municipal coat of arms) or* **fylkesvåpen** *(county coat of arms), as of course does the country as a whole. Norway's* **riksvåpen** *(state coat of arms) features a crowned lion rampant holding an axe. If you are planning on venturing into the wilds of Norway, rest assured that axe-wielding lions tend to stay confined to heraldry.*

Reading

H Read the opening paragraph of this short magazine article about several Arctic settlements and some of their various records, then answer the question:

Hvilket sted ligger lengst mot nord: Longyearbyen eller Ny-Ålesund?

_____

Norge er det landet i Europa som ligger lengst mot nord. Enda lenger nord finner vi Svalbard. Longyearbyen har ca. 2 000 innbyggere og er Svalbards administrasjonssenter. Det er en av verdens nordligste bosetninger. Der finner vi verdens nordligste avis, bank, barnehage, bensinstasjon, offentlige bibliotek, busstasjon, permanente flyplass med rutefly, halfpipe, kino, kirke, kunstgalleri, skole, supermarked, sykehus og thailandske restaurant. Ny-Ålesund ligger litt lenger nord og er verdens nordligste permanente sivile bosetning med verdens nordligste campingplass, hotell, kloakkanlegg, lokomotiv (men ingen jernbane) og postkontor, men der er det bare 35 innbyggere.

I **Read the rest of the article, dealing with the Norwegian territory of Svalbard, and answer the questions.**

Svalbard ble regnet som *terra nullius* (ingenmannsland) inntil Svalbardtraktaten i 1920, som slo fast Norges suverenitet over øygruppa. Traktaten gjorde også at Svalbard ble en avmilitarisert sone, og den ga alle de andre landene som signerte traktaten, rettigheter til naturressursene på Svalbard. Det er en del kull på Svalbard, og det er fortsatt noen kullgruver der, bl.a. i den lille russisk-ukrainske gruvebyen Barentsburg. I den nedlagte sovjetiske gruvebyen Pyramiden kan man se verdens nordligste piano og verdens nordligste Leninstatue.

Landskapet på Svalbard er dramatisk og berglendt med høye, bratte fjell, og 60 prosent av terrenget er isete hele året fordi det er dekket av isbreer. Det er veldig få bosetninger med få hus. Det er kaldere på Svalbard enn de fleste stedene i Norge, og det er ikke noe dyrkbart terreng.

Dyrelivet på Svalbard er veldig spennende. Av pattedyr er det for eksempel rein og fjellrev, og østmarkmus som kom til Svalbard på sovjetiske skip i det 20. århundre. Langs kysten finnes det store hvalrosser og mindre seler, og i sjøen er det flere andre sjøpattedyr som narhvaler og spekkhoggere (om sommeren). Det mest berømte dyret er likevel isbjørnen. Hvis du drar utenfor bosetningene, må du ta med våpen for å kunne skremme isbjørn og til eventuelt selvforsvar.

V			
avmilitarisert	*demilitarized*	**en narhval**	*narwhal*
en/ei bosetning	*settlement*	**en rein**	*reindeer*
en fjellrev	*Arctic fox*	**et rutefly**	*scheduled flight*
en hvalross	*walrus*	**en spekkhogger**	*orca/killer whale*
et kloakkanlegg	*sewage plant*	**ei østmarkmus**	*southern vole*

1   Hvilket fossilt brensel finnes under bakken på Svalbard?

_____

2   Hvilke rekorder har Pyramiden, ifølge artikkelen?

_____

3   Hva slags terreng er det mest utbredte på Svalbard?

_____

4   Hva må man gjøre for å forsvare seg mot isbjørner hvis man drar utenfor bosetningene?

_____

Writing

J   Write a short magazine feature column (about 100 words) on the geography and natural life of your own area, using inspiration from the text about Svalbard. Use comparative and superlative forms to compare where you live to Svalbard or to other places you know about. Here are some ideas for you to write about:

▶   Hvordan er landskapet? Ligner det på Svalbard (eller et annet sted du kjenner)?
▶   Er det flere bygninger der du bor?
▶   Hva slags dyr ser man oftest? Er de større eller mindre enn dyrene på Svalbard?
▶   Hvordan er klimaet? Er det varmere eller kaldere enn Svalbard, tror du?
▶   Er det noen spesielle rekorder der du bor slik som på Svalbard?

_____

_____

_____

_____

_____

_____

_____

_____

_____

_____

Self-check

Tick the box which matches your level of confidence.

  1 = very confident   2 = need more practice   3 = not confident

Sett kryss i tabellen for å vise hvor sikker du føler deg.

  1 = veldig sikker   2 = trenger mer øvelse   3 = usikker

	1	2	3
Recognize comparative and superlative forms of adjectives and adverbs.			
Form and use comparatives and superlatives.			
Form other kinds of comparisons to compare places, people and situations.			
Can recognize significant points in straightforward magazine articles on familiar subjects (e.g. articles about places). (CEFR B1)			
Can write short, simple essays on topics of interest (e.g. comparing places). (CEFR B1)			

10 Mobilen min tok over mitt liv

My mobile phone took over my life

In this unit you will learn how to:

✓ Recognize and use the simple past tense.

✓ Form the simple past tense of regular verbs.

✓ Recognize and use the simple past tense of irregular verbs.

CEFR: Can read straightforward factual texts with a satisfactory level of comprehension (B1); Can write short, simple notes and messages relating to matters in areas of immediate needs (A2).

Simple past
Han **kjøpte** en mobiltelefon i går.

Present
Han **kjøper** en mobiltelefon.

Pluperfect
Han **hadde kjøpt** en mobiltelefon.

Perfect
Han **har kjøpt** en mobiltelefon.

Meaning and usage

Simple past tense

The simple past tense is mainly used in two cases:

1 For actions and events which happened at a given time and were completed in the past:

   Hun leste en veldig interessant blogg i dag. (*She read a very interesting blog today.*)

2 For actions and events that were repeated in the past:

   Da hun opprettet sin første blogg, oppdaterte hun den hver dag. (*When she created her first blog, she updated it every day.*)

A **Express these sentences in Norwegian.**

   1 I read an interesting article yesterday.

   _____

   2 When I was a student, I read lots of interesting articles every day.

   _____

How to form the past tense

1   Based on how the simple past is formed, Norwegian verbs can be divided into four main groups of regular verbs. In addition to these, there are a number of irregular verbs, which need to be learnt by heart.

2   The groups are as follows:

Group one verbs end in -et (blogg<u>et</u>)   **Group two** verbs end in -te (les<u>te</u>)

Group three verbs end in -de (øv<u>de</u>)   **Group four** verbs end in -dde (sy<u>dde</u>)

3   There are some general rules in Norwegian that can help to establish which group a verb belongs to. You will generally be able to determine this by looking at the stem of the verb. If the verb is only one syllable long, the stem is the same as the infinitive (the basic form given in a dictionary). If the infinitive has more than one vowel, the stem can be obtained by removing the last vowel.

a Group one

Most verbs with a stem ending in more than one consonant take -**et** or -**a** in the simple past.

Infinitive	Simple past
å blog**ge** (*to blog*)	blogg**et**/blogg**a**
å sam**le** (*to assemble*)	saml**et**/saml**a**

Da jeg var ung, var det ingen som <u>blogget/blogga</u>. (*When I was young, nobody blogged.*)

b Group two

Most verbs with a stem ending in one consonant take -**te** in the simple past.

Infinitive	Simple past
å le**se** (*to read*)	les**te**
å oppdate**re** (*to update*)	oppdater**te**

Jeg <u>oppdaterte</u> antivirusprogrammet mitt i helga. (*I updated my antivirus programme this weekend.*)

c Group three

Most verbs with a stem ending in a single -**v** or -**g**, or in the diphthongs -**ei** or -**øy**, take -**de** in the simple past.

Infinitive	Simple past
å ø**ve** (*to practise*)	øv**de**
å overv**eie** (*to consider*)	overvei**de**

Jeg <u>overveide</u> å kjøpe ei ny smartklokke, men i stedet kjøpte jeg en ny smarttelefon.
(*I considered buying a new smartwatch but I bought a new smartphone instead.*)

d Group four

Most single-syllable verbs with a stem ending in a stressed vowel take **-dde** in the simple past.

Infinitive	Simple past
å sy (*to sew*)	sy**dde**
å tro (*to believe*)	tro**dde**

Jeg trodde nesten ikke mine egne øyne da jeg mottok en e-post fra oldefaren min. (*I could hardly believe my own eyes when I received an email from my great-grandfather.*)

*Remember that there are exceptions to these groups and some verbs have more than one possible ending. For instance, **å lage** (to make) belongs both to group two (**laget**) and to group three (**lagde**) and you can choose freely between the two forms, which are equally correct. Furthermore, some verbs may look as if they belong to one group but take the ending from another group: **å spille** (to play) and **å svømme** (to swim) become **spilte** and **svømte** in the simple past. You will have to learn these by heart.*

4 Many Norwegian verbs have irregular past tenses and will have to be learnt by heart.

Infinitive	Simple past
å **foreslå** (*to suggest*)	**foreslo**
å **få** (*to get*)	**fikk**
å **gjøre** (*to do*)	**gjorde**
å **skrive** (*to write*)	**skrev/skreiv**

Jeg fikk min første spillkonsoll da jeg var ti. (*I got my first game console when I was ten.*)

*Note that modal verbs are also irregular. The past tense of these verbs is the same form as the infinitive: **å kunne** (can, infinitive) – **kunne** (could, past tense).*

B Find all the simple past verbs in this text. Then complete the table by grouping them according to the category they belong to.

For noen tiår siden var internett eller mobiltelefoner ikke et alternativ. Vi brukte ikke e-post, men postet brev. Vi hadde ikke kredittkort eller mobilbetaling, men tok ut pengene fra banken og betalte med kontanter eller skrev ut sjekk. Den gangen skjedde det meste manuelt og ikke digitalt. En av de største fordelene var at vi snakket mer ansikt til ansikt med folk enn i dag. Men det var også mange ulemper. For eksempel pleide det å være vanskeligere å holde kontakt med gamle venner som bodde langt vekk, og noen følte seg utrygge hvis de hadde mange kontanter liggende i huset.

Group 1 (-et)	
Group 2 (-te)	
Group 3 (-de)	
Group 4 (-dde)	
Irregular verbs	

C Complete the list with the simple past form of the following irregular verbs.

1 å bli _____
2 å finne _____
3 å få _____
4 å hjelpe _____
5 å komme _____
6 å se _____
7 å si _____
8 å velge _____

D Complete the sentences with the correct simple past form of the regular verbs in the brackets.

1 Firmaet _____ (å utvikle) apper til smarttelefoner.
2 Familien _____ (å kreve) erstatning fra sladderbladet fordi de hadde løyet om dem.
3 Det _____ (å overraske) ham at et bilde av en katt kunne tiltrekke så mye oppmerksomhet.
4 Statens vegvesens bilbeltekampanje _____ (å nå) ut til hele befolkningen.
5 TV-seerne _____ (å kåre) Tines reklame for brunost til årets Gullfisk i 1994.
6 Hun _____ (å søke) patent på oppfinnelsen sin.
7 Gjennom sosiale medier _____ (å klare) bedriften å nå ut til målgruppen sin og å få lojale kunder og brukere.
8 Etter skandalen _____ (å stoppe) mange firmaer å reklamere i bladet.

Gullfisken (the goldfish) *is an annual prize awarded by the viewers for the best TV advertisement in Norway. During a live show, the viewers choose from twelve* **sølvfisker** (silver fish) *which have been selected by a jury over the course of the year.*

Vocabulary

E Find the verb that corresponds to the noun. Write each verb in both the infinitive and the simple past tense forms.

	Word	Verb (infinitive)	Verb (past tense)
1	(en) formidling		
2	(en) informasjon		
3	(et) intervju		
4	(en) kommunikasjon		
5	(en) oppdatering		
6	(en) rapport		
7	(en) underholdning		
8	(en) ytring		

F Complete the sentences with the simple past forms of the expressions in brackets.

1 Hackergruppen Anonymous _____ (å ta ansvar for) hackeangrepet.
2 Sykehuset _____ (å få kritikk for) sin manglende datasikkerhet.
3 Min svoger _____ (å være overbevist om) at mobilstråling kunne gi kreft.
4 Kortfilmen om teknologiavhengighet jeg så i går, _____ (å gjøre inntrykk på) meg.
5 Jeg _____ (å være skeptisk til) å tillate bruk av datamaskiner til eksamen, men nå har jeg vennet meg til det.

📖 Reading

G Read the blog post about social media, then answer the question.

Hvorfor ble mannen til Forvirret72 irritert?

_____

_____

◀ | ▶   **www.mobilavhengig.no**

Forvirret72: Da jeg kom hjem fra jobben i går, satte jeg meg på sofaen og begynte å sjekke nyhetene på smarttelefonen min. Mannen min så jeg var oppslukt av mobilen min. Han fnøs og sa at den hadde gjort meg fullstendig asosial og tatt over livet mitt. Jeg visste at jeg brukte mobilen en del, men syntes ikke at jeg hadde blitt avhengig av den. Jeg prøvde å holde opp med å bruke den i noen timer og følte at jeg savnet den, og til slutt kunne jeg ikke la den være. Kanskje jeg burde søke profesjonell hjelp?

H Now read the replies to this blog post and answer the questions.

◀ | ▶ www.mobilavhengig.no

Entusiast83: Jeg er helt uenig med mannen din og mener faktisk det motsatte. For noen dager siden leste jeg en artikkel av en ekspert som skrev at vi har blitt mer sosiale takket være mobiltelefonene våre. Hun kommenterte at vi har blitt flinkere til å holde kontakt med vennene våre gjennom sosiale medier. Jeg er helt enig med henne. Før jeg begynte å bruke sosiale medier, hørte jeg kun sjelden fra mange av mine venner. Det kunne hende at jeg fikk et julebrev eller et bursdagskort en gang iblant, men vi hadde ikke jevnlig kontakt. Så fortsett bare med å bruke mobiltelefonen din!

Mor52: Søk hjelp! Min mann pleide å bruke opp til fire timer hver dag på nettet når han kom hjem fra jobben, og det kostet oss nesten ekteskapet. Jeg aksepterte det i begynnelsen fordi det var nytt og jeg trodde det ville gå over, men det ble bare verre. Etter hvert gikk det utover barna, for han viste slett ikke noen interesse for hva de gjorde. Det kulminerte en dag da dattera vår kom hjem. Hun gråt fordi han hadde glemt å hente henne etter skolen, og hun hadde måttet gå hjem alene. Det var dråpen…! Heldigvis innså han selv at noe var galt, og nå bruker han først nettet etter at barna har lagt seg.

det var dråpen (som fikk begeret til å flyte over)	*it was the final straw*
å fnyse	*to snort*
å hende	*to happen*
oppslukt	*engrossed*

1 Hva sto det i artikkelen som Entusiast83 har lest?

_____

_____

2 Hvilken kontakt hadde Entusiast83 med vennene sine før hun begynte å bruke sosiale medier?

_____

3 Hvorfor reagerte Mor52 ikke med en gang på mannens bruk av internett?

_____

4 Når bestemte Mor52 seg for å ikke akseptere mannens oppførsel lenger?

_____

_____

Vocabulary

I Find verbs in the text that match these definitions. Write the verbs as they appear in the text. State which groups they are in (or if they are irregular) and their infinitives.

	Simple past	Group	Infinitive	Definition
	Example: kom	irregular	å komme	å bevege seg mot, nærme seg
1				å puste kraftig ut gjennom nesen (som uttrykk for at man er sint)
2				å ha inntrykk av eller mene
3				å lengte etter noe(n)
4				å komme med merknader og forklaringer
5				å bruke eller ha for vane
6				å godta eller godkjenne
7				å nå høydepunktet
8				å bli klar over eller forstå

J Find the opposites of these words and expressions from the text. Words and expressions have been given in their dictionary forms.

1 å sette seg _____

2 å holde opp med _____

3 til slutt _____

4 å være uenig _____

5 det motsatte _____

6 sjelden _____

7 å akseptere _____

8 å glemme _____

K Match the nouns to form compound nouns relating to the Internet, media and technology.

1	brann	a	blad	_____
2	bred	b	bånd	_____
3	kilde	c	kritikk	_____
4	nett	d	motor	_____
5	program	e	mur	_____
6	søke	f	sky	_____
7	uke	g	vare	_____

# Writing

L   Write your own response to the blog post by Forvirret72 (75–100 words). Focus on using the simple past forms and use a variety of regular and irregular verbs. The following questions may help you to structure your blog post:

▶   Er du enig eller uenig med Forvirret72s mann?
▶   Har du opplevd noe lignende og hvordan reagerte du?
▶   Hva synes du Forvirret72 burde gjøre?

_____

_____

_____

_____

_____

_____

_____

_____

_____

_____

Self-check

Tick the box which matches your level of confidence.

   1 = very confident   2 = need more practice   3 = not confident

Sett kryss i tabellen for å vise hvor sikker du føler deg.

   1 = veldig sikker   2 = trenger mer øvelse   3 = usikker

	1	2	3
Recognize and use the simple past tense.			
Form the simple past tense of regular verbs.			
Recognize and use the simple past tense of irregular verbs.			
Can read straightforward factual texts with a satisfactory level of comprehension. (CEFR B1)			
Can write short, simple notes and messages relating to matters in areas of immediate needs. (CEFR A2)			

11 Jeg søker stillingen fordi jeg ønsker nye utfordringer

I am applying for the position because I want new challenges

In this unit you will learn how to:

- Recognize and form subordinate clauses, including relative clauses.
- Connect main clauses with subordinate clauses.
- Use a range of subordinating conjunctions, relative pronouns and interrogative pronouns.

CEFR: Can understand texts that consist mainly of high-frequency everyday or job-related language (B1); Can write very brief texts to a standard, conventionalized format (B1).

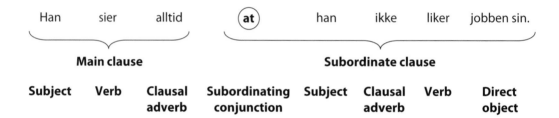

Han	sier	alltid	at	han	ikke	liker	jobben sin.
Main clause			**Subordinate clause**				
Subject	Verb	Clausal adverb	Subordinating conjunction	Subject	Clausal adverb	Verb	Direct object

Meaning and usage

Subordinate clauses

1 Subordinate clauses require a main clause to make sense. They are also called dependent clauses because they cannot stand alone.

2 Subordinate clauses are typically, but not always, introduced by a subordinating conjunction:

Jeg kan ikke gå på jobb i dag fordi jeg er forkjølet. (*I cannot go to work today because I have a cold.*)

This sentence consists of two clauses because there are two sets of subject and verb, namely **Jeg kan** and **jeg er**. The first clause, **Jeg kan ikke gå på jobb i dag**, is an independent clause as it can stand on its own and still make sense. The second clause **fordi jeg er forkjølet** cannot stand on its own and is introduced by the subordinating conjunction, **fordi**. It is therefore a subordinate clause.

While the distinction between main and subordinate clause may not be important in other languages that you know, it is important in Norwegian as it affects the word order.

A Identify the subordinate clauses in the following sentences.

1 Min sjef fortalte meg at jeg antakelig ville bli forfremmet neste år.
2 Hvis jeg får sparken, kan jeg ikke betale regningene mine.
3 Rita kommer til å søke stillingen når den blir utlyst.
4 For meg er det ikke så viktig hvor jeg arbeider, men hvem jeg arbeider med.
5 Han sa han ville sende meg rapporten innen fristen.
6 Valentina, som er tillitskvinne på arbeidsplassen min, er også en av mine bestevenner.

B Subordinate clauses can be introduced in different ways. Before looking at the explanation that follows, take a moment to look at the sentences in A again. Identify the four ways in which a subordinate clause can be introduced.

How to form subordinate clauses

Subordinating conjunctions

1 Subordinating conjunctions introduce subordinate clauses. They can be used to create complex sentences connecting clauses:

Fordi jeg snakker flytende japansk, har min sjef spurt meg om jeg vil ta meg av våre japanske kunder. (*Because I speak Japanese fluently, my boss has asked me whether I want to look after our Japanese customers.*)

2 Subordinating conjunctions have different functions depending on whether the sentence they introduce provides information on time, cause, condition and so on.

Conjunction	Translation	Function	Example
at	*that*	introduces indirect statements	**Jeg synes (at) du er en god kollega.** (*I think (that) you are a good colleague.*)
da	*when*	time	**Husker du da vi var kollegaer?** (*Do you remember when we were colleagues?*)
fordi	*because*	cause	**Hun måtte finne en ny jobb fordi selskapets økonomi var dårlig.** (*She had to find a new job because the company's finances were poor.*)
før	*before*	time	**Hun fant en ny jobb før selskapet gikk konkurs.** (*She found a new job before the company went bankrupt.*)
hvis	*if*	condition	**Hvis selskapet legges ned, må hun finne en ny jobb.** (*If the company closes down, she will have to find a new job.*)
mens	*while*	time	**Alle var helt stille mens sjefen snakket om selskapets framtid.** (*Everyone was quiet while the boss talked about the future of the company.*)
når	*when*	time	**Det er hardt for medarbeiderne når et selskap går konkurs.** (*It is tough for the employees when a company goes bankrupt.*)
om	*if/whether*	introduces indirect questions	**Hun spurte om det var noen ledige stillinger.** (*She asked whether there were any vacancies.*)
selv om	*even if/though*	concession	**Selv om jeg elsker jobben min, elsker jeg også å være på ferie.** (*Even though I love my job, I also love to be on holiday.*)

som	*as*	comparison	**Han er ikke så pliktoppfyllende som jeg trodde.** (*He is not as conscientious as I thought.*)
så	*so (that)*	purpose	**Hun har søkt en deltidsjobb så hun kan få mer fritid.** (*She has applied for a part-time job so she can have more time off.*)
til tross for at	*despite*	concession	**Til tross for at han ikke har alle de formelle kvalifikasjonene, er han den beste selgeren i firmaet.** (*Despite the fact that he does not have all the formal qualifications, he is the best salesperson in the company.*)

3 **Når** and **da** can lead to confusion as both mean *when*. Their usage, however, is different. **Når** is used with the present and future tenses (see example **a**). The problem arises in the past tense where **når** is used to refer to recurring events, meaning *whenever* (see example **b**) and **da** is used in all other cases (see example **c**). Notice that the dramatic present still refers to past events and therefore requires the use of **da** (see example **d**):

a **Når jeg er ferdig på universitetet, vil jeg gjerne arbeide i utlandet i minst to år.** (*When I finish university, I would like to work abroad for at least two years.*)

b **Når nye lærere begynte på skolen, fikk de alltid tildelt en erfaren mentor.** (*When/ whenever new teachers started at the school, they were always assigned an experienced mentor.*)

c **Da jeg var barn, ville jeg bli politibetjent.** (*When I was a child, I wanted to become a police officer.*)

d **Skolesekretæren ville snakke med meg i går. Da jeg kommer inn på kontoret hennes, er alle kollegaene samlet for å feire 30-årsdagen min.** (*The school administrator wanted to talk to me yesterday. When I went into her office all my colleagues were gathered there to celebrate my 30th anniversary.*)

4 **Hvis** and **om** are both often translated as *if*. While **om** can be used in all cases, **hvis** is restricted to cases where *if* does not mean *whether (or not)*:

Jeg skifter jobb hvis/om jeg ikke får lønnsøkning. (*I will change jobs if I don't get a wage increase.*)

Jeg vet ikke om jeg får lønnsøkning i år. (*I don't know if/whether I will get a wage increase this year.*)

C **Complete these sentences with a conjunction from the box. Each conjunction can only be used once.**

> at – fordi – når – om – som – så – til tross for at

1 Han studerer arkitektur _____ hans drøm er å bygge en skyskraper i New York.
2 Vigdis har videreutdannet seg _____ hun kan få en bedre jobb.
3 Noen mener _____ ledere har rett til å få høyere lønn enn andre ansatte.
4 _____ Khalid kun er 18 år gammel, har han allerede startet sin egen virksomhet.
5 Hun håper på å få arbeid på universitetet _____ hun er ferdig med sin doktorgrad.
6 Jeg lurer på _____ regjeringen gjør nok for de arbeidsløse.
7 Harald elsket sine ansatte _____ han elsket sin familie.

D Choose between **da/når** and **hvis/om** in these sentences.

1 Hun spurte **hvis/om** han kunne tenke seg å arbeide på en oljeplattform.
2 Hunden bjeffet alltid **da/når** hun kom hjem fra arbeidet.
3 Hun sa til ham at han skulle slutte å sjekke innboksen sin **da/når** han hadde fri.
4 **Hvis/om** sjefen din mobber deg, kan du få hjelp av fagforeningen.
5 Jeg vet ikke **hvis/om** jeg har de riktige kvalifikasjonene til jobben.

Interrogative pronouns

1 In indirect speech, interrogative pronouns, also known as question words, introduce subordinate clauses and thus have the same function as subordinating conjunctions:

Interrogative pronoun	Translation	Example
hva, hvem, hvor, hvordan, hvorfor, når	*what, who, where, how, why, when*	**Han fortalte meg hva hans drømmejobb var.** (*He told me what his dream job was.*) **Alle prøvde å gjette hvem som hadde blitt forfremmet.** (*Everyone was trying to guess who had been promoted.*) **Hun viste meg hvor kopimaskinen sto.** (*She showed me where the photocopier was.*)
hvilken/hvilket/hvilke	*which*	**Selgeren spurte hvilken bil hun ville prøve først.** (*The salesperson asked which car she wanted to try first.*)
hvor + adjective or adverb	*how + adjective or adverb*	**Den nye kollegaen lurte på hvor lenge jeg hadde jobbet på denne skolen.** (*The new colleague wondered how long I had been working in this school.*)

2 When **hva** and **hvem** are the subject of a subordinate clause, **som** is added after these interrogative pronouns. In the example for **hva** this was not the case as **hva** was not the subject (**hans drømmejobb** was). In the example for **hvem**, on the other hand, **som** is necessary because **hvem** is the subject.

E **Change these direct questions into subordinate clauses. Remember to change the order of subject and verb and personal pronouns, as in the example.**

Example:

Hvor jobber du for tida? → Han spurte *hvor jeg jobber for tida.*

1 Hvorfor kom du for seint i dag?   → Han spurte _____.
2 Hvem liker du å arbeide sammen med?   → Han spurte _____.
3 Når møter du opp om morgenen?   → Han spurte _____.
4 Hvor mange kopper kaffe drikker du per dag? → Han spurte _____.
5 Hvilke programmer har du på din nye pc? → Han spurte _____.

F Complete the sentences by inserting **som** where needed. Remember that **som** can only be used when **hva** or **hvem** is the subject of the subordinate clause.

1 Hun spekulerte på hvem _____ hadde innført denne dumme kleskoden på kontoret.
2 De pårørende ba legen om å forklare hva _____ han mente en gang til.
3 Den nye kokken var rystet over hva _____ foregikk på kjøkkenet.
4 Kapteinen viste styrmannen hvem _____ bestemte på skipet.

Relative pronouns

1 Subordinate clauses introduced by relative pronouns are called relative clauses. The relative pronoun refers back to something earlier in the sentence. The most common relative pronoun is **som**. If translating from other languages that use a range of relative pronouns (e.g. *whose*) paraphrasing will often be necessary:

Relative pronoun	Translation	Example
som	*who, whom, that, which*	**Fabrikken, som produserte klær og sko, hadde problemer med å konkurrere med Kina.** (*The factory, which produced clothes and shoes, had difficulties competing with China.*) **Min jobb er å hjelpe ansatte som ikke har norsk som morsmål.** (*My job is to help employees whose mother tongue is not Norwegian.*)
noe som	*which* (only used when referring to an entire clause)	**Hun ble utnevnt til rektor da hun var 35, noe som gjorde mange av hennes kollegaer misunnelige.** (*She was appointed principal when she was 35, which made many of her colleagues envious.*)

2 Some relative clauses are necessary in order to know the identity of what is being referred to: these are called restrictive clauses. Non-restrictive clauses, on the other hand, give additional information, but are not necessary to know the identity of what is being referred to. Look at these examples:

Folk som starter sin egen virksomhet, må ofte arbeide mye i starten. (*People who start their own business often have to work a lot in the beginning.*)

Foreldrene mine, som har sin egen virksomhet, arbeider alltid mye. (*My parents, who have their own business, always work a lot.*)

In the first example, the relative clause **som starter sin egen virksomhet** is necessary to understand what kind of people have to work a lot in the beginning, helping to establish the identity of the otherwise generic **folk**. In the second example, the relative clause **som har sin egen virksomhet** is not necessary to understand which parents the sentence refers to: the word **mine** already shows that these are the writer's parents. It does, however, add extra information about **foreldrene mine**.

Being able to distinguish between the two types of relative clauses is important for two reasons:

a *Comma rules are different for the two: there are commas both before and after non-restrictive relative clauses, but only after restrictive relative clauses.*

b **Som** *can be left out of a restrictive clause unless it is the subject.*

G Translate these sentences into Norwegian. Remember to put commas in the right places.

1   The new temp, who we all like, leaves the position next week.

_____

2   It is illegal to punish workers who are on strike.

_____

3   Many people sit down all day, which is bad for your back.

_____

4   Prison guards, whose jobs are very demanding, often get stressed.

_____

5   The actor who was playing Peer in *Peer Gynt* was very convincing.

_____

Ellipsis

1   Ellipsis is the omission of words that are unnecessary.

2   **At** can be omitted after most reporting verbs (e.g. **si, fortelle, tro, synes**) when the subordinate clause comes right after the verb itself. This is mainly found in more informal language:

Jeg tror (at) hun får jobben. (*I think (that) she will get the job.*)

but: **Hun fortalte Per at hun hadde fått jobben.** (*She told Per that she had got the job.*)

3   **Som** can only be omitted in restrictive clauses when it is not the subject:

Personen (som) vi ansatte, er veldig kvalifisert. (*The person (that) we hired is very qualified.*)

In this sentence the relative clause is **(som) vi ansatte**. As the subject of this clause is **vi**, not the relative pronoun **som**, and as the clause is restrictive, **som** can be omitted.

Personen som fikk jobben, er veldig kvalifisert. (*The person who got the job is very qualified.*)

In this second sentence the relative clause is **som fikk jobben**. The subject of this clause is the relative pronoun **som**, so it cannot be omitted.

Min venn Per, som bedriften ansatte, er veldig kvalifisert. (*My friend Per, whom the company hired, is very qualified.*)

Here the relative clause is **som bedriften ansatte**. As the relative clause is non-restrictive, **som** cannot be omitted.

H **Put brackets round at or som where they could have been omitted.**

1 Jeg synes at du arbeider altfor mye.

2 Det er mange som søkte jobben, men ikke så mange som var kvalifiserte.

3 Når en arbeidsgiver sier at du alltid skal være ærlig, er det en god idé å passe litt på.

4 Min arbeidstelefon, som jeg kjøpte i fjor, har gjort det lettere for meg å skille arbeid og fritid.

5 Det første som jeg gjør, når jeg kommer hjem fra jobben hver ettermiddag, er å sette på kaffetrakteren som kona mi ga meg i julegave.

6 Folk som har arbeidet med asbest, burde få erstatning.

Word order

1 The most important rule when it comes to word order in subordinate clauses is that clausal adverbs are placed between the subject and the verb.

2 The word order of subordinate clauses is not as flexible as that of main clauses: after the subordinating conjunction (if there is one) comes the subject:

Han fortalte meg at han ikke alltid hadde arbeidet for Statoil. (*He told me that he had not always worked for Statoil.*)

I **Insert the adverb(s) given in brackets into the underlined subordinate clause.**

1 Jeg vil gjerne arbeide som frivillig <u>fordi jeg føler</u> at jeg gjør nok for samfunnet. (ikke)

2 Jeg fikk vite <u>at jeg hadde fått jobben</u> fordi jeg var overkvalifisert. (dessverre ikke)

3 <u>Selv om jeg er for uerfaren</u>, har jeg planer om å søke jobben som avdelingsleder. (nok)

4 Han spurte <u>hvordan jeg kunne bidra til universitetets profil</u>. (best)

5 Livet er for kort til å arbeide med noe <u>som man er interessert i</u>. (ikke)

6 <u>Til tross for at jeg hadde ønsket å bli sykepleier</u>, oppdaget jeg fort at det ikke var noe for meg. (alltid)

Vocabulary

J **Match the professions with where they often take place.**

Yrke		Sted	
1	billettkontrollør	a	forlag
2	kokk	b	restaurant
3	lege	c	sykehus
4	mekaniker	d	teater
5	redaktør	e	tog
6	skuespiller	f	verksted

K   **Find all the adjectives that describe personal qualities.**

Jeg er en ambisiøs mann, som nettopp har blitt ferdig med drømmeutdannelsen min som pedagog. Alle som kjenner meg, sier at jeg er veldig sosial og kreativ, og det vil jeg ta med meg i denne spennende jobben. Jeg er ikke så erfaren, og dette ville være min første fulltidsjobb, men jeg er alltid engasjert og lærevillig. Jeg kan garantere at hvis dere ansetter meg, så får dere en fleksibel, men også målrettet kollega. Jeg ser fram til å høre fra dere.

📖 Reading

L   **Read the job advertisement, then answer the question.**

Hva er det sentrale i jobben?

_____

www.ledigestillinger.no

Vår høgskole søker en lektor til undervisning i norsk som andrespråk. Stillingen ønskes besatt fra 1. september 2017.

Jobben som norsklektor omfatter hovedsakelig undervisning i norsk språk fra begynnernivå til avansert.

I tillegg omfatter jobben andre undervisningsrelaterte oppgaver slik som å rette oppgaver, eksaminere studenter og veilede individuelle prosjekter samt administrative oppgaver etter høgskolens nærmere anvisning.

Søkere med interesse for andre- og fremmedspråkspedagogikk har også mulighet for å utvikle forskningsprosjekter i samarbeid med høgskolens pedagogiske enhet.

Søknaden sendes til:
Høgskolen i Nord-Norge
Svalbardveien 19
9750 Honningsvåg

M Now read this application for the previous job advertisement and answer the questions.

Hans Jensen
Knud Knudsens allé 20
9006 Tromsø
Tlf.: 12 34 56 78
E-post: hansjensen@mail.no

25. august 2017

Høgskolen i Nord-Norge
Svalbardveien 19
9750 Honningsvåg

Søknad på stilling som norsklektor ved Høgskolen i Nord-Norge.

For knapt en måned siden vinket jeg farvel til en russebuss full av glade, smilende studenter. Det var den første gruppen som jeg hadde fulgt gjennom alle de tre årene i norsk. De hadde klart seg fremragende til eksamen, og nå var de klare til å gå videre. Jeg er stolt av det arbeidet jeg har utført – men samtidig drømmer jeg nå også om nye utfordringer, og derfor søker jeg stillingen ved Høgskolen i Nord-Norge.

Faglig føler jeg meg velkvalifisert til stillingen. Jeg har en mastergrad i norsk og fremmedspråkspedagogikk og omfattende undervisningserfaring, bl.a. med ikke-norske elever. Jeg er sterkest innenfor språk (f.eks. grammatikk og fonetikk), og jeg har selvfølgelig et solid litterært fundament. Når det gjelder medier, har jeg arbeidet mye med nyhetsmedier, og jeg har hatt elever som tverrfaglig har produsert sine egne mini-nyhetssendinger.

Jeg er vant til både å lede og være en del av et team. I tillegg har jeg sammen med en håndfull andre lærere ivaretatt kommunikasjonen mellom lærerne og elevenes aktivitets- og festutvalg.

Jeg har mye erfaring med rettearbeid, eksamen – både muntlig og skriftlig – samt veiledning av større skriftlige oppgaver.

Vedlagt søknaden er: CV, dokumentasjon for eksamener ved Universitetet i Oslo og attest fra min nåværende rektor.

Jeg ser fram til å høre fra dere.

Med vennlig hilsen
Hans Jensen

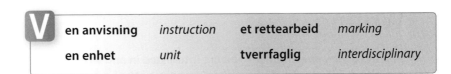

| en anvisning | instruction | et rettearbeid | marking |
| en enhet | unit | tverrfaglig | interdisciplinary |

1   Hvorfor søker Hans stillingen som norsklektor ved Høgskolen i Nord-Norge?

_____

2   Hvilke formelle kvalifikasjoner gjør Hans egnet til stillingen?

_____

3   Hvilket konkret eksempel på undervisningsprosjekt nevner Hans?

_____

4   Hva slags erfaring har han utover undervisning?

_____

5   Hvilke dokumenter bruker han for å støtte søknaden sin?

_____

N   **Complete the table with the missing forms. All the words given are from the texts, but they have been changed into their basic forms.**

	Noun	Verb	Adjective
1	en veiledning		
2			glad
3			smilende
4		å drømme	
5	en erfaring		
6			sterk
7		å arbeide	
8	en dokumentasjon		

O   **Write down six to nine words that you would use in your own job application to describe yourself and your work experience. Use a dictionary if needed.**

_____   _____   _____

_____   _____   _____

_____   _____   _____

# Writing

P Find a job advertisement you are interested in and write a short application statement for it (about 125 words). While writing, use a variety of subordinating conjunctions.

- ▶ Hvorfor søker du jobben?
- ▶ Hvilken relevant erfaring har du?
- ▶ Hvilke kvalifikasjoner har du?
- ▶ Hvilke dokumenter vedlegger du søknaden?

_____

_____

_____

_____

_____

_____

_____

_____

_____

_____

_____

_____

_____

_____

_____

_____

_____

Self-check

Tick the box which matches your level of confidence.

1 = very confident   2 = need more practice   3 = not confident

Sett kryss i tabellen for å vise hvor sikker du føler deg.

1 = veldig sikker   2 = trenger mer øvelse   3 = usikker

	1	2	3
Recognize and form subordinate clauses, including relative clauses.			
Connect main clauses with subordinate clauses.			
Use a range of subordinating conjunctions, relative pronouns and interrogative pronouns.			
Can understand texts that consist mainly of high-frequency everyday or job-related language. (CEFR B1)			
Can write very brief texts to a standard, conventionalized format. (CEFR B1)			

12 Skal jeg kjøpe en enebolig eller en leilighet?

Shall I buy a house or a flat?

In this unit you will learn how to:

✅ Recognize and use a wide range of prepositions.

✅ Distinguish between prepositions of time and place.

✅ Recognize and use prepositional phrases.

CEFR: Can understand the description of events, feelings and wishes (B1); Can write about everyday aspects of his/her environment (places) (A2).

på

i

over

under

til venstre for

til høyre for

mellom

foran

bak

gjennom

Meaning and usage

Prepositions

1   Prepositions are used to indicate a relationship between two or more things. In some cases the prepositional meaning is concrete, for example in the case of **vasen står på bordet** (*the vase*

is on the table). In other cases, prepositions become part of idiomatic expressions where the meaning is more difficult to guess, e.g. **hunden passer på huset** (*the dog looks after the house*). In this instance, **på** cannot be translated with the English *on* but is part of a prepositional phrase (**å passe på**), which needs to be learnt by heart.

2   Prepositions normally come before the word, phrase or clause they directly refer to:

Han bor sammen <u>med</u> foreldrene sine. (*He lives together <u>with</u> his parents.*)

3   In some cases the preposition is placed last in a clause. The two most common examples of this are **hv-** questions and relative clauses:

Hvem bor han sammen <u>med</u>? (*Who does he live <u>with</u>?*)

Foreldrene hans, som han bor sammen <u>med</u>, er over nitti år gamle. (*His parents, who he lives together <u>with</u>, are more than 90 years old.*)

 There are many exceptions and inconsistencies around the area of prepositions. The rules covered in this unit will help you to make an informed guess about which prepositions to use, but it will be helpful to make a list of additional uses and prepositional expressions when reading Norwegian texts.

Here is a list of some of the most common prepositions and their English counterparts.

av	*of*	**Gulvet er laget av ubehandlet tre.** (*The floor is made of untreated wood.*)
		Fire av ti nordmenn har en feriebolig. (*Four out of ten Norwegians have a holiday home.*)
	by	**Leiligheter kjøpt av foreldre driver opp husprisene.** (*Houses bought by parents drive up house prices.*)
etter	*after*	**Etter samtalen med banken bestemte han seg for å ta opp et huslån.** (*After talking with the bank, he decided to take out a mortgage.*)
	according to	**Flyttingen hadde gått etter planen.** (*The move had gone according to plan.*)
for å + *infinitive*	*in order to*	**Kommunen kjøpte tomten for å bygge flere kommunale boliger.** (*The municipality bought the land in order to build more council housing.*)
forbi	*past*	**Motorveien går forbi huset deres.** (*The motorway runs past their house.*)
fra	*from*	**Marmoren vi brukte på badet, kommer fra Italia.** (*The marble we used in the bathroom comes from Italy.*)
før	*before*	**Jeg bodde på herberge før krigen.** (*I lived in a homeless shelter before the war.*)
hos	*at*	**For tida bor jeg hos Per.** (*Currently I am staying at Per's.*)
i	*in/at*	**Jeg bor i et kollektiv/på et studenthjem.** (*I live in shared accommodation/in student accommodation.*)
	for	**Mange som kjøper hus, bor der kun i tre eller fire år.** (*Many people who buy houses only live there for three or four years.*)
	on	**Barna har rommet sitt i andre etasje.** (*The children have their room on the first floor [i.e. the floor above the ground floor].*)
	a(n)/per	**Vi får rengjøringshjelp en gang i måneden.** (*We get domestic help once a month.*)

med	with	Hus med vedovn er veldig ettertraktet. (*Houses with wood-burning stoves are highly sought after.*)
mot	towards	Vi sitter ofte på balkongen mot slutten av dagen. (*We often sit on our balcony towards the end of the day.*)
	against	Jeg er mot at man bygger boliger i naturreservater. (*I am against the construction of housing in nature reserves.*)
om	about	Eiendomsmegleren fortalte oss ikke om det utette taket. (*The estate agent did not tell us about the leaky roof.*)
	around	Butikken ligger like om hjørnet. (*The shop is just around the corner.*)
	in	Om kvelden ligger jeg ofte i badekaret med et glass vin. (*In the evenings I often lie in my bath with a glass of wine.*)
		Gjestene kommer om tjue minutter. (*The guests will arrive in 20 minutes.*)
over	over	Leiligheten kostet over 10 millioner kroner. (*The flat cost over 10 million kroner.*)
	above	Mange hus i Oslo blir solgt over prisantydningen. (*Many houses in Oslo are sold above the asking price.*)
på	on	Husnøklene lå på bordet da vi kom inn. (*The house keys were on the table when we came in.*)
	at	Som vaktmester måtte han bo på skolen. (*As caretaker he had to live at the school.*)
	in	Herregården ble bygd på 1800-tallet. (*The manor was built in the nineteenth century.*)
	to	Barna skulle hele tida på toalettet. (*The children constantly had to go to the toilet.*)
siden	since	Foreldrene mine har bodd her siden 1984. (*My parents have lived here since 1984.*)
til	to	De holder åpent hus fra kl. 10 til kl. 16. (*They hold open house from 10 a.m. to 4 p.m.*)
	until	Dere har til kl. 14 til å ta en beslutning angående huslånet. (*You have until 2 p.m. to make a decision regarding the mortgage.*)
under	under/below/beneath	Nøkkelen til leiligheten ligger under matta. (*The key to the apartment is under the mat.*)
	during	Mange ble nødt til å flytte under andre verdenskrig. (*Many were forced to move during the Second World War.*)
uten	without	De ønsket seg et hus uten trepaneler på veggene. (*They wanted a house without wooden panels on the walls.*)
ved	by	Det gamle huset vårt lå ved en vakker innsjø. (*Our old house was situated by a beautiful lake.*)
	at	Hver søndag samlet hele familien seg ved bordet. (*Every Sunday the whole family gathered at the table.*)
	about/around	Forsikringsselskapet lovet å ringe med et svar ved femtida. (*The insurance company promised to call with an answer around five o'clock.*)

A   Complete the sentences with the prepositional phrases in the box.

> av mine søsken – etter flommen – før ca. 1980 – i måneden –
> med balkong – mot tyveri – til en eiendomsmegler

1   Den eldste _____ skal flytte hjemmefra om to uker.
2   Forsikringspremien på vårt hus har blitt dyrere _____.
3   Kari og Pablo har kjøpt seg en 3-roms leilighet _____.
4   Det er fornuftig å sette opp et budsjett så man vet hvor mange penger man bruker
     _____.
5   En boligforsikring dekker ikke _____.
6   Hvis man vil by på en bolig, skal man levere et skriftlig bud _____.
7   Hus som ble bygget _____ bør sjekkes for asbest.

B   Reorder to make a sentence. Begin with the underlined word.

1   Hun /en / heis / ikke / bo / boligblokk / uten / i / ville / .
2   Under / 30 000 / onkelen / i / fant / min / kroner / oppussing / peisen / .
3   Tomannsboligen / grøntområder / til / fredelig / ligger / ved / .
4   Det / boliger / solgt / om / blir / vinteren / færrest / .
5   Siden / blitt / større / større / har / kjøkkener / og / 1950-årene / .
6   Deres / leilighet / vaskeri / lå / over / første / et / .
7   Hvilken / i / bor / etasje / du / ?
8   De / gjerne / den / ville / fra / kjellerleiligheten / flytte / stygge / .

Prepositions of place

1   An important function of prepositions is to indicate a concrete spatial relationship between
    two things:

    Huset lå <u>ved siden av</u> togstasjonen. (*The house was next to the train station.*)

    Naboen vår har installert solpaneler <u>på</u> taket. (*Our neighbour has installed solar panels on
    their roof.*)

2   When talking about geography, the main prepositions are **til, fra, for, i** and **på**:

    a   **til** is used to indicate movement to a place:

        Bestemora mi har flyttet til en liten landsby. (*My grandmother has moved to a small village.*)

    b   **fra** is used to indicate movement or provenance from a place:

        Hele familien min kommer fra Bergen. (*My whole family comes from Bergen.*)

c   **for** is used with compass directions: **nord, sør, øst, vest:**

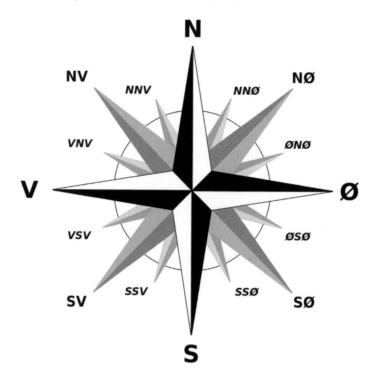

Hytta hennes ligger 20 kilometer nord for Fredrikstad. (*Her cabin is situated 20 kilometres north of Fredrikstad.*)

 C   **Read the sentences and decide which types of places are normally used with i and på.**

| cities – continents – countries – individual mountains – islands/archipelagos – parts of cities |

1   Jeg har alltid drømt om å bo i Afrika.   **i** is used with: _____

2   Familien min kamperer i Romania hver sommer.   **i** is used with: _____

3   Det bygges mange nye boligblokker i London.   **i** is used with: _____

4   Det kan være utfordrende å bo på Svalbard.   **på** is used with: _____

5   Farfar har alltid bodd på Frogner i Oslo.   **på** is used with: _____

6   Noen tror at det bor troll på Dovrefjell.   **på** is used with: _____

3 As shown in C, **i** and **på** are both used to indicate location, or where something takes place. They are, however, used in connection with different types of places.

i	på
• continents	• islands and most archipelagos
Vi har kjøpt en ferieleilighet i Sør-Amerika. (*We have bought a holiday flat in South America.*)	**Det er dyrt å kjøpe hytte på Hvaler.** (*It is expensive to buy a cabin on Hvaler.*)
• countries	• mountains
Det finnes mange rekkehus i England. (*There are many terraced houses in England.*)	**Har du vært på Galdhøpiggen?** (*Have you been on Galdhøpiggen?*)
• some regions and counties	• some regions and counties
Ibsen kom fra Skien i Telemark. (*Ibsen came from Skien in Telemark.*)	**Det finnes 121 kommuner på Vestlandet.** (*There are 121 municipalities in Vestlandet.*)
• cities	• many (mainly inland) towns in Norway
Kvadratmeterprisen for boliger i Tromsø var 39 601 kroner i 2015. (*The average price per square metre for properties in Tromsø was 39,601 kroner in 2015.*)	**Det er mange fine hus på Lillehammer.** (*There are many nice houses in Lillehammer.*)
	• parts of cities
	Vi har ikke råd til å bo på Majorstua. (*We can't afford to live in Majorstua.*)

4 If a country is also an island or group of islands, **på** is used except in these cases where **i** is used instead: **i Australia, i Indonesia, i Irland, i Japan, i Storbritannia.**

5 When talking about specific locations, the three main prepositions are **i**, **på** and **hos**. Here is a list of some of the most common locations and their respective preposition:

i	på	hos
banken	apoteket / sykehuset	Amid / Hanne / Per
bilen	biblioteket	bakeren / frisøren / slakteren
hagen / skogen	arbeid / jobb / skolen	deg / meg / oss
huset	bussen / flyet / toget / trikken	faren min / mora mi
kirken	diskotek / kino / teater	legen / tannlegen
teatret	konsert	
	kafé / restaurant	

Jeg har hatt det travelt i dag. Jeg har vært i banken, på apoteket og hos frisøren.
(*I have had a busy day today. I have been to the bank, the chemist and the hairdresser's.*)

D Complete the sentences with the Norwegian equivalent of the English phrases shown.

1 Bildet henger _____ (*above the armchair*).
2 Katten gjemmer seg alltid _____ (*under the table*).
3 Det var altfor mange bøker _____ (*on the shelves*).
4 Det fine middagsserviset deres sto _____ (*in the glass cabinet*).
5 Hybelkaninene hopet seg opp _____ (*behind the sofa*).
6 Jeg måtte fjerne spindelveven som hang _____ (*from the ceiling*) med en feiekost.
7 Teppet lå _____ (*in front of the door*).
8 Hunden løp _____ (*through all the rooms*) når den lekte.
9 Skrivebordet står _____ (*to the left of*) vinduet.

E Read the postcard and complete it by inserting the correct prepositions.

Tromsø, 2. april 2017

Kjære Maia!

Som du vet, begynte jeg med å dra _____ (1) Oslo. Selv om jeg hadde vært _____ (2) Norge flere ganger før, var det min første gang _____ (3) Oslo. Jeg var _____ (4) Holmenkollen, som ligger nordvest _____ (5) Oslo sentrum, og _____ (6) Nationaltheatret. Om kvelden spiste jeg _____ (7) en fin restaurant. Dagen etter fløy jeg _____ (8) Gardemoen _____ (9) Tromsø, som ligger _____ (10) Troms fylke _____ (11) Nord-Norge. Visste du at folk som kommer _____ (12) Tromsø, kalles for tromsøværinger?

Jeg har nå vært her i tre dager og har begynt å kjede meg. Jeg gleder meg til å se deg neste uke _____ (13) Svalbard. Er avtalen stadig å møtes på tirsdag _____ (14) din venninne Birgitte?

Vi sees!

Klem og hilsen fra Jasmin

Maia Mongie

Postboks K453

9171 Longyearbyen

Prepositions of time

Another area where prepositions are used is to indicate different temporal relations. The most common prepositions of time are **i**, **på**, **om**, **til** and **for... siden**. Unless otherwise stated, the preposition is used with the indefinite form of the noun.

i	duration	**Vi har bodd her i femten år.** (*We have lived here for 15 years.*)
	the closest season	**I vinter skal kjæresten min og jeg flytte sammen.** (*This winter my partner and I will move in together.*)
	years and months	**I april 2015 ble vi ferdige med å bygge det nye huset vårt.** (*In April 2015 we finished building our new house.*)
	time of the day	**En eiendomsmegler skal vise oss leiligheten i morgen ettermiddag.** (*An estate agent will show us the flat tomorrow afternoon.*)
	weekend	**Hva liker du å gjøre i helga?** (*What do you like doing at the weekend?*)
på	time it takes to finish something	**Han sa han kunne male huset ferdig på to dager.** (*He said he could finish painting the house in two days.*)
	negative duration (used with the perfect tense)	**Snekkerne har ikke vært her på to uker.** (*The joiners have not been here for two weeks.*)
	weekdays	**På lørdag skal jeg rydde rommet mitt.** (*On Saturday I will tidy up my room.*)
	decades and centuries	**På 1700-tallet bodde de fleste på landet.** (*In the eighteenth century most people lived in the countryside.*)
om	something that will happen at a specific time in the future	**Jeg planlegger å kjøpe meg en leilighet om to år.** (*I am planning on buying myself a flat in two years' time.*)
	repeated actions (used with the definite form of the noun)	**Om sommeren hogger jeg ved til vinteren.** (*In the summer I chop wood for the winter.*)
til	seasons and holidays in the future	**Til påske skal jeg pynte huset med håndmalte egg.** (*This Easter I will decorate the house with hand-painted eggs.*)
	deadlines	**Er du sikker på at du kan bli ferdig med alt husarbeidet til kl. fire?** (*Are you sure that you can finish all the housework by four o'clock?*)
for... siden	a point in time in the past (meaning *ago*)	**For ti år siden kostet huset kun halvparten av hva det gjør i dag.** (*Ten years ago the house cost only half of what it does today.*)

*Be careful not to use **for** as a translation of English for when talking about duration. The correct prepositions in this case will always be either **i** or **på**.*

F   **Answer the questions with for ett år siden, i ett år, or om ett år.**

1   Hvor lenge har du bodd her? _____

2   Når flyttet du inn i din nåværende bolig? _____

3   Når oppdaget dere at taket var laget av asbest? _____

4   Når tror dere at dere blir ferdige med tilbygget? _____

5   Hvor lang tid ventet han på byggetillatelsen? _____

6   Når skal bestemora di på sykehjem? _____

G Complete the sentences with either **i** or **på**.

1 Jeg har ikke betalt strømregningen min _____ seks måneder.
2 Vi skal i gang med vårrengjøringen _____ helga.
3 _____ 1800-tallet bodde fabrikkarbeiderne i fattigkvarterer i storbyene.
4 Magnus arvet leiligheten etter bestemora si, som hadde bodd der _____ 50 år.
5 Jeg skulle ha vært på innflytningsfest _____ fredag, men jeg ble syk.

Prepositional expressions

Many verbs, adjectives and nouns are followed by a specific preposition and, just like in English, they form set idiomatic expressions. Some frequently used prepositional expressions are:

Adjectives	
avhengig av / stolt av / lei av	dependent on / proud of / fed up with
glad for / lei for / redd for	happy about / sorry about / afraid of
forskjellig fra	different from
forelsket i / glad i / interessert i	in love with / fond of / interested in
overrasket over / skuffet over	surprised by / disappointed with
misunnelig på / sint på	envious of / angry with
dårlig til / flink til / nødt til / vant til	bad at / good at / obliged to / used to

Nouns	
ansvar for / behov for / mulighet for	responsibility for / need (to) / possibility of
vondt i	pain in
fordeler med / ulemper med	advantages with / disadvantages with
lyst på + noun	desire for, want, would like
anledning til / mulighet til	opportunity to / possibility of
grunn til	reason for, reason why
lyst til å + verb	desire for, want, would like
tid til / råd til / lov til	time to / afford / allowed
fordeler ved / ulemper ved	advantages with / disadvantages with

Verbs	
å lete etter	to look for
å bestemme seg for	to decide on
å være ferdig med / bli ferdig med	to be finished with / to finish
å lese om / skrive om / snakke om	to read about / write about / talk about
å lure på / stole på / tvile på	to wonder about / trust / doubt
å vente på	to wait for
å glede seg til / grue seg til	to look forward to / dread
å se fram til	to look forward to

H   Find the prepositional expressions in this text.

Kona mi og jeg er gjør-det-selv-mennesker, og vi leter alltid etter gamle boliger som vi kan pusse opp. Vi er begge interesserte i å bruke hendene våre, og vi er gode til å fordele arbeidet. Kona mi er særlig flink til å reparere elektriske installasjoner.

Når vi er ferdige med et hus og har solgt det, går vi bare og venter på å starte neste prosjekt. På denne måten arbeider vi alltid sammen, og jeg tror det er en av grunnene til at vi fortsatt er forelsket i hverandre selv om vi har vært sammen i over tolv år.

Det er selvfølgelig også ulemper ved å arbeide så tett sammen, og det er da også perioder hvor vi blir litt lei av hverandre. Men jeg er selv litt overrasket over hvor sjelden det skjer. Faktisk sier vennene våre ofte at de er misunnelige på forholdet vårt.

Vocabulary

I   Complete the sentences with the correct noun and preposition.

> **dusjkabinett – flyttekassene – hagemøbler – vaskerommet –
> vinkjelleren – av – fra – med – mellom – på**

1   _____ ligger _____ stua og badet.
2   Hent noen drikkevarer _____   _____.
3   Det er ikke mange som har et bad _____ både badekar og _____.
4   Hvis du ikke kan finne lampen, se i en av _____   _____ loftet.
5   Hun liker ikke _____ som er laget _____ plastikk.

J   Find the odd one out.

1   lampett | lysekrone | lysestake | sengelampe
2   barnestol | sovesofa | stellebord | vugge
3   gyngestol | hengekøye | sofa | krakk
4   grill | kakkelovn | peis | radiator
5   fliser | laminat | murstein | parkett

 # Reading

K   Read this online debate about which type of property is best, then answer the question.

Hvorfor er Bygutt i tvil om han skal kjøpe en enebolig?

_____

www.detgodelivet.no

Bygutt:

Jeg skal kjøpe meg en bolig, men er usikker på om jeg skal kjøpe en enebolig eller leilighet. Jeg er klar over at det er fordeler og ulemper ved begge, men jeg lurer egentlig mest på hvor mye tid jeg må beregne på vedlikehold av hus kontra en leilighet. Jeg vurderer å legge inn bud på et stort hus, men jeg er litt redd for at det blir for mye arbeid. Jeg har nemlig ikke lyst til å bruke all fritida mi på å vedlikeholde huset.

L   Now read the answers to this forum post and answer the questions.

www.detgodelivet.no

Oslojente:

Det kommer vel egentlig helt an på om boligen er selveid eller ikke. Rekkehus, tomannsboliger og eneboliger er ofte selveide, og da må du selv stå for det meste av vedlikeholdet. Hvis boligen er en del av et borettslag, som mange leiligheter er, da betaler man jo fellesutgifter for å få gjort slike ting. Borettslaget har ansvar for mye av fellesvedlikeholdet av eiendommene, som for eksempel trappevask, varmtvann og fyring samt eiendomsskatt og kommunale avgifter. Men uansett skal man huske at man likevel må vedlikeholde boligene innvendig…

Bonde56:

Jeg har eid begge deler. I dag eier jeg en bondegård på Vesterøy i Østfold, så jeg vet hva jeg snakker om: Det er vanvittig mye mer arbeid med enebolig. Man skal bruke mye tid på hagestell og på å male huset, for ellers ser det stygt ut. Naboene våre har ikke malt huset sitt på femten år, og det ser fryktelig ut. Selv har jeg brukt utrolig mange timer på å slå gressplenene foran og bak huset, og det er alltid noe som skal repareres etter vinteren. Det er viktig å huske at dårlig vedlikehold forringer boligens verdi over tid. Men når det er sagt, er jeg likevel glad i huset vårt. Om sommeren koser jeg og familien oss ute i hagen; om høsten plukker vi epler fra det gamle epletreet; om vinteren samler vi oss foran vedovnen; og om våren sitter vi på terrassen mens barnebarna løper rundt og klatrer i trær. Så mitt råd er: Tenk deg om og overvei hva du har behov for og hva som er viktigst for deg.

1 Hva slags boliger er ofte selveide?

_____

2 Hvorfor mener Bonde56 at han kan hjelpe Bygutt med problemet hans?

_____

3 Hvilke ulemper ser Bonde56 ved å eie en enebolig?

_____

_____

4 Hva mener Bonde56 at Bygutt skal gjøre?

_____

_____

_____

V			
et borettslag	_housing cooperative_	**å stå for**	_to be responsible for_
en eiendomsskatt	_property tax_	**å tenke seg om**	_to think carefully_
å forringe	_to diminish_	**(et) vedlikehold**	_maintenance_
det kommer an på	_it depends_		

M **Complete with prepositional expressions used in the text.**

1 Mange leietakere er ikke _____ rettighetene sine.

2 Styret _____ den daglige driften av borettslaget.

3 Familien hadde _____ å finne et fast sted i Italia i over fire år nå.

4 Journalisten oppdaget at alt _____ oppussing, renovering og utvidelser av hytter i Sirdal hadde foregått svart.

5 De har tatt fri fra jobben for å kunne _____ husbyggingen.

6 Vi planlegger en familieforøkelse, så vi vil snart ha _____ mer plass.

N **Match an expression on the left with an expression from the right that has a similar meaning.**

1 å lure på
2 å ha lyst til
3 å være glad i
4 å være redd for
5 å være usikker på

a å frykte
b å sette pris på
c å tvile på
d å undre seg over
e å ønske

O   **Match the type of property with the definitions.**

> **bondegård – eldrebolig – enebolig – hytte –
> kollektiv – leilighet – rekkehus – tomannsbolig**

1   Bolig for alderspensjonister _____
2   Bolig som ofte ligger sammen med andre i en blokk _____
3   Bolig til én familie _____
4   Bolig som er bygd sammen med andre hus på rad _____
5   Bolig hvor en gruppe mennesker har felles husholdning _____
6   Eiendom på landet som en bonde driver _____
7   Hus med to leiligheter _____
8   Enkelt hus som brukes til ferie og fritid _____

✎ Writing

P   **Write your own response to the forum entry by Bygutt (75–100 words) contributing to the discussion of whether or not he should buy a house or a flat. When writing your response, try to use a variety of prepositions and prepositional expressions. The following questions may help you to structure your response:**

   ▶   Hva slags bolig liker du best? Hvorfor?
   ▶   Hva er dine erfaringer med denne type bolig?
   ▶   Har du erfaringer med andre typer boliger?
   ▶   Hvilket råd vil du gi Bygutt?

_____
_____
_____
_____
_____
_____
_____
_____
_____
_____
_____

Self-check

Tick the box which matches your level of confidence.

1 = very confident   2 = need more practice   3 = not confident

Sett kryss i tabellen for å vise hvor sikker du føler deg.

1 = veldig sikker   2 = trenger mer øvelse   3 = usikker

	1	2	3
Recognize and use a wide range of prepositions.			
Distinguish between prepositions of time and place.			
Recognize and use prepositional phrases.			
Can understand the description of events, feelings and wishes. (CEFR B1)			
Can write about everyday aspects of his/her environment (places). (CEFR A2)			

13 Når begynte du å drive med yoga?

When did you start doing yoga?

In this unit you will learn how to:

✓ Recognize quantifiers.

✓ Use quantifiers.

✓ Use quantifiers with countable and uncountable nouns.

CEFR: Can exchange information on topics that are familiar, of personal interest, or pertinent to everyday life (e.g. hobbies) (B1); Can write short, simple notes and messages (A2).

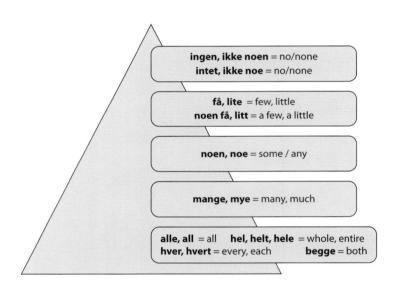

ingen, ikke noen = no/none
intet, ikke noe = no/none

få, lite = few, little
noen få, litt = a few, a little

noen, noe = some / any

mange, mye = many, much

alle, all = all   **hel, helt, hele** = whole, entire
hver, hvert = every, each   **begge** = both

Meaning and usage

Quantifiers

1 Quantifiers are used to indicate the number or amount of something, normally a noun.

2 Quantifiers can be used attributively, meaning that they stand in front of the noun and any adjectives. In the sentence **De hadde fanget noen store fisker** (*They had caught some big fish*), the quantifier **noen** is in front of both the noun it quantifies (**fisker**) and its respective adjective (**store**).

3 When quantifiers are not accompanied by a noun, i.e. when they stand alone, they are said to be used nominally. This means that they function in the same way as nouns or pronouns:

Ingen kan fiske som bestefaren min. (*Nobody can fish like my grandfather.*)

A Identify all the quantifiers in these sentences. Then decide whether they have been used attributively (att.) or nominally (nom.).

	Quantifier	Att.	Nom.
1. Alle burde få mosjon to ganger i uka.			
2. Hele familien hadde begynt å spille sjakk.			
3. Det er mange gutter som er interesserte i fotball.			
4. e ble nødt til å avlyse dansekurset fordi det ikke var nok elever.			
5. Det krever mye mot å hoppe i fallskjerm.			
6. Hun likte både judo og ishockey, så hun meldte seg på begge to.			
7. Jeg ville ha bakt i kveld, men jeg har ikke noe mel.			
8. Hver fredag gjør jeg tai chi i parken.			

How to use quantifiers

1 Quantifiers can be divided into two broad categories, those used with countable nouns and those used with uncountable nouns. Most quantifiers used with countable nouns inflect according to gender and number, while most quantifiers used with uncountable nouns only have one form:

Countable				Uncountable
Masculine / feminine	Neuter	Definite form singular	Plural	
noen (*any*)	noe (*any*)	–	noen (*some/any*)	noe (*some/any*)
ikke noen (*no*)	ikke noe (*no*)	–	ikke noen (*no*)	ikke noe (*no*)
ingen (*no*)	intet (*no*)		ingen (*no*)	ingen (*no*)
hver (*every/each*)	hvert (*every/each*)	–	–	–
hel (*whole/entire*)	helt (*whole/entire*)	hele (*whole/entire*)	hele (*whole/entire*)	–

2 Some quantifiers can only be used with uncountable nouns or countable plural nouns:

Countable plural	Uncountable
alle (*all*)	all (m./f.) alt (n.) (*all*)
mange (*many*)	mye (*much/a lot*)
få (*few*)	lite (*little*)
noen få (*a few*)	litt (*a little*)
nok (*enough*)	nok (*enough*)
begge (*both*)	–

3   Noen/noe can mean *some* or *any*.

  a   Noen is used with:

  ▶ countable masculine and feminine nouns in questions and negative statements:
  Er det noen hobbybutikk i denne byen? Nei, det er ikke noen hobbybutikk her.
  (*Is there a hobby shop in this town? No, there is no hobby shop here.*)

  ▶ countable plural nouns:
  Har du noen pensler? (*Do you have any paintbrushes?*)

  b   Noe is used with:

  ▶ countable neuter nouns in questions and negative statements:
  Kjenner du noe sted hvor vi kan spille golf i nærheten? (*Do you know any place where we can play golf nearby?*)

  ▶ uncountable nouns:
  Jeg har noe maling, men ikke særlig mye. (*I have some paint, but not very much.*)

Used nominally, **noen** refers to people, meaning *someone/somebody* or *anyone/anybody*, while **noe** refers to things, meaning *something* or *anything*.

Kjenner du noen som kan spille trombone? (*Do you know anyone who plays the trombone?*)

Har du noe jeg kan bruke til min kollasj? (*Do you have anything I can use for my collage?*)

4   Ingen/ikke noen and **ikke noe/intet** mean *no*.

  a   Ingen is used with:

  ▶ countable masculine and feminine nouns:
  Pauline har ingen gitar. (*Pauline does not have a guitar.*)

  ▶ countable plural nouns:
  Rasmus har ingen fritidsinteresser. (*Rasmus has no leisure interests.*)

  ▶ uncountable nouns:
  Olga har nesten ingen fritid. (*Olga has almost no spare time.*)

  b   Ikke noen is used with:

  ▶ countable masculine and feminine nouns:
  Pauline har ikke noen gitar. (*Pauline does not have a guitar.*)

  ▶ countable plural nouns:
  Rasmus har ikke noen fritidsinteresser. (*Rasmus has no leisure interests.*)

  c   Ikke noe is used with:

  ▶ countable neuter nouns:
  Det er ikke noe maleri som gir deg mer glede enn det du selv har malt. (*There is no painting that gives you more pleasure than the one you have painted yourself.*)

  ▶ uncountable nouns:
  Olga har nesten ikke noe fritid. (*Olga has almost no spare time.*)

d **Intet** is only used with countable neuter nouns:
   Intet maleri gir deg mer glede enn det du selv har malt. (*No painting gives you more pleasure than the one you have painted yourself.*)

5 Used nominally, **ingen** and **ikke noen** refer to people, meaning *nobody*, *no one* or *not… anyone*, while **ingenting** and **ikke noe** refer to things, meaning *nothing* or *not… anything*:

Ingen har godt av å sitte hjemme alene hver dag. (*It's not good for anyone to sit at home alone every day.*)

Det er ikke noe jeg nyter mer enn å spille sjakk med dattera mi. (*There is nothing I enjoy more than playing chess with my daughter.*)

6 **Ingen/intet/ingenting** adhere to these grammatical rules:

a they are always used as the subject of a clause:
   ~~Ikke noe lyktes for laget vårt i lørdagskampen.~~
   Ingenting lyktes for laget vårt i lørdagskampen.
   (*Nothing worked for our team in the match on Saturday.*)

b they can only be the object or subject complement in a main clause if there are no auxiliary verbs:
   ~~Han har gjort ingenting for å få et mer aktivt liv etter operasjonen.~~
   Han gjorde ingenting for å få et mer aktivt liv etter operasjonen.
   Han har ikke gjort noe for å få et mer aktivt liv etter operasjonen.
   (*He has not done anything to get a more active life after the operation.*)

c they can never be the object or subject complement in a subordinate clause:
   ~~Hun fortalte meg at hun fikk ingen mosjon.~~
   Hun fortalte meg at hun ikke fikk noe mosjon.
   (*She told me that she did not get any exercise.*)

d they cannot be part of a prepositional complement:
   ~~Etter operasjonen har jeg energi til ingenting.~~
   Etter operasjonen har jeg ikke energi til noe.
   (*After the operation, I have no energy for anything.*)

In **b**, **c** and **d**, **ingen/intet/ingenting** have to be replaced by **ikke noen/ikke noe**, following the rules outlined.

In informal contexts, **ikke noen/ikke noe** *are used more often than* **ingen/ingenting** *and* **intet** *is considered particularly formal and old-fashioned. It's worth noting that* **ingen/ingenting** *are stronger and more emphatic, often corresponding to* at all *as in* **Jeg har ingen penger** *(I have no money (at all)).*

B Translate these sentences into Norwegian. Pay particular attention to the use of **ingen**, **ingenting**, **ikke noen** and **ikke noe**.

1 My football club does not have a coach these days.

_____

2 Nobody wants to go bowling with me.

_____

3 I can't finish my model aeroplane because I don't have any glue.

_____

4 My children don't take part in any outdoor activities.

_____

5 A little exercise is better than nothing.

_____

7 **Hver/hvert** means *every* or *each*. While **hver** is used with countable masculine and feminine nouns, **hvert** is used with countable neuter nouns:

Hun løp en tur i skogen hver dag. (*She went for a run in the forest every day.*)

Hvert klubbmedlem hadde sin egen båt. (*Each club member had his or her own boat.*)

 *The meaning of **hver/hvert** can be reinforced by the addition of **eneste** to mean* every single.

8 **Hel/helt/hele** means *whole* or *entire*. **Hel** is used with countable masculine and feminine nouns and **helt** is used with countable neuter nouns. **Hele** is used with countable plural nouns and in definite structures. The rules of the double definite do not apply to **hele**, which forms definite structures without the article:

Hun drakk ei hel flaske energidrikk etter triatlonen. (*She drank a whole bottle of energy drink after the triathlon.*)

Martin og Heidi gjennomførte hele maratonen sammen. (*Martin and Heidi completed the entire marathon together.*)

9 **All/alt/alle** means *all*. This is the only quantifier used with uncountable nouns that distinguishes between genders. **All** is used with uncountable masculine and feminine nouns and **alt** is used with uncountable neuter nouns. **Alle** is used with countable plural nouns:

De brukte all leiren til å lage en kjempestor skål. (*They used all the clay to create a huge bowl.*)

Klassen kunne ikke bake noen muffinser, for alt bakepapiret var vekk. (*The class could not bake any muffins because all the baking paper was gone.*)

Alle kakene ble solgt på klubbens årlige basar. (*All the cakes were sold at the club's annual bazaar.*)

Used nominally, **alt** refers to things, meaning *everything*, while **alle** refers to people, meaning *everybody* or *everyone*:

Jeg vet <u>alt</u> om synkronsvømming. (*I know everything about synchronized swimming.*)

<u>Alle</u> som jeg kjenner elsker skiskyting. (*Everyone I know loves biathlon [a sport involving shooting and skiing].*)

10 **Mange** means *many* and is used with countable plural nouns. **Mye** means *much* or *a lot* and is used with uncountable nouns. Both of these quantifiers have a comparative and a superlative form.

Positive	Comparative	Superlative
mange (*many*)	flere (*more*)	flest (*most*)
mye (*much*)	mer (*more*)	mest (*most*)

Jeg har <u>mange</u> interesser, antakeligvis <u>flere</u> enn deg. (*I have many interests, probably more than you.*)

Du har kanskje ikke så <u>mye</u> tid til å trene, men du har <u>mer</u> tid enn meg. (*You might not have much time to exercise, but you have more time than me.*)

You might notice that the comparative and superlative forms are the same in English but different in Norwegian. If you are in doubt when forming the comparative and superlative forms, it might help to begin with the positive form: if English uses many, *you know that the noun is countable (***mange***), but if English uses* much, *the noun is uncountable (***mye***).*

11 **Få** means *few* and **noen få** means *a few*. Both are used with countable plural nouns. **Lite** means *little* and **litt** means *a little*, both of which are used with uncountable nouns. **Få** and **lite** have comparative and superlative forms.

Positive	Comparative	Superlative
få (*few*)	færre (*fewer*)	færrest (*fewest*)
lite (*little*)	mindre (*less*)	minst (*least*)

Jeg har <u>få</u> interesser utover rollespill og teater. (*I have few interests apart from role-playing and theatre.*)

Etter at jeg har begynt å spille sjakk, har jeg <u>mindre</u> tid til å se på TV. (*Since I have started playing chess, I have less time to watch TV.*)

As in English, there is a difference between using **få/lite** *(which have negative connotations) and* **noen få/litt** *(which have positive connotations).* **Jeg har få meitemark igjen** *(I have few worms left) implies that you are concerned you are running out of worms for your fishing.* **Jeg har noen få meitemark igjen** *(I have a few worms left) means instead that you can keep on fishing because you have a few worms left.*

C Choose the correct word.

1 Det er ikke _____ (all/alle) nordmenn som elsker skisport.
2 _____ (noen/noe) barn liker å samle frimerker.
3 Du kan fortsatt nå å melde deg på kurset, for det er _____ (få/noen få) plasser igjen.
4 Han er _____ (ingen/intet) Mozart, men han elsker å spille piano i fritida.
5 «Skolen arrangerer alt for _____ (mange/mye) fritidsaktiviteter», mente foreldrene.
6 En _____ (hel/helt) myntsamling kan være veldig verdifull.

D Choose the correct form of mange, få, mye or lite from the brackets.

1 _____ (flere/mer) kvinner enn menn bruker kulturtilbud.
2 De _____ (færreste/minste) tenåringene får nok mosjon.
3 Dattera mi bruker _____ (mange/mye) tid på dataspill.
4 I dag lever de _____ (fleste/meste) funksjonshemmede aktive liv.
5 Jeg har _____ (flere/mindre) lyst til å gå på kurs i helga enn da jeg var yngre.
6 Det var _____ (mange/mye) grunner til at kona mi og jeg begynte å lære spansk.

12 Nok means *enough* and is used with countable plural nouns and uncountable nouns:

Jeg har ikke nok penger til å lære å dykke. (*I do not have enough money to learn how to dive.*)

Unlike other quantifiers, **nok** can be placed after the noun.

Jeg har ikke penger nok til å lære å dykke. (*I do not have enough money to learn how to dive.*)

13 Begge means *both* and is used with countable plural nouns. It can be used both attributively and nominally. When used nominally, **begge** is sometimes used alone, or otherwise is often combined with the words **to** or **deler** (**begge to/begge deler**). In many cases all three are correct, but there is a tendency to use **begge to** when referring to specific people or things (normally in the definite form) and **begge deler** to refer to more general things (often in the indefinite form).

Jeg kan ikke velge mellom disse to bøkene. Begge to er svært interessante. (*I cannot choose between these two books. Both are very interesting.*)

Soveposer til sommer og vinter er viktig når man er speider. Jeg har begge deler. (*Sleeping bags for summer and winter are important when you're a scout. I have both.*)

 When the English both *is part of the expression* both… and…, *you cannot use* **begge**. *In this case the correct structure is* **både… og…**.

E Complete the sentences with the quantifiers in the box.

> **all – begge – ikke noe – hele – hvert – nok**

1 Det har vært to kunstutstillinger om landskapsmalere i år, og _____ var fantastiske.
2 Jeg var veldig trøtt, men jeg så _____ konserten likevel.
3 Han satt alltid i dårlige seter på teater fordi han ikke hadde _____ penger til de gode setene.
4 _____ eneste år arrangerte skolen en stor kulturfestival.
5 Han hadde _____ musikken liggende på mobiltelefonen sin.
6 Jeg har _____ imot opera, men jeg foretrekker ballett.

Vocabulary

F Complete the table by grouping these activities according to whether they normally take place outdoors or indoors.

> **dykking – fekting – jakt – kor – kunstløp –
> landeveissykling – roing – rullestoldans – sløyd – sopptur**

Utendørs	Innendørs

G Match these objects with the correct person.

> **forsterker – kjevle – kompass – lommekniv – målekopp – notestativ –
> palettblokk – pensel – ringform – sovepose – staffeli – stemmegaffel**

Baker	
Speider	
Musiker	
Maler	

 **Reading**

H   Read this advertisement, then answer the question.

Hva er Karis roller på Solskinnsgård?

_____

Yogahelg på Solskinnsgård

Noen få timers kjøretur fra Oslo ligger Solskinnsgård. Her har Kari Hagen omdannet hele den gamle gården til et hotell med tilhørende yogastudio. Kari er selv yogainstruktør og holder noen kurs i tillegg til å være vert på gården. Hver helg tilbyr hun «Solskinnsgårds yogahelg» som kombinerer trening med ei avslappende helg i flott natur. Kari er også kokk og serverer mange vidunderlige retter: All maten er laget av lokale råvarer.

Ta noen dager på Solskinnsgård og finn ut hvordan yoga kan hjelpe akkurat deg!

I   Now read the online interview with Lene, one of the yoga instructors at Solskinnsgård, and decide whether the statements are true (rett) or false (galt). Correct the false statements based on information given in the text.

 www.yogaforalle.no

yogaforalle.no har intervjuet yogainstruktør Lene Trane som arbeider på Solskinnsgård. I dette mini-intervjuet gir hun innblikk i hvorfor alle burde drive med yoga.

Når begynte du å drive med yoga?

Det er mange år siden, for jeg startet med min mor da jeg var femten. Vi gikk på yoga hver tirsdag og torsdag, og noen ganger gikk vi på kurs som for eksempel varte en hel lørdag.

Hva får du ut av å drive med yoga?

Da jeg gikk med mora mi, ga det oss begge et helt nytt syn på kropp og sinn, og det var med på å knytte oss mye tettere sammen enn før. Da jeg senere ble instruktør, opplevde jeg en stor tilfredsstillelse ved å hjelpe andre med å oppnå det samme, for alle kan få noe ut av yoga.

Hvorfor vil du anbefale at folk begynner med yoga?

Utover det jeg allerede har sagt, så gir det en forståelse for hvordan hele kroppen fungerer. Når man strekker ut, setter tankene fri og mediterer, selv om det bare er en gang imellom, opplever man hvordan alt henger sammen: Det er ingenting som skjer isolert. Derfor er yoga en effektiv metode for å gjenopprette balanse og harmoni i vårt liv. Det gir oss mer energi og ro, og mindre stress. Alle kan ha glede av yoga, så det er bare å melde seg på et introduksjonskurs. Det finnes i hvert fall nok kurs å velge imellom!

		Rett	Galt
1. Lene og mora gikk på yoga hver dag.			
2. Yoga hjalp Lene og mora hennes til å få et bedre forhold.			
3. Man skal være i god form for å kunne drive med yoga.			
4. Yoga fokuserer særlig på sinnet.			
5. Det er lett å begynne med yoga.			

J **Find the phrases in the reading text that match the English translations. Identify the quantifiers in the Norwegian phrases.**

1 a few hours' drive _____

2 every weekend _____

3 all the food _____

4 a whole Saturday _____

5 both of us _____

6 the whole body _____

7 nothing _____

8 everybody _____

K **Change these nouns from the text into the corresponding verbs.**

	Noun	Verb
1	en trening	
2	et intervju	
3	en instruktør	
4	en tilfredsstillelse	
5	en forståelse	
6	en/et stress	

L   **Write the opposite of these sentences related to the text.**

   1   Kari holder noen kurs. _____

   2   Det er mange år siden. _____

   3   Alle kan få noe ut av yoga. _____

   4   Man opplever hvordan alt henger sammen. _____

   _____

   5   Det gir oss mer energi og mindre stress. _____

   _____

✏️ Writing

M   **You are being asked to complete a survey about your favourite activity or hobby. The survey questions are given but you need to insert your chosen activity or hobby. Write your answers to these questions (about 25 words per question).**

Når begynte du å spille/gå på/drive med _____?

_____

_____

_____

_____

Hva får du ut av å spille/gå på/drive med _____?

_____

_____

_____

_____

Ville du anbefale andre å begynne å spille/gå på/drive med _____?

_____

_____

_____

_____

Self-check

Tick the box which matches your level of confidence.

   1 = very confident   2 = need more practice   3 = not confident

Sett kryss i tabellen for å vise hvor sikker du føler deg.

   1 = veldig sikker   2 = trenger mer øvelse   3 = usikker

	1	2	3
Recognize quantifiers.			
Use quantifiers.			
Use quantifiers with countable and uncountable nouns.			
Can exchange information on topics that are familiar, of personal interest, or pertinent to everyday life (e.g. hobbies). (CEFR B1)			
Can write short, simple notes and messages. (CEFR A2)			

14 Jeg hadde aldri trodd at det ville være så gøy å studere i Bergen

I had never thought that it would be so much fun studying in Bergen

In this unit you will learn how to:

- ✓ Recognize and use the pluperfect tense.
- ✓ Recognize and use the past future tense.
- ✓ Form the pluperfect and the past future tenses.

CEFR: Can read correspondence relating to his/her field of interest and readily grasp the essential meaning (B2); Can write personal letters giving news and expressing thoughts about abstract or cultural topics (B1).

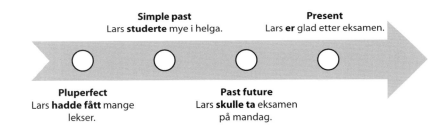

Simple past
Lars **studerte** mye i helga.

Present
Lars **er** glad etter eksamen.

Pluperfect
Lars **hadde fått** mange lekser.

Past future
Lars **skulle ta** eksamen på mandag.

Meaning and usage

Pluperfect and past future

1 Both the pluperfect and the past future use the simple past as a point of reference.

a The pluperfect refers to something that occurred in the past before something else in the past. In the sentence **Lars studerte mye i helga fordi han hadde fått mange lekser** (*Lars studied a lot last weekend because he had been given a lot of homework*), the point of reference is Lars studying, which is expressed using the simple past. However, something else happened before this, namely that Lars was given a lot of homework, and this is expressed using the pluperfect.

Tor var lei seg fordi han hadde fått en dårlig karakter. (*Tor was unhappy because he had received a bad mark.*)

b The past future refers to something that occurred in the past but after something else in the past. In the example **Lars studerte mye i helga fordi han skulle ta avslutningseksamen på mandag** (*Lars studied a lot last weekend because he had to take his final exam on Monday*), the point of reference is still Lars studying, expressed using the simple past. The exam, however, is in the future in relation to Lars' studying, and this is therefore expressed using the past future.

Tor var redd for at han ville få en dårlig karakter. (*Tor was afraid that he would get a bad mark.*)

2 Both the pluperfect and the past future can be used to express something hypothetical.

Hvis du hadde studert mer, ville du ha fått en bedre karakter. (*If you had studied more, you would have received a better mark.*)

Du ville få bedre karakterer hvis du studerte mer. (*You would get better marks if you studied more.*)

A Match each clause in the pluperfect with a clause in the simple past.

	Pluperfect		Simple past
1	Selv om hun bare hadde gått på norskkurs i ett år,	a	begynte hun på ingeniørutdanning.
2	Etter at hun hadde hørt et foredrag om skolesystemet i Norge,	b	bestemte hun seg for å lese mer om det.
3	Hun hadde oppdatert sin CV	c	fordi hun ikke kunne studere og arbeide samtidig.
4	Etter at hun hadde fått generell studiekompetanse,	d	fordi hun hadde lyst på en ny jobb.
5	Hun hadde tatt opp et studielån	e	snakket hun flytende norsk.

B Complete the sentences with the correct past future form.

> skulle få – skulle gjøre – skulle innføre – skulle begynne – ville bli

1 Rektoren informerte foreldrene om at skolen _____ skoleuniform fra august.
2 Jeg var helt sikker på at han _____ lærer.
3 Han gikk ikke ut med vennene sine fordi han _____ mange grammatikkoppgaver til dagen etter.
4 Alma sa at dattera hennes _____ på lærerhøgskole i Oslo.
5 Skolen bekreftet at alle elevene med et annet morsmål _____ tilbud om særskilt norskopplæring og morsmålsopplæring.

How to form the pluperfect and the past future

The pluperfect and the past future are both two-verb structures consisting of an auxiliary verb and another verb expressing the action itself.

1   The pluperfect and the perfect are very similar in that they use the same auxiliary verb **å ha** followed by the past participle of another verb. The only difference between forming these two tenses is thus that in the pluperfect **å ha** is in the simple past, rather than the present.

Verb group	Perfect	Pluperfect
Group one past participle ending in **-et**	Jeg <u>har startet</u> på universitetet. (*I have started at university.*)	Jeg <u>hadde startet</u> på universitetet. (*I had started at university.*)
Group two past participle ending in **-t**	Hun <u>har studert</u> medisin i to år. (*She has studied/been studying medicine for two years.*)	Hun <u>hadde studert</u> medisin i to år. (*She had studied/been studying medicine for two years.*)
Group three past participle ending in **-d**	Han <u>har prøvd</u> å komme inn på musikkonservatoriet to ganger. (*He has tried getting into the music conservatory twice.*)	Han <u>hadde prøvd</u> å komme inn på musikkonservatoriet to ganger. (*He had tried getting into the music conservatory twice.*)
Group four past participle ending in **-dd**	Barna mine <u>har bodd</u> på studenthjem i tre måneder. (*My children have lived/been living in student accommodation for three months.*)	Barna mine <u>hadde bodd</u> på studenthjem i tre måneder. (*My children had lived/been living in student accommodation for three months.*)
Irregular verbs	Vi <u>har tatt</u> feil utdannelse. (*We have taken the wrong type of education.*)	Vi <u>hadde tatt</u> feil utdannelse. (*We had taken the wrong type of education.*)

2   The past future and the future are also very similar in that they use the same auxiliary verbs, namely **å skulle** or **å ville**, followed by another verb in the infinitive. The only difference between forming these two tenses is thus that in the past future the auxiliary verbs are in the simple past rather than in the present.

	Future	Past future
å skulle	Jeg kan ikke dra på hytta, for jeg <u>skal pugge</u> gloser hele helga. (*I cannot go to the cabin as I am going to be memorizing words all weekend.*)	Jeg kunne ikke dra på hytta, for jeg <u>skulle pugge</u> gloser hele helga. (*I could not go to the cabin as I was going to be memorizing words all weekend.*)
å ville	Jeg er sikker på at det <u>vil dukke</u> opp noen stillinger. (*I'm sure some jobs will come up.*)	Jeg var sikker på at det <u>ville dukke</u> opp noen stillinger. (*I was sure some jobs would come up.*)

As with the future, in the past future both **skulle** and **ville** are often used without an infinitive when they are followed by an adverbial – mostly prepositional phrases – expressing movement to a place.

Skolen informerte meg om at den yngste dattera mi <u>skulle på skoletur</u> etter vinterferien.
(The school informed me that my youngest daughter was going on a school trip after the winter break.)

C Identify the pluperfect and past future forms in the text.

Det var søndag kveld, og jeg gikk en lang tur i skogen med hunden min. Etter at jeg hadde gått i nesten en time, møtte jeg en gruppe russ som drev og malte sin egen russebuss. De hadde flere malingsbøtter med seg, og det var tydelig at de hadde arbeidet flittig hele dagen for å bli ferdig med jobben. Snart skulle vel bussen ut på veien, og snart skulle den frakte dem rundt omkring under hektiske russefeiringsdager. Motivene de hadde malt på bussen, hadde de valgt fra kult-filmer, -bøker og -tegneserier. Jeg var nysgjerrig og spurte dem hvor lenge de skulle fortsette med å male ettersom det hadde begynt å mørkne. En av dem sa at de nok ville gi seg snart. En annen tilføyde at dette var dagen før de skulle ha eksamen. De ble derfor enige om at de snart skulle hjem og øve. «Det er snakk om å prioritere», sa jeg og lo.

Pluperfect	Past future

The **russefeiring** *refers to the* **russ** *celebration, namely Norwegian final-year high-school pupils. Participants wear coloured overalls (red or blue depending on their line of study), travel in groups in decorated buses or vans and often party almost continually during the period between the end of April and 17 May (Norway's national day).*

D Rewrite these sentences. Change the present tense into the simple past and the perfect into the pluperfect.

1 Jeg er glad for at jeg har fått et stipend.

_____

2 Han snakker godt fransk fordi han har studert i Paris i to år.

_____

3 Hun synes at norskkurset har gitt henne bedre innsikt i norsk kultur.

_____

4 Læreren forteller Helles foreldre at hun alltid har hatt gode evner i kjemi.

_____

E   Rewrite these sentences. Change the present tense into the simple past and the future into the past future.

1   Noen politikere mener at alle unge skal ta en videregående utdannelse.

   _____

2   Lærerne får vite at det vil bli endringer i pensumet fra neste år.

   _____

3   Fagforeningen krever at alle lærlingene skal få individuell veiledning.

   _____

4   Som rektor oppfordrer jeg alle de som skal starte på skolen, til å arbeide hardt.

   _____

Vocabulary

F   Match these educational institutions with their appropriate definition in Norwegian.

> **grunnskole – folkehøgskole – privatskole –**
> **universitet – videregående skole**

1   _____ : Skole uten eksamen for voksen ungdom.
2   _____ : Frivillig skole som dekker 11.–13. skoleår.
3   _____ : Institusjon for forskning og høyere utdanning i for eksempel matematikk og jus.
4   _____ : Skole som ikke drives av det offentlige.
5   _____ : Tiårig skolegang som er obligatorisk.

G   Find the verb that corresponds to these nouns. Then write the pluperfect and past future forms.

	Noun	Verb (infinitive)	Pluperfect	Past future
1	(et) eksperiment			
2	(en) forelesning			
3	(en) forskning			
4	(en) undervisning			
5	(en) utdannelse			

 # Reading

H **Read the email about studying in Bergen, then answer the question.**

Hvorfor spør Agnieszka Kari om Bergen?

_____

_____

_____

Fra:	agnieszka95Y395@mail.no
Til:	kari95X214@mail.no
Emne:	Mastergrad

Kjære Kari!

Jeg håper alt står bra til med deg. Det var kjempehyggelig å møte deg på sommerskolen i Oslo, og jeg håper at vi kan holde kontakten!

Etter at jeg hadde avsluttet kurset på Universitetet i Oslo, reiste jeg tilbake til Polen for å fullføre bachelorgraden min. Jeg skulle ønske at jeg kunne blitt i Norge, for jeg savner alle mine venner der.

Men nå er jeg endelig ferdig med utdanningen her i Polen, og jeg overveier å ta en mastergrad i samfunnsvitenskap ved Universitetet i Bergen. Sa du ikke noe om at du hadde studert der for noen år siden, og at du skulle tilbake dit neste år? Jeg lurte på om du kunne fortelle meg litt om hva det var som gjorde at du valgte Bergen som studiested.

Jeg gleder meg til å høre fra deg.

Mvh

Agnieszka

I   **Now read Kari's answer to Agnieszka's email and answer the questions.**

Fra:	kari95X214@mail.no
Til:	agnieszka95Y395@mail.no
Emne:	SV: Mastergrad

Kjære Agnieszka!

Så hyggelig å høre fra deg. Jeg tenker faktisk ofte på hvordan du har det. Hvis jeg hadde litt flere penger, så ville jeg komme og besøke deg, men jeg er jo fortsatt student.

Jeg studerte i Bergen for to år siden, og jeg skal flytte dit om noen måneder. Før det hadde jeg studert et år i Trondheim og gått på folkehøgskole i Oslo, så jeg kjenner godt til studentlivet rundt omkring i Norge.

Det er et godt studentmiljø ved Universitetet i Bergen. Den første uken før studiestart var fadderuken. Da ble jeg kjent med universitetet, faget som jeg hadde valgt å studere, og ikke minst dem som jeg skulle studere sammen med. Det var en gutt i min faddergruppe som fortalte meg om Studenttorget. Han sa at der ville jeg møte engasjerte studenter fra de mange studentorganisasjonene, og han hadde rett! Det er en studentforening for alt – enten du er interessert i kultur, idrett, faglige foredrag eller noe helt annet.

Men jeg husker likevel Bergen særlig for festene med mine medstudenter. For eksempel avtalte jeg den første kvelden på studenthybelen med de andre at vi skulle holde fest. Og nesten hver helg ble jeg invitert til et eller annet sosialt, ikke bare fester, men også filmkvelder, teaterforestillinger og mye mer. Jeg hadde aldri trodd at det ville være så gøy å studere i Bergen.

Du må bare si ifra hvis du lurer på noe annet, og ellers så håper jeg at vi sees på UiB!

Mvh

Kari

1   Er Kari glad for å høre fra Agnieszka?

_____

2   Hvorfor kjenner Kari godt til studentlivet i Norge?

_____

3   Hva er «Studenttorget»?

_____

4   Gikk Kari bare på fester i helgene mens hun bodde i Bergen?

_____

Faddergrupper *are buddy groups organized by Norwegian universities at the start of the semester. New students are placed in these groups, which are led by experienced students (called* **faddere**) *studying on the same programme as that on which the new students are enrolled. These groups often give new students the opportunity to make friends, take part in events and get to know their faculty and campus.*

J Complete the sentences by adding one of these pluperfect or past future phrases from the Reading.

> hadde trodd – hadde valgt – skulle holde – ville komme

1 Jeg hadde ikke regnet med at jeg _____ inn på medisinstudiet.
2 Hvis du _____ litt mer på deg selv, ville du ha oppnådd et bedre resultat.
3 Jeg _____ å studere i utlandet hvis jeg var deg.
4 Han var kjempenervøs da han _____ sitt første foredrag.

K Match the words to form compound nouns.

1	lærer	a	hybel	_____
2	med	b	kompetanse	_____
3	pensum	c	litteratur	_____
4	sommer	d	skole	_____
5	student	e	student	_____
6	studie	f	utdanning	_____

L Find the odd one out.

1 forsikre | forske | lese | studere
2 klassekamerat | medelev | medlem | medstudent
3 humaniora | kunnskap | samfunnsvitenskap | utdanningsvitenskap
4 bachelorgrad | doktorgrad | mastergrad | vanskelighetsgrad

 # Writing

M A friend has sent you an email in which she asks you about a school or university you have attended, as she is thinking of sending her daughter there. Reply to this email (about 100 words). These questions may help you to structure your reply:

- ▶ Når studerte du der?
- ▶ Hva studerte du der?
- ▶ Likte du deg der?
- ▶ Hvordan ville du beskrive det sosiale miljøet?

_____

_____

_____

_____

_____

_____

_____

_____

_____

Self-check

Tick the box which matches your level of confidence.

1 = very confident   2 = need more practice   3 = not confident

Sett kryss i tabellen for å vise hvor sikker du føler deg.

1 = veldig sikker   2 = trenger mer øvelse   3 = usikker

	1	2	3
Recognize and use the pluperfect tense.			
Recognize and use the past future tense.			
Form the pluperfect and the past future tenses.			
Can read correspondence relating to his/her field of interest and readily grasp the essential meaning. (CEFR B2)			
Can write personal letters giving news and expressing thoughts about abstract or cultural topics. (CEFR B1)			

15 En tiltalt skal dømmes av sine likemenn

A defendant will be judged by his or her peers

In this unit you will learn how to:

- ✓ Recognize and form the passive voice.
- ✓ Use both the **bli** passive and **-s** passive correctly.
- ✓ Distinguish between passive verbs and -s verbs.

CEFR: Can scan longer text in order to locate desired information and understand relevant information in everyday material, such as short official documents (B1); Can write about past events (A2).

	Subject	Active verb	Object
Active voice	Politiet	arresterer	forbryteren
Passive voice	Forbryteren	blir arrestert/ arresteres	av politiet
	Subject	Passive verb	Agent

Meaning and usage

Active and passive voice

1 The agent of a sentence is whoever or whatever performs the action of the main verb. The majority of sentences are in the active voice, which means that the subject is the agent:

Demonstrantene kastet stein mot politiet. (*The protesters threw rocks at the police.*)

Demonstrasjonene pleier å være fredelige. (*The protests tend to be peaceful.*)

In the first example the subject (**demonstrantene**) does something (**kaster**), while in the second example the subject (**demonstrasjonene**) is something (**pleier å være**). In both cases the subject is the agent of the sentence and so these are both active sentences.

2 If the subject of a sentence is not the agent, i.e. if something happens to the subject, the sentence is passive:

Mange bilister ble stoppet av politiet på lørdag kveld. (*Many drivers were stopped by the police on Saturday night.*)

In this sentence the subject (**mange bilister**) is not the agent as it does not carry out the action, i.e. it is not doing the stopping; it is in fact **politiet** doing the stopping. This makes **politiet** the agent of the sentence, which is therefore passive. If the agent is present in a passive sentence it is always introduced by the preposition **av** (*by*).

A Change the following sentences from active to passive voice. Remember to use **av** to introduce the agent in the passive voice.

Example:

Politiet arresterer tyven. → Tyven **blir arrestert** av politiet.

1   Dommeren leste opp dommen. → _____ ble lest opp _____.
2   Advokaten snøt klienten. → _____ ble snytt _____.
3   Mannen anmelder forbrytelsen. → _____ anmeldes _____.
4   Lommetyver stjeler ofte lommebøker. → _____ blir ofte stjålet _____.
5   Samfunnet skal hjelpe alle forbrytere. → _____ skal hjelpes _____.
6   Politiet finner sjelden stjålne varer. → _____ finnes sjelden _____.

B Look at the verbs in the passive sentences you have just completed in A. Try to identify the two ways in which the passive voice is formed in Norwegian.

When to use the passive voice

There are three main reasons for choosing to use a passive rather than an active structure:

1   The agent is unknown or not mentioned:

Mange offentlig ansatte blir utsatt for sjikane. (*Many public employees are subjected to harassment.*)

2   The focus is on something other than the agent:

Beredskapstroppen ble tilkalt for å forhandle med terroristene. (*The Emergency Response Unit was called in to negotiate with the terrorists.*)

3   The agent is long:

Gjerningsmannen ble jaktet av politiet som hadde vært på sporet av ham i over to år. (*The perpetrator was hunted by the police, who had been on his trail for over two years.*)

How to form the passive voice

Bli passive

In most cases the passive voice is constructed by using the auxiliary verb **å bli**, followed by the past participle of the main verb:

Han ble avhørt av Kripos. (*He was questioned by the National Criminal Investigation Service.*)

Den korrupte politikeren har blitt fengslet. (*The corrupt politician has been imprisoned.*)

-s passive

In some cases the passive voice can be constructed by adding **-s** to the infinitive. This same form is used both as the passive infinitive and as the passive present tense:

DNA-bevis <u>brukes</u> stadig mer i krimsaker. (*DNA evidence is used more and more in criminal cases.*)

Fingeravtrykk kan <u>brukes</u> til å identifisere en person. (*Fingerprints can be used to identify a person.*)

A simple past -s passive form does exist, but it is hardly ever used today. You might encounter it in some older texts, however. It is formed by adding an -s to the simple past tense active form:

Huset eides av en berømt smuglerbande.
(The house was owned by a famous smuggling gang.)

The following table summarizes when the **bli** and **-s** passive forms can be used.

	Present	Simple past	Modal + infinitive	Perfect	Pluperfect	Modal + perfect
bli passive	blir erstattet	ble erstattet	kan bli erstattet	har blitt erstattet	hadde blitt erstattet	må ha blitt erstattet
-s passive	erstattes		kan erstattes			

Sometimes **å være** *is used to form the perfect and pluperfect passive voice. In these cases the verb* **å bli** *can be omitted. Thus the sentence* **Han er fengslet på ubestemt tid** *(He has been imprisoned indefinitely) corresponds to* **Han har/er blitt fengslet på ubestemt tid** *(He has been imprisoned indefinitely) and both are equally correct. Notice that the English translations of both sentences are the same.*

C   Complete each sentence with the correct passive form of the verb in brackets.

1   Hvis du _____ (å mistenke) for noe kriminelt, blir du normalt først innkalt til avhør.
2   Banken er lukket i dag. Jeg tror den må _____ (å røve).
3   Jeg _____ (å stoppe) av politiet i går fordi jeg kjørte for fort.
4   Journalisten mente at den tiltalte hadde _____ (å straffe) for hardt.
5   «Jeg har _____ (å anklage) på feil grunnlag», uttalte den tidligere høyesterettsdommeren.
6   Krigsfanger må ikke _____ (å utsette) for overgrep.
7   Drapsmannen _____ (å skyte) av politiet under flukten fra fengselet.
8   «Jeg tror at juryen vil _____ (å røre) av din historie», sa advokaten.

D Change the actives to passive and passives to active. Think about whether you need an agent.

1 Mord og mordforsøk blir alltid etterforsket av politiet.

_____

2 Unge mennesker laster ned mye ulovlig musikk.

_____

3 Man bør anmelde narkotikalovbrudd til politi og tollvesen.

_____

4 De pårørende har blitt tilbudt krisehjelp av vår psykolog.

_____

5 Rettsvesenet skal behandle alle på samme måte.

_____

6 Helsedirektoratets modell «Ansvarlig alkoholhåndtering» benyttes av politi og kommune.

_____

7 Pyromanen ble pågrepet av blokkens beboere.

_____

8 Alminnelige mennesker kan ikke bære våpen i Norge.

_____

-s verbs

1 Some verbs use the **-s** ending but are not passive. These verbs are mainly used in the present tense, though they can also be used in other tenses, particularly in formal contexts. These **-s** verbs can be divided into two groups, namely those that are reciprocal and those that are not.

2 Reciprocal verbs refer to two or more agents that are equally involved in carrying out the verb's meaning. There are three ways in which the agents can be expressed:

   a   the subject is a plural noun or pronoun.

   Bandene sloss om kontroll over det lokale narkotikasalget. (*The gangs fought for control of local drug sales.*)

   Vi sees i retten! (*See you in court!*)

   b   the subject consists of two or more agents.

   Mens han var i fengsel, ringtes han og kona hver dag. (*While he was in prison, he and his wife called each other every day.*)

   c   the subject is singular and the second agent is introduced with a preposition (often **med**).

   En del småkriminelle slåss med lav selvaktelse. (*Many petty criminals struggle with low self-esteem.*)

Infinitive	Present	Past	Past participle
å møtes (*to meet each other*)	møtes	møttes	møttes
å ringes (*to call each other*)	ringes	ringtes	ringtes
å sees/ses (*to see each other*)	sees/ses	sås	settes
å skilles (*to separate, part from each other*)	skilles	skiltes	skiltes
å slåss (*to fight each other*)	slåss	sloss	slåss
å snakkes (*to talk with each other*)	snakkes	snaktes	snakkes
å treffes (*to meet each other*)	treffes	treftes	treftes

 Remember that most reciprocal verbs also have a non-reciprocal counterpart: **å møte/å møtes, å ringe/å ringes, å se/å sees**, *etc.*

3 Some common non-reciprocal **-s** verbs are:

Infinitive	Present	Past	Past participle
å finnes (*to exist, be*)	finnes/fins	fantes	funnes
å høres (ut) (*to sound*)	høres (ut)	hørtes	hørtes
å lenges (*to long*)	lenges	lengtes	lengtes
å lykkes (*to succeed*)	lykkes	lyktes	lyktes
å minnes (*to remember*)	minnes/mins	mintes	mintes
å skyldes (*to be due to*)	skyldes	skyldtes	skyldtes
å spørres (*to be rumoured/to depend*)	spørres/spørs	spurtes	spurtes
å synes (*to think*)	synes/syns	syntes	syntes
å trives (*to enjoy oneself/to thrive*)	trives/trivs	trivdes	trivdes

Det finnes mange grunner til at folk blir kriminelle. (*There are many reasons why people become criminals.*)

Privatdetektiven lyktes i å oppspore de hemmelige bankkontoene til mannen hennes. (*The private detective succeeded in tracking down her husband's secret bank accounts.*)

Ulykken skyldtes promillekjøring. (*The accident was due to drink-driving.*)

Note that the two forms of the verb **å spørres** *have come to mean different things. The short form* **spørs** *is used in the idiomatic expressions* **det spørs** (it depends, it's doubtful) *and* **det spørs om** (the question is if/whether), *while the form* **spørres** *is a synonym of* **å ryktes** (it's been told, it's rumoured). *Remember that* **spørres** *can also be the passive form of the active verb* **å spørre** (to ask).

Ikke alle var enige i at hun var skyldig. Det spørs hvem du snakket med. (Not everyone agreed that she was guilty. It depends who you talked to.)

Det spørs om vi vinner rettssaken. (The question is whether we will win the trial.)

Det spørres om foreldrene har hatt mistanke om at deres barn hadde blitt mobbet uten å reagere. (There are rumours that the parents suspected that their child had been bullied but didn't react.)

E Complete the sentences with the appropriate -s verb (either reciprocal or non-reciprocal).

> finnes/fins – høres – lykkes – møtes – skyldes – slåss – spørs

1   Ekspertene blir like forundret hver gang det _____ hackere å få tak i følsomme opplysninger fra firmaenes servere.
2   Det _____ ingen entydig definisjon av begrepet organisert kriminalitet.
3   Mange mener at kriminelle skal straffes hardt, men det _____ hvor effektivt det vil være.
4   Ungdommer fra forskjellige byer avtaler ofte å _____ på øde steder for å _____ .
5   Han var uenig i lovforslaget og uttalte: «Det _____ lettvint ut, men det er som å skyte spurv med kanoner.»
6   I det siste har det vært mer fokus på bekjempelsen av fiskerikriminalitet. Det _____ at omtrent hver fjerde fisk internasjonalt omsettes eller fanges illegalt.

F Choose between the -s form and the non -s form in the sentences.

1   Jeg skal **møte/møtes** opp i retten i morgen klokka ni.
2   Politiet ønsker å **snakke/snakkes** med en mistenkelig mann som ble observert rett ved gjerningsstedet.
3   Det **finne/finnes** ikke bevis for at min klient var til stede den pågjeldende kvelden.
4   Kan vi **ringe/ringes** når jeg har snakket med de andre vitnene?
5   Vi har ikke tid til å **se/sees** på din sak før neste uke.
6   Dommere må ofte **treffe/treffes** vanskelige beslutninger.
7   En erfaren politimann kan noen ganger **høre/høres** om noen lyver.
8   Etter rettssaken var det ikke mulig for dem å **skille/skilles** som venner.

📖 Reading

G Read the beginning of the text about being a lay judge, then answer the question.

Hvorfor finnes det lekdommere i rettssaker?

---

 www.meddommerinorge.no

Meddommer

Dette er siden for deg som allerede er eller vil bli meddommer. Meddommere blir også kalt lekdommere, som er en fellesbetegnelse på meddommer og jurymedlem.

Lekdommere spiller en viktig rolle i vårt rettssystem. De har samme ansvar og myndighet som domstolens fagdommer i den enkelte sak. Det er ikke noe krav til lekdommerens faglige bakgrunn. Dette er fordi en tiltalt skal dømmes av sine likemenn. Det er kommunen som velger lekdommere, så de kan kontaktes hvis du er interessert.

Nedenfor finnes det svar på noen generelle spørsmål.

H Now read the rest of the text and answer the questions.

 www.meddommerinorge.no

Hvordan velges lekdommere?

For hver tingrett skal det være to utvalg av lekfolk (ett for kvinner og ett for menn) som meddommerne må trekkes fra. Det samme gjelder lagmannsrettene. Domstolloven stiller visse krav til hvem som kan velges til lekdommer: Blant annet må du være fylt 21 år og være under 70 år, ha stemmerett og være valgbar til kommunestyret. Du må være norsk eller nordisk statsborger eller være registrert i folkeregisteret som bosatt i Norge de siste tre årene. Det er også et vilkår at du snakker og forstår norsk.

Har jeg møteplikt?

Alle som står i utvalget over lekdommere, og som blir trukket ut til å gjøre tjeneste i en sak, har møteplikt. Hvis du vil bli fritatt fra å møte i en sak, må du sende en skriftlig søknad til domstolen så snart som mulig etter at innkallingen er kommet i posten. En bekreftelse på fritaksgrunnen må vedlegges, som for eksempel legeerklæring eller erklæring fra arbeidsgiver.

I hvilke saker deltar meddommere?

Meddommere blir innkalt for å delta i straffesaker i tingretten. De deltar også i lagmannsretten i saker hvor skyldspørsmålet skal avgjøres, og dessuten i saker hvor det skal utmåles straff for alvorlige forbrytelser. I Høyesterett er det ikke lekdommere.

1 Hvor gammel skal man være for å kunne bli valgt som lekdommer?

_____

2 Hvilken språkkompetanse kreves det?

_____

3 Hvordan blir man innkalt som lekdommer?

_____

4 Hvordan kan man bli fritatt fra å gjøre tjeneste som lekdommer?

_____

5 Er det lekdommere i alle rettssaker?

_____

V

et folkeregister	_population register_	**en meddommer**	_lay judge_
et kommunestyre	_municipal council_	**et skyldspørsmål**	_question of guilt_
en lagmannsrett	_court of appeal_	**en tingrett**	_district court_
en legeerklæring	_medical certificate_	**å utmåle**	_mete out / give out_
(et) lekfolk	_lay person/people_		_(punishment)_

I   Find the verbs in the text in the passive voice that match the following definitions. Write both the passive structure and the infinitive of the main verb.

	Definition	Passive structure	Infinitive
Example:	å velge tilfeldig	må trekkes	å trekke
1	å avsi dom		
2	å sette seg i forbindelse med		
3	å peke ut		
4	å spare, å la slippe		
5	å tilføye		
6	å invitere eller beordre til møte		
7	å bestemme		
8	å fastsette		

J Find the odd one out.

1 domstol | lenestol | rettssystem | tingrett
2 autoritet | makt | myndighet | rådgiver
3 fylke | kommune | område | stat
4 betingelse | forutsetning | utvikling | vilkår
5 attest | bekreftelse | erklæring | piece
6 ansatt | arbeidsgiver | avdelingsleder | sjef
7 bot | fengsel | gevinst | straff
8 advarsel | avgjørelse | beslutning | bestemmelse

K Add one of the prefixes mis-, til- or u- to make the word that matches the English.

1 _____skyldig (*innocent*)
2 en _____tanke (*a suspicion*)
3 å _____tale (*to charge, prosecute*)
4 _____lovlig (*illegal*)
5 _____myndig (*underage*)
6 å _____handle (*to abuse*)
7 å _____stå (*to confess*)
8 _____betinget (*unconditional*)

Writing

L Write a brief description (about 100 words) of a crime you have witnessed or read about. When summarizing and describing the events, focus on using the passive voice and -s verbs. The following questions may help you to structure your description:

▶ Hva slags kriminalitet ble du vitne til?
▶ Hva skjedde?
▶ Ble politiet tilkalt?
▶ Hvordan endte det?
▶ Hvordan reagerte du?

Self-check

Tick the box which matches your level of confidence.

1 = very confident   2 = need more practice   3 = not confident

Sett kryss i tabellen for å vise hvor sikker du føler deg.

1 = veldig sikker   2 = trenger mer øvelse   3 = usikker

	1	2	3
Recognize and form the passive voice.			
Use both the **bli** passive and **-s** passive correctly.			
Distinguish between passive verbs and **-s** verbs.			
Can scan longer text in order to locate desired information and understand relevant information in everyday material, such as short official documents. (CEFR B1)			
Can write about past events. (CEFR A2)			

16 Jeg kom gående forbi en bokhandel…

I was walking past a bookshop…

In this unit you will learn how to:

- ✓ Recognize present and past participles used as adjectives or verbs.
- ✓ Form present and past participles.
- ✓ Form complex verb phrases using the present participle.

CEFR: Can read articles and reports concerned with contemporary problems in which the writers adopt particular attitudes (book review) (B2); Can summarize, report and give opinions about accumulated factual information on familiar matters with some confidence (B1).

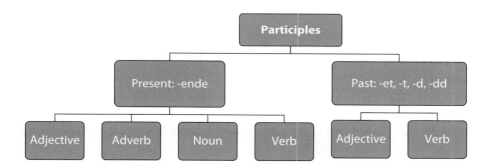

Meaning and usage

Present participles

1   Present participles can have different functions. They are most frequently used as adjectives:

Hun er en veldig <u>sjarmerende</u> skuespiller. (*She is a very charming actor.*)

Regissøren syntes at skuespilleren var veldig <u>sjarmerende</u>. (*The director thought that the actor was very charming.*)

2   Present participles can also be used as adverbs. In this case they are normally used in front of an adjective:

Hun danser <u>imponerende</u> godt. (*She dances impressively well.*)

3   Present participles are often used as nouns when they refer to a group of people who are defined by what they do:

Alle <u>de pårørende</u> var til stede på minnekonserten. (*All the (bereaved) relatives were present at the memorial concert.*)

4   Present participles are used with other verbs to indicate the way in which the action expressed by the finite verb, i.e. the first verb, in the sentence is being performed. This often corresponds to an English progressive structure:

Operasangeren trådde <u>syngende</u> fram på scenen. (*The opera singer stepped onto the stage singing.*)

Past participles

1   Past participles can have two functions. They are most frequently used as verbs, to form the perfect tense, the pluperfect tense or the passive voice:

Etter at nettserien *Skam* hadde <u>blitt</u> populær i Norge, ble konseptet <u>solgt</u> til utlandet. (*After the web series Skam had become popular in Norway, the concept was sold abroad.*)

2   Past participles can also be used as adjectives:

Han var <u>spent</u> før premieren. (*He was excited/nervous before the premiere.*)

«Folk kritiserer allitid nye forfattere», forklarte en <u>spent</u> debutant til NRK. (*'People always criticize new authors,' an excited debutant explained to NRK.*)

NRK *or* **Norsk rikskringkasting** *is the Norwegian Broadcasting Corporation.* **NRK** *has three main TV channels and a number of radio stations. Many programmes are available online for free and it is a good resource for self-study. A good starting point is* **NRK Skole***: www.nrk.no/skole/*

A   **Identify the present and past participles in this text. Indicate whether they are used as adjectives, adverbs or verbs.**

Jeg kan fremdeles huske min første audition. Jeg var tretten år gammel og hadde kjørt til Oslo med foreldrene mine. Jeg har fått vite senere at jeg var irriterende, for jeg var ikke i tvil om at jeg ville få rollen som Jesper i *Folk og røvere i Kardemomme by*. På teatret kom den ansvarlige smilende bort til meg og hilste og sa at jeg bare kunne begynne. Jeg ble stående en stund og stirre rett ut i lufta, ville virke imponerende og overlegen, men nettopp da jeg skulle til å starte, sa han: «Takk for det, vi har visst hørt det vi skulle». Jeg var sjokkert og løp gråtende til garderoben hvor jeg ble sittende og gråte inntil mor hentet meg en halvtime senere. Det var siste gang jeg var så arrogant på en audition!

	Present participle	Past participle
Adjective		
Adverb		
Verb		

B   Complete the sentences with present and past participles from the box.

> anspent – døende – irriterende – kjent – leende – reisende – rystende

1   Jeg syntes at utstillingen var _____ dårlig.
2   De _____ på togstasjonen ble overrasket av en stor flash mob.
3   Dirigenten var veldig _____ før konserten.
4   Publikum kom _____ ut fra komikerens nyeste show.
5   Han var allerede en _____ skuespiller da han fikk tilbudt rollen som Peer Gynt.
6   Maleriet «Det _____ barn» er utstilt på Nasjonalmuseet for kunst, arkitektur og design i Oslo.
7   Det er _____ at alle billettene til Operafestivalen allerede er utsolgt.

How to form present participles

1   The present participle is formed by adding -**ende** to the stem of the verb. If the verb doubles the consonant in the infinitive, it also doubles the consonant in the present participle:

Infinitive	Stem	Present participle
å løpe (*to run*)	**løp**	**løpende** (*running*)
å gå (*to walk/go*)	**gå**	**gående** (*walking/going*)
å komme (*to come*)	**kom**	**kommende** (*coming*)

2   When used as adjectives, present participles remain unchanged, i.e. they do not add different endings. The comparative and superlative are formed using **mer** (*more*) and **mest** (*most*):

Det var et <u>provoserende</u> teaterstykke – det mest <u>provoserende</u> jeg noensinne har sett. (*It was a <u>provocative</u> play – the most <u>provocative</u> one I have ever seen.*)

3   When used as nouns, present participles are inflected like other adjectives that are used as nouns:

Singular		Plural	
Indefinite	**Definite**	**Indefinite**	**Definite**
en besøkende (*a visitor*)	**den besøkende** (*the visitor*)	**besøkende** (*visitors*)	**de besøkende** (*the visitors*)

<u>De besøkende</u> fikk en sjanse til å snakke med kunstneren. (*<u>The visitors</u> had an opportunity to talk with the artist.*)

4   When used as verbs, present participles are preceded by a verb in the present or past tense. This structure is used with:

a   verbs of motion (e.g. **å gå** (*to go*) or **å komme** (*to come*)) followed by another verb of motion (e.g. **å gå** (*to walk/go*) or **å sykle** (*to cycle*)) or a verb expressing feelings or emotions (e.g. **å gråte** (*to cry*) or **å smile** (*to smile*)).

Filmen var så rørende at folk kom <u>gråtende</u> ut fra kinoen. (*The film was so touching that people came out of the cinema <u>crying</u>.*)

b the verb **å bli** (*to become/stay*) followed by a verb denoting position (e.g. **å sitte** (*to sit*) and **å ligge** (*to lie*)).

Henrik Ibsen forlot Norge i 1864 og ble <u>boende</u> i utlandet i mange år. (*Henrik Ibsen left Norway in 1864 and <u>stayed abroad</u> for many years.*)

The auxiliary verb **å bli** (*become*) can be followed by a present participle, the coordinating conjunction **og** (*and*) and an infinitive: **Han ble stående og tenke** (*he <u>remained standing and continued to think</u>*). This structure is used to emphasize that the actions expressed by both verbs – **stå** (*stand*) and **tenke** (*think*) – are happening simultaneously. This is particularly common with **stående** (*standing*), **liggende** (*lying*) and **sittende** (*sitting*).

Folk var så imponerte over pianisten at de <u>ble stående og klappe</u> lenge. (*People were so impressed by the pianist that they <u>remained standing, clapping,</u> for a long time.*)

C Complete the sentences with the present participles from the box.

> **avgående – gjenkjennende – gripende – gående – hamrende**

1 Den _____ museumsdirektøren holdt en fin tale.
2 Dokumentaren var veldig _____.
3 Når naboen min øver på fiolinen sin, får jeg alltid en _____ hodepine.
4 Mange i salen nikket _____ da foredragsholderen snakket om opplevelsene sine.
5 Demonstrantene ropte: «Gi sentrum tilbake til de _____».

D Use the verbs in brackets to complete these sentences according to the example.

Example:

Han _____ (å komme + å gå). ⟶ Han *kom gående*.

1 Sirkusdirektøren _____ (å gå + å banne) rundt og lette etter kanonkongen.
2 Billedhuggeren _____ (å bli + å stå + å hugge) mens hans lærlinger prøvde å slukke brannen.
3 Publikum _____ (å sitte + å måpe) da orkesteret nektet å spille videre.
4 Akrobaten _____ (å komme + å sykle) på veltepetteren sin.

How to form past participles

1 Most past participles of regular and irregular verbs end in **-et**, **-t**, **-d** or **-dd**:

Verb groups	Past participle
Group one have a stem ending in more than one consonant	past participle ending in -et **Jeg har <u>jobbet</u> lenge med det nye albumet mitt.** (*I have worked/been working on my new album for a long time.*)
Group two have a stem ending in one consonant	past participle ending in -t **Hvem har <u>komponert</u> musikken til denne forestillingen?** (*Who has composed the music for this show?*)

Group three have a stem ending in a single **-v** or **-g**, or in the diphthongs **-ei** or **-øy**	past participle ending in **-d** **Bandet mitt har leid et stort øvingslokale.** (*My band has rented a large practice room.*)
Group four single-syllable verbs with a stem ending in a stressed vowel	past participle ending in **-dd** **Som musiker har hun oppnådd nesten alt.** (*As a musician she has achieved almost everything.*)
Irregular verbs	past participle ending in **-et**, **-t**, **-d**, **-dd** **Jeg har alltid vært stor fan av a-ha.** (*I have always been a big fan of a-ha.*)

2 When used as verbs, past participles are preceded by:

a **å ha** or **å være** in order to form the perfect tense and the pluperfect:

Vigdis Hjorth har vunnet Kritikerprisen to ganger. (*Vigdis Hjorth has won the Norwegian Critics' Prize twice.*)

b **å bli** in order to form the passive voice:

I 2017 ble Vigdis Hjorth nominert til Nordisk råds litteraturpris. (*In 2017 Vigdis Hjorth was nominated for the Nordic Council's Literature Prize.*)

3 When used as adjectives, past participles add inflectional endings:

a Past participles ending in **-t**, **-d** and **-dd** behave as adjectives with only two forms. These add no ending in the singular and **-e** in the plural and definite forms:

Han har blitt en kjent forfatter. (*He has become a famous author.*)

De er begge kjente forfattere. (*They are both famous authors.*)

Hva heter det kjente forlaget som utga Jo Nesbø på engelsk? (*What is the name of the famous publisher that published Jo Nesbø in English?*)

b Past participles of regular verbs ending in **-et** add no ending in the singular. In the plural and definite forms they either add **-e** or can replace the ending **-ete** with the alternative ending **-ede**. Both **-ete** and **-ede** are equally correct:

Moderne klassisk musikk tiltaler kun et begrenset publikum. (*Modern classical music only appeals to a limited audience.*)

Den etterfølgende konserten ble avlyst på grunn av den begrensede/begrensete publikumsinteressen. (*The following concert was cancelled due to the limited interest from the public.*)

Det var ikke mange som dukket opp på konserten på grunn av de begrensede/begrensete transportmulighetene. (*Not many people came to the concert because of the limited transport options.*)

c Past participles of irregular verbs ending in **-et** can either add no ending in the singular or replace the ending **-et** with the alternative ending **-en** in the masculine and feminine singular. In the plural and definite forms they always replace the ending **-et** with the ending **-ne**:

Det er alltid spennende å lese en <u>nyskrevet/nyskreven</u> roman. (*It is always exciting to read a <u>newly written</u> novel.*)

Det er alltid spennende å lese et <u>nyskrevet</u> manus. (*It is always exciting to read a <u>newly written</u> manuscript.*)

Det var spennende å lese den <u>nyskrevne</u> romanen hennes. (*It was exciting to read her <u>newly written</u> novel.*)

Det var spennende å lese det <u>nyskrevne</u> manuset hennes. (*It was exciting to read her <u>newly written</u> manuscript.*)

E   Complete the sentences with the past participle of the verbs in brackets.

1 Han har _____ (å dirigere) orkesteret siden han var 23 år gammel.
2 _____ (å rette) manuser skal alltid kopieres før de sendes ut til forfattere.
3 Hun hadde _____ (å øve) på soloen i mange timer.
4 Regissøren forsikret et _____ (å bekymre) publikum om at skuespilleren ikke hadde blitt skadet i fallet.
5 Mange nordiske dramatikere som Henrik Ibsen ble _____ (å inspirere) av Georg Brandes.
6 Stykket ble _____ (å kritisere) for avslutningen.
7 De _____ (å stjele) musikkinstrumentene ble heldigvis funnet igjen.

Vocabulary

F   Complete the following sentences with one of the participles from the box.

anerkjente – moderniserte – respektert – underholdende – utøvende

1 Skolebarn leser ofte _____ utgaver av Ibsens verk.
2 Det man først tenker på som underholdning er gjerne _____ kunst.
3 Klassiske komedier kan faktisk være ganske _____.
4 Selv _____ kunstnere kan ha det vanskelig med å selge sitt verk.
5 Edvard Munch var _____ i sin egen tid.

G   Match these nouns with the entertainment with which they are normally associated.

(en) balkong – (en) filmstjerne – (et) kabinett – (en) kameramann – (en) kulisse – (et) kunstverk – (en) monter – (et) parterr – (en) programleder – (et) sceneteppe – (et) sett – (en) utstilling

Fjernsyn	
Museum	
Teater	

 **Reading**

H   Read the first part of the book review and answer the question.

Hva var grunnene til at personen kjøpte boka?

_____

_____

_____

Det hadde vært lenge siden jeg leste ei bok av en forfatter jeg ikke kjente i forveien. Derfor hadde jeg gledet meg oppriktig til å lese Johan Borgens _Lillelord_, og jeg ble ikke skuffet. Jeg oppdaget faktisk boka ved en tilfeldighet da jeg kom gående forbi en bokhandel. Jeg ble særlig fanget av personen på bokomslaget, en evig svevende skihopper, og ble stående lenge og tenke på hva han måtte føle mens han hang der. Jeg bestemte meg for å kjøpe boka og leste den ferdig på bare ei helg. Kort fortalt handler boka om Wilfred Sagen, som blir kalt «Lillelord» av sin mor. Han vokser opp i Kristiania, som ble til Oslo i 1925, i årene rett før første verdenskrig.

I   Now read the rest of the book review and answer the questions.

Romanen fokuserer på en periode på ca. atten måneder, fra tidlig i 1912 til høsten 1913, da Wilfred er fjorten eller femten år gammel. Han er et veslevoksent enebarn, elsket av familien, og han er intellektuelt langt forut for sin klasse. Han er også en begavet pianist og sofistikert kunstelsker. Likevel er det en annen Wilfred bak denne polerte fasaden, en eventyrer som oppsøker risiko, som sniker seg ut av huset om natta og streifer omkring i gatene i Kristiania. Han blir det ledende medlemmet i en gjeng gutter som stjeler og begår annen kriminalitet. Etter hvert som tiden går, blir det stadig vanskeligere for ham å holde de to sidene av sin personlighet atskilte, og han ender med å få et sammenbrudd.

Dette er en dannelsesroman, en studie av en ung gutt som vokser opp og av hans intellektuelle, emosjonelle og seksuelle innvielse i voksenlivet. Det er en studie av psykose, og et portrett av kunstneren som ung mann. Det er også en byroman, og leseren kan følge Wilfreds utflukter rundt på kartet over Kristiania/Oslo fra hjemmet på Drammensveien, tvers over bukta med ferge til den pastorale idyllen på Bygdøy og med trikk gjennom Østkantens fattigdom. Boka er en kulturell og historisk studie av et helt samfunn, som er på randen av en ødeleggende omveltning som vil forandre livene til alle samfunnets medlemmer for godt.

Alt i alt synes jeg at boka er velskrevet, og jeg anbefaler den til alle som er interesserte i moderne norsk kultur og litteratur.

1 Hvilke egenskaper har Wilfred?
_____

2 Hvilken rolle har han i forhold til de andre guttene?
_____

3 Hva betyr det at romanen er en byroman?
_____

4 Hvilken tilstand er Norge i ifølge anmeldelsen?
_____

Johan Borgen (1902–79) was a Norwegian author and journalist from Oslo. During the Second World War he criticized the Nazis. Since Norway was occupied by Germany at the time, he was arrested and sent to a prison camp. After his release, he fled across the border to Sweden, which was a neutral country. After the war he wrote many books, and in 1965 he received **Bokhandlerprisen** *(the Norwegian Booksellers' Prize) for Lillelord (Little Lord).*

J Complete these sentences with the correct words from the box.

> atskilte – elsket – ledende – polert – ødeleggende

1 Johan Borgen var en _____ norsk forfatter.
2 Det er noen som synes at neoklassisistisk kunst er for _____ .
3 Bjørnstjerne Bjørnson var en _____ figur i Sedelighetsfeiden.
4 Treblåsere, messingblåsere og strykere er normalt _____ under en konsert.
5 Mange trodde at TV-en ville ha en _____ virkning på teatret.

K Find words and expressions from the Reading that match these definitions.

1   En person som er veldig glad i for eksempel malerier og statuer. _____
2   En gruppe personer som gjør ting sammen. _____
3   Noe som går imot loven og som man kan bli straffet for. _____
4   Når man ikke orker mer fordi man har opplevd mye motgang. _____
5   Kortvarig tur eller reise som man foretar for fornøyelses skyld. _____

L Split these compounds into the original separate words.

Example:

dannelsesroman ⟶ *dannelse(s) + roman*

1   universitetsbokhandelen   _____
2   skihopper   _____
3   verdenskrig   _____
4   voksenlivet   _____
5   byroman   _____

Writing

M Write a review of a book for a magazine (about 100 words). Include a variety of present and past participles. Focus on using them as adjectives and verbs, but try to include an example of a present participle functioning as an adverb or a noun. These questions may help you to structure your review:

▶ Når leste du boka, og hvorfor vil du skrive en anmeldelse av den?
▶ Hva handlet boka om?
▶ Hva er dens hovedtema?
▶ Hva synes du om den, og ville du anbefale den til andre?

_____
_____
_____
_____
_____
_____
_____
_____
_____
_____
_____

Self-check

Tick the box which matches your level of confidence.

1 = very confident   2 = need more practice   3 = not confident

Sett kryss i tabellen for å vise hvor sikker du føler deg.

1 = veldig sikker   2 = trenger mer øvelse   3 = usikker

	1	2	3
Recognize present and past participles used as adjectives or verbs.			
Form present and past participles.			
Form complex verb phrases using the present participle.			
Can read articles and reports concerned with contemporary problems in which the writers adopt particular attitudes (book review). (CEFR B2)			
Can summarize, report and give opinions about accumulated factual information on familiar matters with some confidence. (CEFR B1)			

17 Det er derfor dagen heter grunnlovsdagen

That is why this day is called Constitution Day

In this unit you will learn how to:

✓ Distinguish between **det** as real and 'dummy' subject.

✓ Form different types of **det** sentences.

✓ Recognize and form cleft sentences.

CEFR: Can understand the description of events, feelings and wishes in personal letters (B2); Can write notes conveying simple information of immediate relevance to friends, service people, teachers and others who feature in his/her everyday life, getting across comprehensibly the points he/she feels are important (B1).

Mange julegaver	ligger	under juletreet.
Subject	Verb	Adverbial

Det	ligger	mange julegaver	under juletreet.
Dummy subject	Verb	Real subject	Adverbial

Meaning and usage

Det sentences

1 **Det** can be used as a subject in two different ways: as the real subject and as a 'dummy' subject: a subject that carries no meaning but is used for grammatical or stylistic reasons. See these examples:

Jeg fikk et påskeegg av kjæresten min, og det smakte kjempegodt. (*I got an Easter egg from my girlfriend/boyfriend and it tasted really good.*)

Here, **det** is the real subject of the verb **smakte**. It is a personal pronoun replacing **et påskeegg**.

Det er påske i morgen. (*It's Easter tomorrow.*)

Here, **det** (*it*) is a dummy subject as it does not refer to anything and carries no meaning. It is a purely grammatical subject and is only in the sentence because Norwegian requires an explicit subject.

2 **Det** can also be used as a dummy subject in order to postpone the real subject of a sentence. This type of **det** sentence is used in three cases:

a to present new information, which Norwegian has a tendency to put towards the end of the sentence, just before any adverbials:

Det kom <u>mange mennesker</u> til min sønns dåp. (*Many people came to my son's baptism.*)

b to begin a sentence with simple, short structures, as Norwegian has a tendency to put more complicated structures such as subordinate clauses and infinitives at the end of the sentence:

Det er viktig <u>å ha tid til å kose seg med familien</u>. (*It is important to have time to enjoy yourself with your family.*)

c to put emphasis on a particular element in the sentence for stylistic reasons:

Det er <u>med vennene</u> man skal feire nyttårsaften. (*It's with your friends that you should celebrate New Year's Eve.*)

It helps to remember that there, it *and* that *can all be translated with* **det**. *It would be idiomatic in Norwegian to say* **Det er fortsatt tid til å kjøpe en gave til brudeparet**, *while in English you would say* <u>There</u> *is still time to buy a present for the bride and groom. Also remember that the dummy subject construction is used much more in Norwegian than in English, where it is mainly used when the verb expresses existence.*

A Identify whether det is a real or a dummy subject in these sentences.

		Real subject	Dummy subject
1	Jeg håper at <u>det</u> kommer til å snø på julaften.		
2	Bryllupet til venninna mi var veldig flott, men <u>det</u> må ha kostet flesk.		
3	<u>Det</u> er til pinse vi har invitert hele familien til middag.		
4	Jeg synes at <u>det</u> er en underlig tradisjon å brenne ei heks til sankthans.		
5	Har du husket å kjøpe et juletre? Jeg elsker når <u>det</u> står i stua.		

B Match these sentences with the correct explanation of why det has been used as a dummy subject.

	Sentence		Explanation
1	Det banker på døra! Kanskje har julenissen kommet?	a	There is no real subject in the sentence.
2	Det er barna som gleder seg mest til julaften.	b	The real subject is a heavy element.
3	Det sies at julenissen bor i Finland.	c	The sentence puts emphasis on one element.
4	Det står en mann i rød drakt utenfor døra!	d	The sentence presents new information.

How to form **det** sentences

1   Using **det** as the subject is the only option when there is no real subject. This is the case in these instances:

a   in impersonal sentences about weather and climate conditions.
Det snødde på 17. mai i fjor. Det var virkelig kaldt. (*It snowed on 17 May last year. It was really cold.*)

b   in sentences about time.
Det er nyttårsaften i morgen. (*It's New Year's Eve tomorrow.*)

c   in sentences expressing feelings or senses.
Jeg gråt så mye i bryllupet i går at det svir i øynene i dag. (*I cried so much at the wedding yesterday that my eyes are stinging today.*)

d   in other impersonal constructions where there is no clear agent.
Jeg hadde nettopp kommet hjem fra min venns begravelse da det ringte. (*I had just come home from my friend's funeral when the phone rang.*)

2   There are a number of cases where Norwegian prefers to use **det** as the dummy subject and move the real subject to later in the sentence. This construction is used with intransitive verbs that express existence (**å være** (*to be*)) or the lack of it, (e.g. **å finnes** (*to exist*) and **å trenges** (*to be needed*)), position (e.g. **å ligge** (*to lie*) or **å henge** (*to hang*)) and movement (e.g. **å gå** (*to walk*) and **å løpe** (*to run*)) in these instances:

a   when the real subject is in the indefinite form.
Det finnes <u>forskjellige tradisjoner</u> i ulike landsdeler. (*There are different traditions in different parts of the country.*)

b   when the real subject is in the infinitive.
Siden 2009 er det tillatt <u>å inngå kjønnsnøytrale ekteskap</u> i Norge. (*Since 2009 it has been legal to enter into gender-neutral marriages in Norway.*)

c   when the real subject is a subordinate clause.
Det var morsomt <u>at faren min alltid kledde seg ut som julenissen</u>. (*It was funny that my father always dressed up like Father Christmas.*)

Both **Det ligger mange pakker under treet** (There are many presents under the tree) *and* **Mange pakker ligger under treet** (Many presents are under the tree) *are grammatically correct. The difference between these constructions is stylistic: using* **det** *is the normal and unmarked structure, while not using* **det** *sounds more formal or literary.*

3 **Det** can be used stylistically, to give emphasis to a specific part of the sentence. These types of sentences are normally referred to as 'cleft sentences'. The structure of the sentence is **det** followed by **er** or **var**, depending on the tense in the original sentence, followed by the focus element. If this is a pronoun, it will be in the same form it would have been in a non-cleft sentence:

Han ga kjæresten sin blomster på valentinsdagen. (*He gave his girlfriend flowers on Valentine's Day.*)

→ **Det var <u>han</u> som ga kjæresten sin blomster på valentinsdagen.** (*It was him who gave his girlfriend flowers on Valentine's Day.*)

The flexibility offered by cleft sentences can best be illustrated by looking at the different ways in which a sentence e.g. **Han ga henne julegaven i november** (*He gave her the Christmas present in November*) can be rewritten focusing on different parts of the sentence.

a Focusing on the subject, in which case the subject is followed by a relative clause introduced by **som**:

Det var <u>han som</u> ga henne julegaven i november. (*It was him who gave her the Christmas present in November.*)

b Focusing on the direct object:

Det var <u>julegaven</u> han ga henne i november. (*It was the Christmas present he gave her in November.*)

c Focusing on the indirect object:

Det var <u>henne</u> han ga julegaven i november. (*It was her he gave the Christmas present to in November.*)

d Focusing on the adverbial:

Det var <u>i november</u> han ga henne julegaven. (*It was in November that he gave her the Christmas present.*)

C **Translate these sentences where there is no real subject from English into Norwegian.**

1 It is too foggy outside for fireworks.

_____

2 There are too many Santa Clauses at this Christmas party!

_____

3 It is the almond that you have to find in the rice pudding.

_____

4 There are many ways to celebrate Easter.

_____

Riskrem *is a typical Christmas dessert. It consists of rice porridge mixed with whipped cream; some people also add chopped almonds. A sweet sauce made from raspberries or cherries is often served as a topping. A whole almond is hidden in the* **riskrem** *and whoever finds it receives a small gift, often a marzipan pig.*

D Rewrite these sentences starting with det.

Example:

Et påskeegg sto på bordet. ⟶ *Det sto et påskeegg på bordet.*

1 Å ha bursdag på julaften kan være litt irriterende.

   _____

2 At par feirer valentinsdagen er en forholdsvis ny tradisjon i Norge.

   _____

3 Ca. 23 millioner egg spises i løpet av de fem påskedagene.

   _____

4 Å plukke inn bjørkegreiner og lage fastelavnsris er vanlig i Norge.

   _____

5 Ca. 42 000 barn ble døpt i 2010.

   _____

Fastelavn *is the name for Shrovetide or Carnival in the Nordic region. It consists of three days which start with* **Fastelavnssøndag** (Shrove Sunday) *and continue with* **Blåmandag** (Shrove Monday) *and* **Feitetirsdag** (Shrove Tuesday or Fat Tuesday). *The term* **Fastelavn** *originally meant* fast-evening *and refers to the day before Lent. Norwegian traditions linked to this festivity include* **fastelavnsriset**, *decorated branches of trees (generally birch), and* **fastlavnsboller** (Shrovetide buns), *a sweet bun normally filled with custard.*

E Change these sentences using det to emphasize the underlined element.

Example:

Nordmenn feirer jul den 24. desember. ⟶ *Det er den 24. desember nordmenn feirer jul.*

1 Jeg elsker påskekrim.

   _____

2 Flere og flere ungdommer velger en humanistisk konfirmasjon.

   _____

3 Mange fyrverkeriskader skjer på grunn av beruselse.

   _____

4 Jeg ga en ny pc til foreldrene mine i anledning sølvbryllupet deres.

   _____

5 Foreldrene mine ble uvenner på min nieses navnefest.

   _____

Vocabulary

F Complete the **det** sentences with verbs from the box.

> feires – gratulere – invitere – pyntes – ønske

1 Det er fort gjort å glemme å _____ henne med dagen, for hun feirer aldri bursdagen sin.
2 Det er bjørkeris og ikke eikekvister som _____ med fjær i vakre farger til fastelavn.
3 Det er viktig å _____ gjester velkommen.
4 Når man har fødselsdag, er det vanlig å _____ familie og venner til bursdagsselskap.
5 Halloween er stort i USA, og det _____ stadig mer i Norge av både voksne og barn.

G Match these celebrations with the times.

	Celebration		Time
1	arbeidernes dag	a	etter ett års ekteskap
2	fastelavn	b	i åttende klasse
3	julaften	c	23.-24. juni
4	konfirmasjon	d	sju uker før første påskedag
5	Kristi himmelfartsdag	e	to dager før påskesøndag
6	langfredag	f	39 dager etter første påskedag
7	papirbryllup	g	1. mai
8	sankthans	h	24. desember

📖 Reading

H Read the first part of the invitation to the 17 May celebration and answer the question.

Hvorfor inviterer kommunen til 17. mai-fest?

_____

Invitasjon til 17. mai-arrangement

Det er en stor glede for kommunen å ønske alle velkommen til feiring av nasjonaldagen. Vi setter stor pris på om lokalmiljø, familie og kjente gjerne vil dele dagen med oss.

17. mai er Norges nasjonaldag, og dagen feires fordi Norge fikk sin egen grunnlov 17. mai 1814. Det er derfor dagen heter grunnlovsdagen.

Vi håper at veldig mange også i år vil ta på seg bunad eller tradisjonelle klær fra Norge eller andre land. Det er slike drakter som vil bidra til å skape en ekstra fargerik 17. mai.

Det finnes flere opplysninger om oppstillingsrekkefølge, 17. mai-ruta for togene og program for dagen på vårt nettsted.

Velkommen!

Dato: 17. mai 2017

Tid: kl. 8–16

Sted: Hvaler kommune

I   Now read the information from the website and answer the questions.

 www.javielsker.no

Arrangementskomitéen inviterer alle til 17. mai-feiring og presenterer festprogrammet

I år, som i fjor, vil vi flagge ved Rådhuset kl. 8, og det blir bekransning av Sjømannsmonumentet ved kirken. Det er musikkforeningen vår som er ansvarlig for korpsmusikken utover dagen.

Det vil være mulig å delta i barnetoget og folketoget fra St. Olavs kirke kl. 10. Begge togene oppløses ved torget. Det er skolene som har ansvar for barna under barnetoget, men det er viktig at foreldrene henter barna sine på avtalt sted kl. 10.30 etter at toget er ferdig.

På torget blir det arrangement og tale for dagen kl. 11. Dagen fortsetter med en markering på eldresenteret kl. 12. Musikkforeningen, ordføreren og elever fra den lokale ungdomsskolen deltar med sang og blomsterutdeling.

Fra kl. 13 til kl. 16 inviterer vi til feiring av nasjonaldagen ved hallen. Ta gjerne med noe å sitte på. Det vil være salg av grillmat, brus, is, kaffe, kaker og vafler samt flagg og sløyfer. Her blir det også leker for barna, lotteri og hyggelig samvær. Det kommer til å være noe for alle, men det er vårt store og varierte festprogram med kulturinnslag vi er mest stolte av. Vi er sikre på at alle kommer til å få en storartet dag!

OBS! Det vil være dårlig med parkeringsplasser, så hold bilen hjemme hvis du kan. Vi anbefaler også å ta med kontanter til kaféen. Husk at det er meldt dårlig vær på selve dagen. Ta med en paraply og varme klær hvis det regner og er kaldt.

Hjertelig velkommen!

Parades are an essential part of the celebrations of 17 May, Norway's national day. During these parades there are different types of processions: **barnetog** *(children's processions),* **folketog** *or* **borgertog** *(citizens' processions) and* **russetog** *(processions of Norwegian high-school students in their final spring semester).*

1 Hva skjer kl. 8?

_____

2 Hva er foreldrenes ansvar?

_____

3 Hva kan man kjøpe ved hallen?

_____

4 Hvordan blir været og hvilke råd gir arrangøren?

_____

_____

J Complete these sentences with a det structure from the box.

det vil være en stor glede – det er derfor – det var mulig – det er viktig – det vil være

1 _____ å kunne gratulere kongen og dronninga med deres 25-årsjubileum i morgen.

2 Noen mener at _____ å ivareta gamle tradisjoner.

3 _____ å filme og ta bilder under markeringen av samenes nasjonaldag i går.

4 _____ mange arrangementer under festivalen.

5 Hun skal gifte seg til våren. _____ hun har kjøpt seg en bunad.

K Find words and expressions from the Reading that match these definitions/synonyms.

1 årlig markering av noe viktig i et folks historie _____

2 konstitusjon _____

3 nasjonaldrakter _____

4 informasjon _____

5 prosesjonen _____

6 når man er sammen med andre _____

L   The verbs and nouns are from the text. Fill in the table accordingly.

#	Noun	Verb
1	en feiring	
2		å ønske
3		å flagge
4		å delta
5	et arrangement	
6	en tale	
7	en markering	
8		å invitere

✍ Writing

M   Write an invitation to an event or a private party (about 100 words). Try to use some **det** structures particularly to emphasize what the programme and/or entertainment for the event or party is. These questions may help you to structure your reply:

▶   Hvem er invitert?

▶   Når og hvor skal festen/markeringen holdes?

▶   Hva er anledningen?

▶   Hva er programmet for markeringen?/Hvordan skal du underholde dine gjester?

Self-check

Tick the box which matches your level of confidence.

　1 = very confident　　　2 = need more practice　　　3 = not confident

Sett kryss i tabellen for å vise hvor sikker du føler deg.

　1 = veldig sikker　　　2 = trenger mer øvelse　　　3 = usikker

	1	2	3
Distinguish between **det** as real and 'dummy' subject.			
Form different types of **det** sentences.			
Recognize and form cleft sentences.			
Can understand the description of events, feelings and wishes in personal letters. (CEFR B2)			
Can write notes conveying simple information of immediate relevance to friends, service people, teachers and others who feature in his/her everyday life, getting across comprehensibly the points he/she feels are important. (CEFR B1)			

18 Snart blir det bygdas årlige skikonkurranse!

Soon it'll be the annual local skiing competition!

In this unit you will learn how to:

- ✓ Use the genitive **-s** and form possessive constructions with **til**.
- ✓ Form compound nouns.
- ✓ Understand the difference in meaning when compound nouns are split up.

CEFR: Can scan quickly through long and complex texts, locating relevant details (B2); Can summarize, report and give opinions about accumulated factual information on familiar matters with some confidence (B1).

Meaning and usage

Genitive **-s** and possession with **til**

1 The genitive **-s** is a possessive marker. It is a simple way of demonstrating possession, belonging, or other types of relationship between nouns:

Arne har en båt.	⟶	**Det er <u>Arnes</u> båt.**
(*Arne has a boat.*	⟶	*It's Arne's boat.*)
Julie har ei vannflaske.	⟶	**Det er <u>Julies</u> vannflaske.**
(*Julie has a water bottle.*	⟶	*It's Julie's water bottle.*)
Kari har en sykkel.	⟶	**Det er <u>Karis</u> sykkel.**
(*Kari has a bicycle.*	⟶	*It's Kari's bicycle.*)
Det er den største begivenheten i hele året.	⟶	**Det er <u>årets</u> største begivenhet.**
(*It's the biggest event of the whole year.*	⟶	*It's the year's biggest event.*)

2   Often prepositions (most often **til**) are also used to indicate possession:

Alan har ei treningsklokke.	⟶	**Det er <u>treningsklokka til Alan</u>.**
(*Alan has a fitness watch.*	⟶	*That's Alan's fitness watch.*)
Bjarne har fjellsko.	⟶	**Det er <u>fjellskoene til Bjarne</u>.**
(*Bjarne has mountaineering boots.*	⟶	*Those are Bjarne's mountaineering boots.*)
Helén har en sykkelhjelm.	⟶	**Det er <u>sykkelhjelmen til Helén</u>.**
(*Helén has a cycling helmet.*	⟶	*That's Helén's cycling helmet.*)
Gunilla har et drikkebelte.	⟶	**Det er <u>drikkebeltet til Gunilla</u>.**
(*Gunilla has a hydration belt.*	⟶	*That's Gunilla's hydration belt.*)

3   Sometimes, especially after proper nouns, **sin/si/sitt/sine** can be used in place of the genitive **-s**. This is much less commonly used in Bokmål than the **-s** genitive, but it can be useful to recognize. It is known as the **garpegenitiv**:

Det er Arne <u>sin</u> båt. (*It's Arne's boat.*)

Det er Julie <u>si</u> vannflaske. (*It's Julie's water bottle.*)

Det er Gunilla <u>sitt</u> drikkebelte. (*It's Gunilla's hydration belt.*)

Det er Bjarne <u>sine</u> fjellsko. (*They're Bjarne's mountaineering boots.*)

A   **Identify the genitive constructions (using -s, til or the garpegenitiv) in this social media announcement about a local skiing competition.**

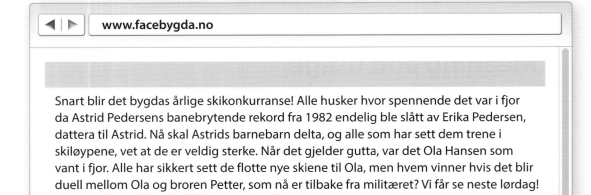

www.facebygda.no

Snart blir det bygdas årlige skikonkurranse! Alle husker hvor spennende det var i fjor da Astrid Pedersens banebrytende rekord fra 1982 endelig ble slått av Erika Pedersen, dattera til Astrid. Nå skal Astrids barnebarn delta, og alle som har sett dem trene i skiløypene, vet at de er veldig sterke. Når det gjelder gutta, var det Ola Hansen som vant i fjor. Alle har sikkert sett de flotte nye skiene til Ola, men hvem vinner hvis det blir duell mellom Ola og broren Petter, som nå er tilbake fra militæret? Vi får se neste lørdag! Les mer på Veslebygda skilag si Facebook-gruppe.

B   **Looking at A, identify which form is used for adjectives in a possessive construction, including after an -s genitive.**

How to form the -s genitive

1   The **-s** genitive is formed by adding an **-s** to the end of the person or thing that is the owner, possessor or originator:

   Er det Ida͟s håndballsko? (*Are those Ida's handball shoes?*)

   Petter͟s ski er litt gamle. (*Petter's skis are a bit old.*)

   Det var FIFA͟s beslutning. (*It was FIFA's decision.*)

2   Unlike in English, no apostrophe is used before the **-s**. Apostrophes are, however, used instead of the **-s** ending to show possession when the owner, possessor or originator already ends in an **-s**, **-x** or **-z**:

   Mattis' kajakk veltet. (*Mattis' kayak capsized.*)

   Alex' treningssko ligger utenfor døra. (*Alex's trainers are outside the door.*)

   Grete Waitz' første seier i New York City Marathon var i 1978. (*Grete Waitz' first victory in the New York City Marathon was in 1978.*)

There are a handful of words and expressions in Norwegian that have irregular genitive endings because they arrived through Latin. These are often to do with religion:

Jesus	⟶ Jesu	e.g. **Jesu historie** (Jesus' story)
Kristus	⟶ Kristi	e.g. **f.Kr.** (BC) = **før Kristi fødsel** (before Christ's birth)

There is at least one that is not religious, but it is confined to a specific expression. **Et Columbi egg** (*lit. a Columbus' egg*) *means a clever idea that seems simple with hindsight.*

3   To use **til** in a possessive construction, the thing that is owned comes first, in the definite form, followed by **til** and then the name of the owner or possessor:

   Spydet til Andreas Thorkildsen fløy gjennom lufta. (*Andreas Thorkildsen's javelin flew through the air.*)

   Har du sett buksene til det norske curlinglaget? (*Have you seen the Norwegian curling team's trousers?*)

C   **Create possessive constructions for the following people and things, using both genitive -s and constructions with til.**

	Owner	Object owned	Genitive -s	... til...
Example	Eirin	en treningsgenser	Eirins treningsgenser	treningsgenseren til Eirin
1	Sigurd	et akebrett		
2	Tove	ei ishockeykølle		
3	Kjetil	en skistav		
4	Audhild	leggskinn (*neuter plural*)		
5	Steinar	skøyter		
6	Kirsti	ei golfbukse		
7	Marcus	et telt		

Partitive constructions are used when something is described as a part of a larger whole, or when describing various qualities or characteristics. These are similar to the possessive use of til in that they might also be translated as of, and that they use prepositions, e.g. av and på.

Halvparten <u>av</u> fotballaget er syke. (Half of the football team are ill.)

Fargen <u>på</u> den nye fotballdrakta er ganske stygg. (The colour of the new football strip is quite ugly.)

4   The **garpegenitiv** is not used as much in Bokmål as the genitive **-s**, but its use is spreading. It is more complicated to form, as **sin/si/sitt/sine** must agree with the gender or number of the nouns that follow it (the things being owned or shown to be in relation to the first noun):

Masculine	Feminine	Neuter	Plural
Lena sin fotball	**Lena si fotballdrakt**	**Lena sitt mål**	**Lena sine fotballhansker**
(Lena's football)	*(Lena's football strip)*	*(Lena's goal)*	*(Lena's football gloves)*

5   The **garpegenitiv** is frequently used to express *whose*:

Hvem sin tennisracket er det som ligger her? (*Whose tennis racket is it lying here?*)

Hvem sine rulleskøyter er for små? (*Whose roller skates are too small?*)

Meaning and usage

Compound nouns

1   In Norwegian, new nouns can be created by constructing compounds from two or more words. These compounds will have a different meaning than when their component parts are used separately. Compound nouns can be created from different types of words, for example (and this is not an exhaustive list):

noun + noun: **fot + ball**   ⟶   **fotball** *(football)*

verb + noun: **bade + ball**   ⟶   **badeball** *(beach ball)*

adjective + noun: **lang + ball**   ⟶   **langball** *(longball [a game that is a bit like a cross between rounders and cricket])*

2   It is perfectly possible to combine more than two words, and more than two types of word, for example:

fem + mil (+ s) + løp   ⟶   **femmilsløp** *(50 km race)*

fot + ball + land (+ s) + lag   ⟶   **fotballandslag** *(national football team)*

3   Although adjectives can be used to form a compound noun, it is more usual for them to be used separately to describe a noun. When an adjective becomes part of a compound noun, it is usually to describe a more specific concept:

en normal bakke (*a normal hill [any hill]*)

en normalbakke (*a normal hill [a class of ski-jumping hill with a measured hill size of 85–109 m]*)

How to form compound nouns

1   Many compound nouns are formed simply by joining the constituent parts together to form one word:

fri + idrett   ⟶   **friidrett** (*athletics*)

lang + renn   ⟶   **langrenn** (*cross-country skiing*)

ski + hopp   ⟶   **skihopp** (*ski jump*)

2   Other compounds may use either the letter **-e-** or the letter **-s-** after certain components to glue the words together:

hest + e + sport   ⟶   **hestesport** (*equestrianism/horse riding*)

verden + s + rekord   ⟶   **verdensrekord** (*world record*)

3   Although there is no simple way to know whether a joining **-e-** or **-s-** is needed, each specific part that goes to form a compound noun will normally work the same way regardless of what other words it is joined onto. So if a part of a compound noun is followed by an **-e-**, by an **-s-**, or if it has no joining letter after it, then it is likely to follow that pattern consistently, for instance:

fotball + ...

fotballbane (*football pitch*)

fotballdommer (*football referee*)

hest + e + ...

hestekjøretøy (*horse-drawn vehicle*)

hesteveddeløp (*horse race*)

verden + s + ...

verdensberømt (*world-famous*)

verdensmesterskap (*world championship*)

4 If joining words to form a compound would cause a triple consonant, e.g. **sss**, one consonant is dropped:

kunst + gress + strå ⟶ **kunstgresstrå** (*blade of artificial grass*)

D **Create compound nouns to match the definitions.**

Example: Utstyr for fotball = fotballutstyr

1 En båt som du kan ro i = _____
2 En ball som du kan bruke i tennis = _____
3 En kamp mellom to fotballag = _____
4 Et kart over verden = _____
5 Volleyball på sand = _____
6 Et lag som representerer et land i en fotballkamp = _____
7 Sko for tennis = _____
8 En pose som du kan sove i = _____

 E **Study this family's shopping list for skiing equipment. Identify whether any logic determines the gender of compound nouns.**

> Før vi drar til skianlegget, trenger vi følgende skiutstyr:
> - en skihjelm (til Geir)
> - ei skijakke (til Solveig)
> - en skistav (Eskild brakk jo en av sine i fjor)
> - et skibelte (eller kanskje to, ett til Geir og ett til Solveig)
> - ei skibukse (til meg)

 It is important to note that compound nouns are written as one word, unlike in English, where they are normally written as separate words, e.g. ski jacket instead of **skijakke**. *Partly due to the influence of English, or sometimes due to a lack of space on packaging or signs, many Norwegians incorrectly split up compound nouns, which can potentially change the meaning considerably, sometimes with hilarious consequences. These mistakes are called* **særskrivingsfeil**.

Vocabulary

F This table shows some classic examples where compound nouns mean something completely different if they are split up. Complete the table with the very different approximate meanings of the split compounds.

	Compound noun(correctly written)	Meaning	Noun incorrectly split	Approximate meaning
Example	vannski	*water ski/water skis*	vann ski	water skis (i.e. an instruction to water them with a watering can)
1	balltre	*(wooden) bat*	ball tre	
2	fiskeboller	*fish balls (a Norwegian delicacy)*	fiske boller	
3	potetløp	*potato (and spoon) race*	potet løp	
4	seilervest	*sailing vest (buoyancy aid)*	seiler vest	
5	skiløper	*skier*	ski løper	

G Match these sports with their definitions.

> **basketball/kurvball – biljard – bueskyting – curling –**
> **håndball – kappgang – skiskyting – snøbrett**

1 Et spill der to lag prøver å få en ball i en kurv _____
2 En sport der man må gå en viss avstand fortest mulig _____
3 Et spill fra Skottland der man sender granittsteiner over isen _____
4 Langrenn kombinert med skyting _____
5 Et spill med kuler, køer og et bord _____
6 Et ballspill der man bruker hendene _____
7 Skyting med pil og bue _____
8 En olympisk sport der man kjører på snøen med et brett _____

H   Match these sports with the relevant items of equipment and facilities. Notice that many of these are compound nouns.

> badedrakt – ball – bensin – bil – fallskjerm – fektejakke – fly – hette –
> hjelm (x3) – isbane – kart (x2) – kartholder – kompass – kølle – maske –
> potet – puck – reserveskjerm – skje – skøyter – sverd – svømmebasseng –
> tannbeskytter (x2) – terrengsko – turklær – vernebriller

	Sport	Hva du trenger (utstyr/anlegg)
Example	klatring	fjell eller klatrevegg, karabiner, klatrehjelm, klatresko, klatretau
1	fallskjermhopping	
2	fekting	
3	ishockey	
4	orientering	
5	potetløp	
6	rally	
7	vannpolo	

Reading

I   Read the beginning of this short feature from a sports magazine about a famous Norwegian sportswoman, then answer the question.

Hvorfor fikk Anette Sagen ikke noen medalje i junior-VM i 2004?

_____

Hoppjenta Anette Sagen

Anette Sagen ble født i 1985 og vokste opp i Nordland. Hun drev med skihopping, men det var vanskelig fordi skihoppidretten var veldig mannsdominert. Det var faktisk kvinnelige skihoppere allerede på 1800-tallet, men på begynnelsen av 2000-tallet var det fremdeles lite anerkjennelse for kvinner i skihoppsporten.

Mange mener at Anette Sagens innsats gjorde mye for kvinneidretten. Hun vant tolv norgesmesterskap på snø, men da hun vant jenteklassen i junior-VM i 2004, fikk hun ingen medalje, og nasjonalsangen ble ikke spilt heller. Jenteklassen var fortsatt uoffisiell på den tida.

J Read the rest of the feature, and answer the questions.

I 2010 skulle Vinter-OL arrangeres i Vancouver, men hopp for kvinner var ikke en del av OL-programmet ennå. Anette Sagen og flere andre kvinnelige skihoppere fra Canada, Slovenia, Tyskland og USA gikk til sak mot arrangørene. De mente at det var i strid med det kanadiske charteret for rettigheter og friheter hvis kvinner ikke fikk delta på samme måte som menn. Høyesterett i British Columbia var enig i at dette var diskriminering, men siden det var Den internasjonale olympiske komité som hadde ansvar for dette og ikke de kanadiske arrangørene, ble saken avvist.

Det ble endelig hopp for kvinner under Vinter-OL i Sotsji i 2014, men da var Anette ikke med som utøver. Etter at hun hadde tatt del i hele den lange kampen for å få mer anerkjennelse for kvinnelig skihopp, var det nå andre som skulle hoppe i Sotsji. Slutten på Anette Sagens imponerende karriere som skihopper kom i 2015 da hun begynte på sykepleierutdanningen.

En av de største ærene Anette Sagen hadde som skihopper, var da hun fikk være den første som hoppet i den nye hoppbakken på Holmenkollen i Oslo i 2010. Dessverre var det noen gutter som hadde hoppet i bakken kvelden før, men de påsto at det bare var prøvehopping, så Anette var offisielt først.

en anerkjennelse	recognition
å avvise	to reject/dismiss
å gå til sak	to take court action
OL = De olympiske leker	Olympic Games
VM = et verdensmesterskap	world championship

1 Når og hvor fikk kvinnelige skihoppere først delta i Vinter-OL?

2 Hva gjorde Sagen for å prøve å gjøre skihopp for kvinner til en olympisk sport i Vancouver?

3 Hva gjorde Sagen etter at hun avsluttet karrieren som skihopper?

4 Hvorfor var ikke Sagen den aller første til å hoppe i den nye hoppbakken på Holmenkollen?

One ski jumper who really left his mark on the Norwegian language was Bjørn Wirkola, who was world champion in 1966. He was so accomplished that the expression **å hoppe etter Wirkola** *(jumping after Wirkola) is now used to refer to any task where somebody has already done extremely well and anybody else stands little chance of doing better. In actual fact, though, female ski-jumping pioneer Anette Sagen has a personal best distance 12 m longer than Wirkola's!*

✏ Writing

K   Write a short introductory article (about 100 words) for a sports magazine about a sports star. Use the text about Anette Sagen for inspiration. Try to use some genitives and plenty of compound nouns.

▶ Hvor kommer hun/han fra?

▶ Hva gjør hun/han?

▶ Har hun/han vunnet mange priser eller troféer?

_____

_____

_____

_____

_____

_____

_____

_____

_____

_____

Self-check

Tick the box which matches your level of confidence.

    1 = very confident   2 = need more practice   3 = not confident

Sett kryss i tabellen for å vise hvor sikker du føler deg.

    1 = veldig sikker   2 = trenger mer øvelse   3 = usikker

	1	2	3
Use the genitive -s and form possessive constructions with **til**.			
Form compound nouns.			
Understand the difference in meaning when compound nouns are split up.			
Can scan quickly through long and complex texts, locating relevant details. (CEFR B2)			
Can summarize, report and give opinions about accumulated factual information on familiar matters with some confidence. (CEFR B1)			

19 Han trodde på menneskeverd

He believed in human dignity

In this unit you will learn how to:

✓ Understand the different verbs expressing thought.

✓ Express opinions and beliefs.

✓ Use the correct prepositions for agreement and disagreement.

CEFR: Can understand specialized texts outside his/her field, provided he/she can use a dictionary occasionally to confirm his/her interpretation of terminology (B2); Can evaluate different ideas (B2).

Meaning and usage

'Thinking' in Norwegian

1   In Norwegian, there are several different verbs that can be used for talking about thought, opinions or beliefs, depending on what kind of thought is involved:

Jeg tenker ofte på politikk. (*I often think about politics.*)

Jeg tror at det kan bli store endringer i verdenspolitikken i de neste årene. (*I think there might be big changes in world politics over the next few years.*)

Jeg synes at den politikeren er veldig dyktig. (*I think that politician is very capable/skilled.*)

Jeg mener at alt er politisk. (*I think that everything is political.*)

2 The verb **å tenke** is used to describe the general process or act of thinking about something, without any necessary opinions or belief. It can imply reflection or dwelling on a given matter (**å tenke på noe**):

Noen politikere tenker bare på seg selv og kanskje på sine venner. (*Some politicians only think about themselves and perhaps about their friends.*)

Tenker du aldri på hvor heldige vi er å ha menneskerettigheter? (*Don't you ever think about how lucky we are to have human rights?*)

Used with the preposition **om**, it may express what somebody thinks about something in broad terms, or what they make of it:

Hun fortalte meg hva hun tenkte om norsk politikk i dag. (*She told me what she thought about Norwegian politics today.*)

Used reflexively (**å tenke seg**), it can be used to talk about imagining something or considering a choice:

Kunne du tenke deg å bli politiker? (*Could you imagine being a politician?/Would you consider becoming a politician?*)

When used with another verb and without a preposition (**å tenke å…**), it can refer to plans:

Tenker du å stille til valg? (*Are you thinking of standing for election?/Are you planning to stand for election?*)

3 The verb **å tro** is used when something is believed, but not based on personal experience or firm evidence. Either the information is not known for certain, or there is no way of knowing yet. It might also imply indirect knowledge:

Tror du at dette partiet vil gjøre mer for likestilling? (*Do you think that this party will do more for equal opportunities? [Since they have not been elected yet, we don't know.]*)

Jeg tror at det er det de vil gjøre. (*I think that's what they will do [based on their manifesto or what I've heard, but time will tell].*)

Jeg tror at det er vanskelig å være FNs generalsekretær. (*I think it's difficult being the Secretary-General of the United Nations [not that it's a job I've done personally, but maybe I can imagine or have heard that it is supposed to be hard].*)

This verb can also express belief or faith, for instance in terms of convictions held or in a religious sense:

Partiet vårt tror på likeverd og rettferd. (*Our party believes in equality and justice.*)

Jeg trodde ikke på ham. (*I didn't believe him.*)

4 The verb **å synes** expresses opinions that are based on a person's own experience or subjective opinion. It can often be translated into English with *to find*:

Hun syntes at partilederens tale var veldig interessant. (*She thought/found that the party leader's speech was very interesting [having listened to it].*)

Etter å ha lest partiprogrammet, synes jeg at de har mange gode idéer. (*After having read the party's manifesto, I think/find they have a lot of good ideas. [Based on my direct experience and knowledge, having read the manifesto myself.]*)

Sometimes, direct experience may only be implied, in which case the use of **å synes** itself shows that the opinion is based on experience, whereas the use of **å tro** shows a belief based on less firm evidence:

Jeg synes at det er vanskelig å være statsminister. (*I think/find it's difficult being the prime minister [and I should know, as I am or used to be one].*)

Jeg tror at det er vanskelig å være statsminister. (*I think it's difficult being the prime minister [but I don't know because I've never been one].*)

5   The verb **å mene** expresses opinions:

Han mener at alle bør behandles helt likt. (*He thinks that everybody should be treated completely equally.*)

Alfred Nobel mente at fred var viktig. (*Alfred Nobel thought that peace was important.*)

This verb can also translate as *to mean*, but only in the sense of what some<u>body</u> means to say (not what some<u>thing</u> means, in which case the verb **å bety** is used):

Hva mener du med dette? (*What do you mean by that?*)

Hva betyr det egentlig? (*What does it really mean?*)

A   **Decide whether or not the correct verbs have been used in these sentences (tenke/tro/ synes/mene). Correct the incorrect verbs.**

1   Jeg synes at det er stortingsvalg hvert fjerde år. Stemmer det?
_____

2   Han deltar i valgkampen nå, og han tror at det er veldig spennende.
_____

3   Av og til sitter jeg og mener på hva vi kan gjøre for å skape et bedre samfunn.
_____

4   Partiet tror at det er viktig å spare penger i Oljefondet.
_____

How to form expressions of thought

B   **Complete the table with the simple past and perfect tense forms of the four verbs meaning to think.**

	Infinitive	Present	Simple past	Perfect
1	å tenke	tenker		
2	å tro	tror		
3	å synes	synes		
4	å mene	mener		

1 When a statement of thought or opinion refers to something negative, it is more common to place **ikke** with the verb in the main clause expressing the thought itself (**tenke/tro/synes/mene**) than in the subordinate clause. The English word order is more flexible, but different placement of **ikke** gives a slightly different nuance:

Vi trodde <u>ikke</u> at det skulle være så dårlig. (*We didn't think it would be so bad.*)

vs.

Vi trodde at det ikke skulle være så dårlig. (*We thought it wouldn't be so bad.*)

De mener <u>ikke</u> at det er nødvendig å redusere sikkerhetstiltakene. (*They don't think it is necessary to reduce the security measures.*)

vs.

De mener at det ikke er nødvendig å redusere sikkerhetstiltakene. (*They think it's not necessary to reduce the security measures.*)

2 Another useful set of expressions when discussing opinions concerns agreement and disagreement, using the adjectives **enig** (in agreement) and **uenig** (in disagreement).

Jeg er enig med deg i at det er viktig å stemme. (*I agree with you that it is important to vote.*)

Da er vi enige om det. (*Then we agree about that.*)

Jeg er uenig med deg i at det alltid er lett å vite hva partiene står for. (*I disagree with you that it is always easy to know what the parties stand for.*)

Note that the prepositions before the topic that the speaker agrees or disagrees on change:

å være <u>(u)enig med</u> noen (*to (dis)agree with somebody*)

å være <u>(u)enig i</u> noe (*to (dis)agree with something (that somebody else says)*)

å være <u>(u)enig om</u> noe (*to (dis)agree about something (when both sides are united in agreement/when both sides disagree)*)

The point about prepositions may seem a little complicated. **Det er alle enige om!** *Don't worry, though, as it is not a major barrier to communication if you mix these up now and then. Even Norwegians have been known to mix them up…*

C **Complete the sentences with the correct prepositions (i/med/om).**

1 Er du enig _____ at vi kan dra sammen til den store debatten?

2 De var helt uenige _____ hverandre _____ å stemme på samme parti.

3 Kan vi være enige _____ å være uenige?

4 Hun var uenig _____ ham _____ at de ikke skulle snakke om politikk.

Vocabulary

D Match these words related to the struggle for human rights with their definitions.

> asyl – bevegelsesfrihet – fengsel – kjønnsdiskriminering – levestandard –
> rasisme – respekt – slaveri – statsborgerskap – ytringsfrihet

1 Når man viser at andre personer er verdige _____
2 Hva slags forhold en person eller gruppe lever i _____
3 Beskyttelse for politiske flyktninger og andre forfulgte personer _____
4 Det å kunne bevege seg fritt over f.eks. landegrenser _____
5 Et sted der mennesker ikke får bevege seg fritt _____
6 Når et menneske eier et annet menneske _____
7 Fordommer og diskriminering på grunn av kjønn _____
8 Rettsforholdet mellom et individ og en stat _____
9 Retten til å si hva man vil _____
10 Fordommer og diskriminering på grunn av rase eller etnisitet _____

E Complete the sentences about politics in Norway with the correct form of the verbs in the box. Each verb should only be used once.

> bestemme – danne – debattere – dele ut – drøfte – lede – lese –
> montere – selge – skje – stemme – tillate – vedta – åpne

1 Norges Grunnlov ble _____ i 1814, og er dermed en av de eldste konstitusjonene i verden som fremdeles er i bruk.
2 Nye lover _____ av Stortinget.
3 Stortingsvalg _____ i september hvert fjerde år.
4 Under valgkampen _____ partiene mot hverandre.
5 De fleste partiene _____ valgboder i byene der partimedlemmer kan stå og _____ brosjyrer, flygeblad, ballonger og roser.
6 Velgerne _____ på det partiet de selv mener er best.
7 Inntil 2015 var det ikke lov _____ alkohol i butikkene på valgdagen.
8 Nå kan hver kommune _____ om ølsalg skal være _____.
9 Etter valget må partiene ofte _____ en koalisjonsregjering. Regjeringen _____ av statsministeren.
10 I oktober hvert år kommer kongen for _____ Stortinget. Da _____ han trontalen.

*Elections take place in four-year cycles in Norway, with the elections to the **Storting** (the Norwegian Parliament) and the **Sameting** (the Sámi Parliament) taking place in the same year, and local elections taking place halfway through each parliamentary term. **Godt valg!** (Have a good election!)*

F Complete the list with the noun that is most closely related to the verb. In some cases there may be more than one possible answer.

1 å bestemme _____
2 å debattere _____
3 å lede _____
4 å selge _____

5 å stemme _____
6 å tillate _____
7 å vedta _____
8 å velge _____

G Reorder the words to complete the sentences summarizing some key beliefs of these Nobel Peace Prize winners. // indicates a separate clause.

«Ett barn, én lærer, én blyant og ei bok kan forandre verden.»
— *Malala Yousafzai*

1 Malala Yousafzai mener at…
   beskjedent / verden / selv / utdanningstilbud / forandre / et / kan

   _____.

«Da jeg gikk ut døra mot porten som ville føre til min frihet, visste jeg at hvis jeg ikke la min bitterhet og mitt hat bak meg, ville jeg fortsatt være i fengsel.»
— *Nelson Mandela*

2 Nelson Mandela mente at…
   måtte / hat / legge / seg / og / bitterhet / bak / han // ut / da / slapp / av / fengselet / han

   _____
   _____.

«Den som rekker ut hånden for å stanse historiens hjul, vil få knust sine fingre.»
— *Lech Wałęsa*

3 Lech Wałęsa mener at…
   for / å / veien / det / historiens / er / frammarsj / stå / i / farlig

   _____.

«Ikke vent på ledere; gjør det selv, mellom et menneske og et annet.»
— *Moder Teresa av Calcutta*

4 Moder Teresa av Calcutta mente at…
   nivå / alle / menneskelig / på / ansvar / måtte / ta / et

   _____.

«Det er de unge som skal skape fremtiden og gjøre verden til et bedre sted å leve i.»
— *Fridtjof Nansen*

5 Fridtjof Nansen mente at…
   på / i / samfunnet / man / kunne / de / tro / unge / stor / ha

   _____.

Alfred Nobel (1833–96) was a Swedish inventor, who left most of his considerable fortune to set up the famous prizes that bear his name. There were originally five prizes: in chemistry, literature, medicine, physics and peace. Nobel's will stipulated that the Peace Prize was to be awarded not in Sweden, but in Norway, with the winner to be chosen by a committee elected by the **Storting**. *To this day, while all the other prizes are awarded in Stockholm,* **Nobels fredspris** *(the Nobel Peace Prize) is awarded in Oslo City Hall.*

 Reading

H **Read this short text from a collection of ideological poetry summarizing the life and political convictions of a Norwegian poet, then answer the question.**

Når og hvorfor skrev Nordahl Grieg propagandadikt?

_____

En ånd viet til strid

Nordahl Grieg ble født i Bergen i 1902. Han var en berømt dikter og var dessuten ganske politisk og ideologisk engasjert. I 1937 reiste han til Spania for å skrive om den spanske borgerkrigen.

Med pennen som våpen

Under andre verdenskrig ble Norge okkupert av Nazi-Tyskland. Grieg flyktet sammen med mange andre nordmenn. Han skrev propagandadikt og artikler til støtte for Norges frihetskamp, og han var ofte sammen med norske og andre allierte soldater, sjømenn og flygere. Han omkom i et australsk bombefly over Berlin i 1943.

Nordahl Griegs mest berømte dikt er uten tvil «Til ungdommen». Han trodde på menneskeverd og mente at ungdommen kunne skape en bedre verden selv om alt så dystert ut, og de var kringsatt av fiender.

en borgerkrig	*civil war*	**å omkomme**	*to be killed/die*
dyster	*gloomy*	**en strid**	*struggle/battle*
å kringsette	*to encircle*	**viet**	*devoted*
(et) menneskeverd	*human dignity/worth*	**en ånd**	*spirit/mind/soul*

I   **Read the poem, and answer the questions.**

Til ungdommen

Et dikt av Nordahl Grieg fra 1936

Kringsatt av fiender, gå
inn i din tid!
Under en blodig storm –
vi deg til strid!

Kanskje du spør i angst,
udekket, åpen:
hva skal jeg kjempe med,
hva er mitt våpen?

Her er ditt vern mot vold,
her er ditt sverd:
troen på livet vårt,
menneskets verd.

For all vår fremtids skyld,
søk det og dyrk det,
dø om du må – men:
øk det og styrk det!

Stilt går granatenes
glidende bånd.
Stans deres drift mot død,
stans dem med ånd!

Krig er forakt for liv.
Fred er å skape.
Kast dine krefter inn:
døden skal tape!

Elsk – og berik med drøm –
alt stort som var!
Gå mot det ukjente,
fravrist det svar.

Ubygde kraftverker,
ukjente stjerner –
skap dem, med skånet livs
dristige hjerner!

Edelt er mennesket,
jorden er rik!
Finnes her nød og sult,
skyldes det svik.

Knus det! I livets navn
skal urett falle.
Solskinn og brød og ånd
eies av alle.

Da synker våpnene
maktesløs ned!
Skaper vi menneskeverd,
skaper vi fred.

Den som med høyre arm
bærer en byrde,
dyr og umistelig,
kan ikke myrde.

Dette er løftet vårt
fra bror til bror:
vi vil bli gode mot
menskenes jord.

Vi vil ta vare på
skjønnheten, varmen –
som om vi bar et barn
varsomt på armen!

dristig	*bold/daring*	**en/ei nød**	*need/want/distress*
edel	*noble/virtuous*	**å skåne**	*to spare*
(en) forakt	*contempt*	**et svik**	*betrayal/treachery/fraud/deceit*
å fravriste	*to wrest from*	**et vern**	*protection*

As this is a poem, you may of course notice that the word order is not always standard, and **menskenes** *(=* **menneskenes***) is spelt in a non-standard way to fit the rhythm.*

1 Hva er vernet som diktet anbefaler mot vold?

_____

2 Hvordan mener dikteren at granatene skal stoppes?

_____

3 Jorden er rik. Hvorfor mener dikteren at folk i verden er sultne?

_____

4 Hva kan verden få hvis folk først skaper menneskeverd?

_____

Nordahl Grieg's poem **Til ungdommen** *was written to encourage young people to engage in politics. It became especially popular in Norway in the wake of the terrorist attacks in Oslo and on the island of Utøya on 22 July 2011, when the poem, which has been set to music, was read or sung at many public commemorations.*

Writing

J You have been asked to contribute to a souvenir booklet being made about the history of the Nobel Peace Prize. Write a short text (about 100 words) about a past, present or potential future winner of the Peace Prize (real or imaginary). Remember to use the correct verbs and prepositions!

▶ Hvorfor bør dette mennesket vinne Nobels fredspris?
▶ Hvilke meninger har denne personen?
▶ Er du enig med henne eller ham?

_____

_____

_____

_____

_____

_____

_____

_____

_____

_____

Self-check

Tick the box which matches your level of confidence.

1 = very confident   2 = need more practice   3 = not confident

Sett kryss i tabellen for å vise hvor sikker du føler deg.

1 = veldig sikker   2 = trenger mer øvelse   3 = usikker

	1	2	3
Understand the different verbs expressing thought.			
Express opinions and beliefs.			
Use the correct prepositions for agreement and disagreement.			
Can understand specialized texts outside his/her field, provided he/she can use a dictionary occasionally to confirm his/her interpretation of terminology. (CEFR B2)			
Can evaluate different ideas. (CEFR B2)			

20 Vi spør språkeksperter om hva som skjer med det norske språket

We ask language experts what is happening with the Norwegian language

In this unit you will learn how to:

- ✓ Recognize indirect speech.
- ✓ Form indirect speech using a variety of structures.
- ✓ Use a variety of reporting verbs.

CEFR: Can understand articles and reports concerned with contemporary problems in which the writers adopt particular stances or viewpoints (B2); Can write very brief reports to a standard conventionalized format (B1).

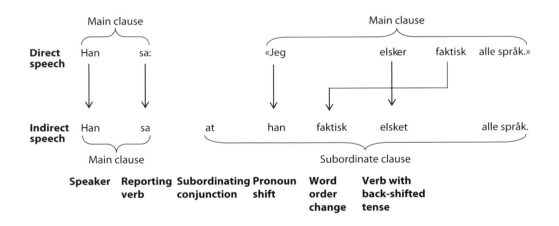

Speaker	Reporting verb	Subordinating conjunction	Pronoun shift	Word order change	Verb with back-shifted tense

Meaning and usage

Indirect speech

1   Texts often refer to what other people or sources have said or thought. One way of doing this is to use direct speech quoting the source. Normally this is the preferred choice when the precise wording is important. In this case the quote is placed in quotation marks:

Ministeren sa: «Det er utrolig viktig, og en grunnstein i regjeringens politikk, at alle barn lærer engelsk i dag, så de kan klare seg i framtida.» (*The minister said: 'It is incredibly important, and a cornerstone in the government's policy, that all children today learn English, so they will be able to manage in the future.'*)

2 In many cases, however, indirect speech (sometimes called reported speech) may be chosen instead. This is preferred when the focus is not so much on the exact words used by the source being referred to, but on the message. This may be because the exact wording is not important or is not known. An advantage to using indirect speech is that it does not break the flow of the text:

Ministeren sa at det er utrolig viktig at alle barn lærer engelsk. (*The minister said that it is incredibly important that all children today learn English.*)

Min far sa noe om at han ville begynne å studere tysk. (*My father said something about him wanting to begin studying German.*)

 A Match the direct speech with the indirect speech.

	Direct speech		Indirect speech
1	Han uttalte: «Vi trenger bedre norsklærere.»	**a**	Han spurte mora si hvorfor hun ikke snakket norsk med de danske vennene sine.
2	Læreren sa: «Kryssord kan brukes til å lære nye ord.»	**b**	På avisas forside står det at mediene bør bruke mer dialekt.
3	På avisas forside står det: «Mediene bør bruke mer dialekt.»	**c**	Han uttalte at vi trenger bedre norsklærere.
4	Han spurte mora si: «Hvorfor snakker du ikke norsk med de danske vennene dine?»	**d**	Han sa at Maria måtte slutte å banne hele tida.
5	«Maria må slutte å banne hele tida», sa han.	**e**	Læreren sa at kryssord kan brukes til å lære nye ord.

 B Look at the sentences in A. List the types of changes that happen when direct speech is transformed to indirect. Indicate where these changes occur.

1 _____

2 _____

3 _____

4 _____

5 _____

How to form indirect speech

1 When changing a sentence from direct to indirect speech, a number of things need to be considered. The main clause will show <u>how the message was expressed</u> (using verbs such as **å si** (*to say*), **å spørre** (*to ask*), **å rope** (*to shout*), or **å hviske** (*to whisper*)), while the subordinate clause will contain <u>the content of the message itself</u>:

Direct speech: «<u>**Kan dere forstå dialekten min?**</u>» <u>**spurte**</u> **han.** (*'Can you understand my dialect?' he asked.*)

Indirect speech: **Han** <u>**spurte**</u> <u>**om de kunne forstå dialekten hans.**</u> (*He asked whether they could understand his dialect.*)

2   The main clause consists of a **subject**, which will be the person or people who have uttered the message, and a **reporting verb**, which indicates how the message was expressed:

Direct speech: «**Hvordan sier man** *bilingual* **på norsk?**» **spurte han**. ('*How do you say* bilingual *in Norwegian?' he asked.*)

Indirect speech: **Han spurte hvordan man sier** *bilingual* **på norsk.** (*He asked how you say* bilingual *in Norwegian.*)

3   The message is transformed from a main clause to a subordinate clause introduced by a subordinating conjunction.

   a   **Om** is used to introduce a yes/no question:

Direct speech: «**Vil dere også lære nynorsk?**» **spurte læreren.** ('*Do you also want to learn Nynorsk?' asked the teacher.*)

Indirect speech: **Læreren spurte dem <u>om</u> de også ville lære nynorsk.** (*The teacher asked them whether they also wanted to learn Nynorsk.*)

   b   Question words are used to introduce a question which in direct speech started with a question word:

Direct speech: **Læreren spurte: «Hvorfor har dere valgt å studere norsk?»** (*The teacher asked: 'Why have you chosen to study Norwegian?'*)

Indirect speech: **Læreren spurte dem <u>hvorfor</u> de hadde valgt å studere norsk.** (*The teacher asked them why they had chosen to study Norwegian.*)

   c   **At** is used in all other cases:

Direct speech: «**Elevene mine bruker mange engelske ord.**» ('*My students use many English words.*')

Indirect speech: **Læreren konstaterte <u>at</u> elevene hans brukte mange engelske ord.** (*The teacher noted that his students used many English words.*)

Since the transformation from direct to indirect speech involves a change from a main to a subordinate clause, you should try to remember the differences in word order between these two types of clauses. The most obvious one is the fact that clausal adverbs come between subject and verb in a subordinate clause.

4   The change from direct into indirect speech can cause changes to the tenses.

   a   If the reporting verb is in the present, the future or the perfect tense, the verbs of direct speech normally stay the same:

Direct speech		«Jeg studerer norsk.» ('I study/am studying Norwegian.')
Indirect speech	Reporting verb in the present	Han sier at han studerer norsk. (He says that he studies/is studying Norwegian.)
	Reporting verb in the future	Han skal fortelle foreldrene sine at han studerer norsk. (He is going to tell his parents that he studies/is studying Norwegian.)
	Reporting verb in the perfect tense	Han har fortalt meg at han studerer norsk. (He has told me that he studies/is studying Norwegian.)

b If the reporting verb is in the past tense, the verbs of direct speech are normally back-shifted in tense when they are changed to form indirect speech:

Direct speech: **«Jeg leste en artikkel om de mest brukte banneordene i Norge», fortalte han.** ('I read an article on the most used swear words in Norway,' he said.)

Indirect speech: **Han fortalte at han hadde lest en artikkel om de mest brukte banneordene i Norge.** (He said that he had read an article on the most used swear words in Norway.)

However, when the verb in the direct speech is in the present or in the future, there are two options available in indirect speech:

▶ If the verb is in the future tense, it can either be left in the future to indicate that the action has still not happened yet, or it can be back-shifted using the past future to indicate that the action has now taken place:

Direct speech: **«Jeg skal delta på et seminar om banneord», fortalte han.** ('I am going to take part in a seminar on swear words,' he said.)

Indirect speech:

Option 1: **Han fortalte at han skal delta på et seminar om banneord.** (He said that he is going to take part in a seminar on swear words.)
Option 2: **Han fortalte at han skulle delta på et seminar om banneord.** (He said that he was going to take part in a seminar on swear words.)

▶ If the verb is in the present tense, it can be kept in the present to indicate that it is a general statement or something that is still pertinent. Alternatively it can be back-shifted using the simple past to indicate or focus on the fact that the action has now taken place:

Direct speech: **«Jeg leser ei bok om bannskap i Skandinavia», fortalte han.** ('I am reading a book on swearing in Scandinavia,' he said.)

Indirect speech:

Option 1: **Han fortalte at han leser ei bok om bannskap i Skandinavia.** (He said that he is reading a book about swearing in Scandinavia.)
Option 2: **Han fortalte at han leste en ei bok om bannskap i Skandinavia.** (He said that he was reading a book about swearing in Scandinavia.)

Look at the table, which shows the relationship between tenses in direct and indirect speech when the reporting verb is in the simple past:

Direct speech	Indirect speech
Future **«Han skal studere norsk neste år.»** (*'He is going to study Norwegian next year.'*)	**Future** **Han sa at han skal studere norsk neste år.** (*He said that he is going to study Norwegian next year.*) **Past future** **Han sa at han skulle studere norsk året etter.** (*He said that he was going to study Norwegian the following year.*)
Present **«Han studerer norsk.»** (*'He studies/is studying Norwegian.'*)	**Present** **Han sa at han studerer norsk.** (*He said that he studies/is studying Norwegian.*) **Simple past** **Han sa at han studerte norsk.** (*He said that he studied/was studying Norwegian.*)
Perfect tense **«Han har studert norsk.»** (*'He has studied Norwegian.'*)	**Pluperfect** **Han sa at han hadde studert norsk.** (*He said that he had studied Norwegian.*)
Simple past **«Han studerte norsk.»** (*'He studied Norwegian.'*)	**Pluperfect** **Han sa at han hadde studert norsk.** (*He said that he had studied Norwegian.*)
Pluperfect **«Han hadde studert norsk.»** (*'He had studied Norwegian.'*)	**Pluperfect** **Han sa at han hadde studert norsk.** (*He said that he had studied Norwegian.*)

5   Changing direct speech to indirect often involves a shift in point of view, so it is important to change the pronouns where necessary:

Direct speech: **«Vi skal intervjue vår bestefar om hans dialekt.»** (*'We are going to interview our grandfather about his dialect.'*)

Indirect speech: **De sa at de skulle intervjue sin bestefar om hans dialekt.** (*They said that they were going to interview their grandfather about his dialect.*)

6   The transformation from direct to indirect speech will often mean a change of time and place, so it is important to change adverbials of time and place where necessary:

Direct speech: **«Jeg skal møte studiegruppen min her i morgen.»** (*'I am going to meet my study group here tomorrow.'*)

Indirect speech: **Hun sa at hun skulle møte studiegruppen sin her/der/i leiligheten sin dagen etter.** (*She said that she was going to meet her study group here/there/in her flat the following day.*)

7   The imperative cannot be used in indirect speech. This means that when the imperative is used in direct speech, it will need to be rephrased in indirect speech by adding a pronoun and using a modal verb:

Direct speech: **Læreren sa: «Slå det opp i ei ordbok!»** (*The teacher said: 'Look it up in a dictionary!'*)

Indirect speech: **Læreren sa at de skulle slå det opp i ei ordbok.** (*The teacher said that they should look it up in a dictionary.*)

C   **Complete the table with the correct pronouns in the indirect speech.**

	Direct speech	Indirect speech
1	Per spurte: «Hvorfor skal vi lære tysk?»	Per spurte hvorfor _____ skulle lære tysk.
2	Foreleseren sa: «Dere må huske å ta med grammatikkboka neste uke.»	Foreleseren sa at _____ måtte huske å ta med grammatikkboka uken etter.
3	Foreldrene spurte språkforskeren: «Kan barnet vårt lære både mitt og min manns språk samtidig?»	Foreldrene spurte språkforskeren om barnet _____ kunne lære både _____ og _____ manns språk samtidig.
4	«Jeg kan flere ord enn storebroren min», hevdet lillebroren.	Lillebroren hevdet at _____ kunne flere ord enn storebroren _____.

D   **Choose the correct subordinating conjunction.**

1   Han påstår _____ (at/om/hvorfor) det alltid er viktig å arbeide med uttale.

2   Jeg lurte på _____ (at/om/når) det er sant at man må høre et nytt ord seks eller sju ganger i ulike kontekster før man husker det.

3   Han understrekte _____ (at/om/hva) man burde skrive et utkast før man skriver ferdig teksten.

4   Læreren forklarte _____ (at/om/hvor) på biblioteket ordbøkene sto.

5   Hun spurte _____ (at/om/hvordan) det var riktig at nynorsk alltid bruker tre kjønn.

E   **Indicate whether the underlined verb form in the indirect speech has been changed correctly. Correct it if it is wrong.**

	Direct speech	Indirect speech	Right	Wrong
1	Journalisten sa: «Ungdomsspråk ble ikke påvirket så mye av amerikanske TV-serier før i tida.»	Journalisten sa at ungdomsspråk ikke ville bli påvirket så mye av amerikanske TV-serier før i tida.		_____ _____
2	Gutten utbrøt: «Jeg vil bli språkforsker som mora mi når jeg blir voksen.»	Gutten utbrøt at han ville bli språkforsker som mora si når han blir voksen.		_____ _____
3	Jeg sitter på bussen og tenker: «Hvorfor lærer folk i Sporveien ikke å uttale stedsnavn riktig?»	Jeg sitter på bussen og tenker på hvorfor folk i Sporveien ikke lærte å uttale stedsnavn riktig.		_____ _____
4	Kona mi sa: «Jeg har begynt å lese ei bok om hvordan Ivar Aasen utviklet nynorsk.»	Kona mi sa at hun hadde begynt å lese ei bok om hvordan Ivar Aasen utviklet nynorsk.		_____ _____

F Change the following sentences into indirect speech.

1 Redaktøren ropte: «Kristin må altså lære å stave navnet på avisa riktig!»

_____

2 Marianne uttalte: «Jeg lærte først samisk som voksen.»

_____

3 Nora spurte Seth: «Hvorfor snakker du ikke morsmålet ditt med foreldrene dine?»

_____

4 Kari utbrøt smilende: «I dag har jeg fått vite at jeg har fått midler til et forskningsprosjekt om flerspråklige barn.»

_____

_____

Vocabulary

G Match the Norwegian reporting verbs with their English translations.

	Norwegian		English
1	å antyde	a	to add
2	å bekrefte	b	to admit
3	å fastslå	c	to confirm
4	å innrømme	d	to emphasize
5	å innvende	e	to ascertain
6	å opplyse	f	to imply
7	å poengtere	g	to inform
8	å tilføye	h	to object

H Match the words with their definitions.

1	dialekt	a	de ordene som en person bruker eller forstår
2	grammatikk	b	når to eller flere språk blir snakket i et område
3	minoritetsspråk	c	læren som beskriver hvordan et språk er oppbygd
4	ordforråd	d	måten man sier noe på
5	ordstilling	e	språk som blir brukt av et mindretall
6	språkblanding	f	språkform som er spesiell for en del av et større område
7	uttale	g	rekkefølge av ord i en setning

Reading

I Read the first part of this blog report and answer the question.

Hva er det noen nordmenn har noe imot?

_____

_____

www.norskidag.no

For noen dager siden hørte jeg et interessant radioprogram på NRK Skole. Programmet, som het «Er det greit med lånespråk?», handlet om språkhistorie med fokus på hvordan norsk har blitt påvirket av andre språk. Programlederen innledet programmet med å konstatere at mange nordmenn har blitt forarget over at ganske mange driver og bytter helt forståelige norske ord med engelske. Som eksempler nevnte han det norske ordet «tilfeldig» som mange bytter ut med «*random*». Resten av programmet besto av intervjuer hvor en reporter spurte forskjellige språkeksperter og -brukere om hva som skjer med det norske språket. Det ble sagt mye interessant i løpet av programmet, men det som gjorde mest inntrykk på meg, var intervjuene med to norske språkforskere, Anne Mette Sunde, som har skrevet en masteroppgave om språkendringer, og Arne Torp, som er professor i nordisk språkvitenskap.

J   Now read the rest of the report and answer the questions.

www.norskidag.no

I sitt intervju hevder Sunde at mange nordmenn liker å krydre språket sitt med engelske ord. Hun presiserer at det ikke bare er engelske ord som har krøpet inni det norske språket, men også setningsstrukturer fra engelsk. Ifølge Sunde er denne utviklingen vanskeligere å oppdage. Sunde bruker rapperen Lars Vaular som eksempel. Hun sier at han bruker uttrykket «vi kan ta hele dagen av» i en av låtene sine og påpeker at uttrykket er en direkte oversettelse fra det engelske «take the day off» som egentlig ikke gir noen mening på norsk med mindre man kjenner det engelske uttrykket. Sunde synes at denne måten å låne ord og strukturer på viser til brukernes evne til spontanitet og kreativitet, men at det også kan være et tegn på mer omfattende språkendringer.

«Endringer i språk er likevel ikke noe nytt», poengterer programlederen etter Sundes intervju. Han understreker at norsk har endret seg før. Han intervjuer Arne Torp, som bekrefter at tysk har hatt en stor innflytelse på norsk før i tida, en mye større påvirkning enn engelsk har på norsk i dag. Han siterer den følgende setningen: «Skredderen tenkte at trøya passet fortreffelig, men kunden klaget og mente at plagget var kort og tøyet simpelt og grovt.» Torp forteller at han ofte bruker denne setningen for å illustrere poenget og avslører at sytten av disse ordene kommer fra tysk mens kun tre er nordiske, nemlig «at», «og» og «hva». Han forklarer at den tyske påvirkningen skyldtes det at hanseatene lenge drev med handel i Skandinavia og virket inn på språket.

1   Hvorfor bruker nordmenn noen ganger engelske ord?

_____

2   Hva slags språkendring vil Sunde illustrere med Lars Vaulars uttrykk «vi kan ta hele dagen av»?

_____

3   Er engelsk det språket som har påvirket norsk mest?

_____

4   Hvorfor var Hanseatene viktige for språkutviklingen i Norge?

_____

K   Find all the reporting verbs that introduce indirect speech in the text. List them with the subordinating conjunctions they are followed by as they appear in the text. Then write the infinitive and translate them into English.

	Reporting verbs with subordinating conjunction (as they appear in the text)	Reporting verbs with subordinating conjunction (in the infinitive)	English translation (in the infinitive)
Example	å konstatere at	å konstatere at	to note that
1			
2			
3			
4			
5			
6			
7			
8			
9			
10			
11			
12			
13			

L Complete the sentences with these words from the text.

språk – språkendring – språkforsker – språkhistorie – språkvitenskap

1 Han sa at han alltid hadde hatt en stor drøm om å bli _____.

2 Språkeksperten påsto at det først er når en _____ er avsluttet at språkbrukerne oppdager den.

3 Hun forklarte at lingvistikk eller _____ er det vitenskapelige studiet av språk.

4 Mange mener at Ivar Aasen og Knud Knudsen er de to viktigste navnene i norsk

_____.

5 Noen tror at barn lærer _____ langsommere når de lærer flere språk på én gang, men det er også bevis på det motsatte.

 Knud Knudsen (1812–95) and Ivar Aasen (1813–96) are considered the fathers of the two official written standards of Norwegian, namely Bokmål and Nynorsk. Knud Knudsen supported the Norwegianization of Danish by adapting the spelling and syntax to Norwegian usage. This resulted in Riksmål, which later became Bokmål. Ivar Aasen is best known for having created Landsmål, which later became Nynorsk, based on spoken Norwegian dialects.

M In each case, find which option would make an impossible sentence.

1	Han lurte på	at norsk har blitt påvirket av andre språk.
		hvordan norsk har blitt påvirket av andre språk.
		når andre språk har virket inn på norsk.
		om andre språk har hatt innflytelse på norsk.
2	Reporteren spurte forskjellige språkeksperter og -brukere	hvordan det norske språket hadde utviklet seg.
		hvordan har det norske språket utviklet seg.
		om hva som hendte med det norske språket.
		om hva som skjer med det norske språket.
3	Hun poengterer	at endringer i språk likevel ikke er noe nytt.
		at språk alltid er i utvikling.
		at språk alltid kommer til å endre seg.
		endringer i språk vil alltid finne sted.
4	Han forklarer	at den tyske påvirkningen skyldtes hanseatene.
		hvorfor den tyske påvirkningen kunne tilskrives hanseatene.
		hvorfor hanseatene var ansvarlige for den tyske påvirkningen.
		hvorfor skyldes den tyske påvirkningen hanseatene.

Writing

N **Write a summary (about 125 words) of a factual article or documentary. When summarizing people's arguments, focus on using indirect speech and include a variety of reporting verbs. The following questions may help you to structure your summary:**

▶ Hva handlet artikkelen/programmet om?
▶ Hva mente de forskjellige personene?
▶ Kan du oppsummere påstandene deres?

_____

_____

_____

_____

_____

_____

_____

_____

_____

_____

_____

_____

_____

Self-check

Tick the box which matches your level of confidence.

1 = very confident   2 = need more practice   3 = not confident

Sett kryss i tabellen for å vise hvor sikker du føler deg.

1 = veldig sikker   2 = trenger mer øvelse   3 = usikker

	1	2	3
Recognize indirect speech.			
Form indirect speech using a variety of structures.			
Use a variety of reporting verbs.			
Can understand articles and reports concerned with contemporary problems in which the writers adopt particular stances or viewpoints. (CEFR B2)			
Can write very brief reports to a standard conventionalized format. (CEFR B1)			

Where sample answers are not supplied for writing exercises, the reading text for the relevant unit is considered to be a suitable model.

Unit 1

A

1 ei, et **2** en, ei **3** et, en

B

Masculine: bekreftelse, bjørn, evighet (could also be feminine), fisker, kokk, porsjon, skapning, visdom **Feminine (all the feminine nouns can also be placed in the masculine category):** blanding, løve, panne, pannekake **Neuter:** folk, godteri, vindu

C

Overall, more nouns belong to the masculine and feminine genders in Norwegian than belong to the neuter gender.

D

melken, eggene, røra (x2), vannet, varmen, pølsene (x3), kasserollen, romkameraten, smøret, kjøleskapet, stekepanna, pannekakene (x2), gulosten. The endings for definite nouns are: **-en**, **-a**, **-et** and **-ene**.

E

1 vannmeloner **2** granatepler **3** blåbær (compound noun – last component is **bær**, which is a single-syllable noun) **4** rødbeter

F

1 venner **2** personer **3** pannekaker **4** pølser **5** allergier **6** egg **7** ting (irregular) **8** kort **9** dataspill **10** bøker (irregular)

G

1 m, en ananas, ananasen, ananaser, ananasene **2** m/f, en/ei ert, erten/erta, erter, ertene **3** m, en fersken, ferskenen, ferskener, ferskenene **4** m/f, en/ei gulrot, gulroten/gulrota, gulrøtter, gulrøttene **5** n, et jordbær, jordbæret, jordbær, jordbærene/jordbæra **6** m, en nektarin, nektarinen, nektariner, nektarinene **7** m, en potet, poteten, poteter, potetene **8** m, en purre, purren, purrer, purrene **9** m/f, en/ei rosin, rosinen/rosina, rosiner, rosinene **10** m, en tomat, tomaten, tomater, tomatene **11** n, et tyttebær, tyttebæret, tyttebær, tyttebærene/tyttebæra

H

Answers will vary, but here are a few possible responses: **Frokost:** grøt, en kopp kaffe **Lunsj:** ei skive med ost og skinke, ei flaske appelsinjus **Middag:** pasta med sopp og hvitløk, et glass øl, sjokoladeis **Mellommåltider:** en kopp te, potetgull

I

1 syltetøy (the others are all vegetables) **2** brus (the others are all alcoholic drinks) **3** suppe (the others are all snack foods) **4** pepperkaker (*gingerbread biscuits*) (the others are all types of cake) **5** moussaka (the others are all traditional Norwegian recipes)

J

Det var ingen andre personer som spiste på restauranten: Det var bare journalisten og mannen hennes.

K

1 Ivar ville spise på restauranten fordi han hadde lest anmeldelsen i lokalavisa. **2** Han er bare kritisk mot restauranteieren, ikke mot servitøren. **3** Lutefisken og fiskepinnene var utsolgt. **4** Fiskekakene er kalde fordi mikrobølgeovnen er i ustand.

Unit 2

A

1 Mange familier spiser ikke middag sammen **2** Mange mener **3** er det oftest mødrene **4** Barn blir ofte syke; foreldrene må ta seg fri fra jobben **5** Søsken blir noen ganger uvenner; de elsker hverandre likevel **6** Først skiftet han bleie på henne; så varmet han melken i mikroen; til slutt la han henne i vuggen

B

1 for **2** så **3** men **4** og **5** for **6** eller **7** men **8** og

C

In sentence 2 the clausal adverb does not come immediately after the subject and verb. The direct object **dem** comes right after the subject and verb.

D

1 Hvorfor vil du ikke besøke svogeren din? **2** Da foreldrene hans ble skilt, flyttet han inn hos bestemora si. **3** Oldefaren min har jeg aldri møtt. **4** De har alltid hatt flere fosterbarn. **5** Jeg tok fri fra jobben så jeg kunne passe barna. **6** Mange kvinner gruer seg for å amme på offentlige steder.

7 Som lege har hun engasjert seg i debatten om omskjæring av gutter. **8** Ekskjæresten min dukket plutselig opp på festen, så jeg gikk. **9** Gunnar spiser sunt, for han vil slanke seg.

E

1 alltid **2** bare **3** ikke **4** normalt, kun **5** selvfølgelig

F

1 Jeg så ham ikke i går kveld./I går kveld så jeg ham ikke. **2** Fetteren min Joe er merkelig. Jeg liker resten av familien min, men jeg liker absolutt ikke ham. **3** Jeg har ikke sett henne på en stund. **4** Han fortalte ham det ikke før han var atten./Han fortalte det ikke til ham før han var atten.

G

1 Du har forhåpentligvis husket bryllupsdagen vår i år? **2** Jeg vil under ingen omstendigheter gifte meg med sønnen din. **3** Har du forresten fått venneforespørselen min? **4** Du ligner unektelig på faren din. **5** Har dere for eksempel vurdert fertilitetsbehandling?

H

1 – d **2** – f **3** – a **4** – g **5** – h **6** – b **7** – c **8** – e

I

Fordi det er julaften, og hun tror at alle er for opptatte med å feire dagen med familiene sine. Hun tror heller ikke at livet hennes kan være interessant for andre.

J

1 Hun får hundre og seksti *likes* og nesten femti kommentarer. **2** Fordi han er imponert av videoen som han har delt med vennene sine som også synes den er bra. I tillegg sier han at den gir et autentisk innblikk i norske juletradisjoner. **3** Hun begynner å ta kameraet med seg overalt og bruker lang tid på å redigere og legge ut videoene sine. **4** Nei, lærerne hennes er ikke fornøyde, for hun gjør ikke lenger leksene sine og følger heller ikke med i timene. **5** De blir sinte på lærerne, for de synes ikke at det er viktig at Julia får gode karakterer. Dessuten synes de at det er bedre å ha mange venner på nettet enn få venner på skolen.

K

1 et ønske **2** en begynnelse **3** en film **4** en bestemmelse **5** en feiring **6** en følelse **7** en fortelling **8** en oppfordring **9** en diskusjon

L

1 briller (not related to a camera) **2** frimerke (not related to presents) **3** venn (does not indicate a romantic relationship, past or present) **4** gammel (does not mean original) **5** hobby (not related to school)

Unit 3

A

Now: har, deler, foretrekker (could also be Regularly), er (third), sitter **Regularly:** går, leser, klager, foretrekker (could also be Now), unngår, står (opp) (second), er (second), gir **General fact:** vet, er (first) **Dramatic:** ringer, ber, står (opp) (first) **Future plan:** planlegger, kommer (til)

B

1 elsker, er 2 spør, kan 3 blir, spiser 4 vet, bor, har 5 synes, er

Pattern: Most present-tense verbs end in **-er** or **-r**. Very few end in **-s** and some have unique irregular forms.

C

-er: elsker, spiser **-r:** bor, blir, har **-s:** synes **Modal verbs:** kan **Irregular verbs:** er, spør, vet. Note that while 'blir' and 'har' are normally considered irregular verbs, their present tense forms are regular.

D

1 sitter og sammenligner 2 er i gang med å bestille 3 står og venter 4 holder på med

E

1 Skriv et postkort til mormor. 2 Gå i svømmehallen med broren din. 3 Pakk teltet sammen. 4 Drikk ikke/ikke drikk alkohol rett før du skal fly. 5 Sykl/sykle litt fortere. 6 Tøm postkassa mens vi er i Syden.

F

1 en bestilling – å bestille – bestiller – bestill 2 et besøk – å besøke – besøker – besøk 3 et fly – å fly/å flyge – flyr/flyger – fly/flyg 4 en haik – å haike – haiker – haik 5 en opplevelse – å oppleve – opplever – opplev 6 en overnatting – å overnatte – overnatter – overnatt

G

1 gleder 2 håper 3 står 4 vet 5 elsker

H

Han håper å se dyr han kun har lest om og oppleve naturen og de lokale skikkene. Dessuten håper han å bli bedre kjent med Live.

I

1 Han vil spørre henne om hun vil gifte seg med ham. 2 Fordi han glemmer å vekke henne mens han ser på soloppgangen. 3 Sola i Tanzania er mye sterkere enn i Norge. Selv om det fortsatt er sommer i Norge, duskregner det og er overskyet. 4 Hun er i gang med å laste ned bildene fra turen. 5 Da de sto/står ved Victoriasjøen, og ansiktene deres smeltet/smelter sammen i vannet.

J

1 safari 2 pattedyr 3 skikk 4 nyte 5 horisont 6 duskregne 7 sortere

K

Norge: duskregne, ekorn, overskyet, rev, trist **Tanzania:** kattedyr, kjølig morgenluft, løve, pattedyr, safari, sjiraff, sterk sol, Victoriasjøen

Unit 4

A

1 – b 2 – e 3 – d 4 – a 5 – c

B

1 kunne 2 skal, har skullet 3 ville, har villet 4 må, måtte 5 har burdet

C

The simple past forms of these modal verbs are identical to the infinitive (minus **å**).

D

1 ta 2 prøve, å sortere 3 si, møtes 4 fortelle 5 åpne 6 vente, å se

E

1 – 2 bli/komme 3 – 4 huske 5 –

F

1 – a 2 – a 3 – b/c

G

1 I morgen skal jeg vaske opp. 2 Skal du bruke mye vann? 3 Jeg skal reise til Korea neste år.
4 Skal du gå ut hvis sola skinner?

H

1 snø 2 kuling, bris 3 blåse 4 skinne, klarvær 5 regn, torden/lyn 6 skyet, regnbyger 7 overskyet
8 sludd

I

1 God idé! 2 Dårlig idé! Du bør kjøre bil så lite som mulig./Du kan ta bussen istedenfor bil. 3 Dårlig idé! Du bør ikke bruke elektrisk oppvarming hele året/når du ikke trenger det. 4 God idé!

J

Det kan bli varmere, og JonasFlodberg2000 skriver at han elsker sola.

K

1 Skipene vil kunne seile raskere fra Nord-Europa til Asia, og Norge kan bli et viktig knutepunkt for logistikk. **2** Isbjørnene kan få problemer hvis havene stiger. **3** Norge eksporterer mye olje og gass, og nordmenn er veldig vant til å ta fly. **4** Man kan bruke varme sokker.

L

Responses will vary, but should include the same key elements as the following model answer:

Familien min kildesorterer papiravfall, plastemballasje og glass. Vi vil gjerne kildesortere matavfall også, men det er litt vanskelig. Vi begynte å bruke en liten beholder for matavfall på kjøkkenet, men vi fikk ikke alltid tid til å ta den ut, så da fikk vi mange små fluer på kjøkkenet! Det er mye mer vi kan og bør gjøre for miljøet. Vi har ikke bil, men hvert år drar vi på ferie med fly, og vi vet at det kan skade miljøet. Vi skal prøve å ta toget neste gang. Hvis det blir store klimaendringer i framtida, tror jeg at det kommer til å bli nye kriger om naturressurser. Jeg håper at verdenslederne kan gjøre noe for å redde jorda.

Unit 5

A

1 nye kopimaskiner **2** kona mi **3** et elektronmikroskop **4** jeg **5** (sine) busker og hekker

B

1 liker **2** kom seg **3** brente seg **4** føler **5** legge **6** kjeder meg **7** øve dere **8** gi deg

C

Advarsel til dere (obj.) som skal kjøpe ny støvsuger!

Kona mi overrasket meg (obj.) med en Minusi-støvsuger for seks måneder siden, og jeg (subj.) ble veldig glad, men nå har den (subj.) begynt å suge veldig dårlig. Butikken har sett på den (obj.) og har fortalt oss (obj.) at det (subj.) er vår egen skyld fordi vi (subj.) ikke har skiftet pose ofte nok. Man (subj.) skal åpenbart skifte pose mye oftere enn vi (subj.) trodde. Så jeg (subj.) vil gjerne advare dere (obj.) alle før dere (subj.) begår samme feil som oss (obj.).

D

1 giftet seg **2** forsov meg **3** å slanke dere **4** gleder oss **5** ønsket seg **6** å klippe seg **7** å slå deg
8 skynd deg/dere

E

1 sitt (Kåre), sitt (Kåre) **2** våre (vi), sin (naboene), vår (vi) **3** sin (Shamina), hennes (Shamina) **4** sine
(Eli), deres (vennene), hennes (Eli) **5** sine (Benjamin), deres (søstrene), mitt (Benjamin) **6** min (Nora),
din (Pei-Sze) **7** min (jeg), dens (rive), dens (rive)

F

1 vår, min, deres **2** Min, sin, hans **3** deres, deres **4** sin, hennes

G

1 datamaskin **2** fjernkontroll **3** elkjele **4** stavmikser **5** mandelkvern **6** fargeprinter **7** badevekt
8 hårtrimmer

H

Stua: flatskjerm, høytalere, lampett, vedovn **Badet:** barbermaskin, hårtrimmer, hårføner
Garasjen: batterilader, høytrykkssprøyte, motorsag **Kjøkkenet:** fryser, kjøleskap, komfyr,
mikrobølgeovn, mikser

I

Joan forventer å få et positivt svar fordi hun regner med at forsikringen hennes dekker
situasjonen. Hun håper derfor på å få en ny hårføner.

J

1 Nei, det er ekstremt sjeldent. **2** Ja, butikken vil gjerne be Joan og døtrene hennes om unnskyldning
og erstatte hårføneren. **3** Butikken håper at Joan vil gå på nettet og skrive en positiv anmeldelse av
deres kundeservice. **4** Alle kundene som skriver en anmeldelse på nettet kan vinne.

K

1 – f **2** – b **3** – e **4** – a **5** – c **6** – d

L

1 et produkt **2** å oppleve **3** en unnskyldning **4** å ønske **5** en forsikring **6** et sår **7** å kjøpe **8** å håpe
9 å trekke lodd **10** å vinne

Unit 6

A

1 Something began in the past (not going to the eye specialist) but reaches into and is still going on in the present. **2** Something in the present has to be finished (results from blood tests) before something else can happen in the near future. **3** Something in the past (taking sleeping pills) is seen from the perspective of the present. **4** Something in the past happened at a non-specified time (eating sugar) and has consequences for/on the present.

B

The auxiliary verb used is **har**.

C

1 har prøvd **2** har nådd **3** har gitt **4** har fjernet **5** har låst

D

1 har vært **2** har snakket **3** har virket **4** har overveid **5** har bestilt **6** har mistet

E

1 – c **2** – b **3** – f **4** – a **5** – d **6** – e

F

1 Ambulansen har allerede kjørt./Ambulansen har kjørt allerede. **2** Har du noensinne hatt en ulykke med bilen? **3** Legen har nettopp undersøkt Jan. **4** Jeg har aldri greid å finne årsaken til mine humørsvingninger. **5** Jeg har alltid lidt/lidd av astma og allergi. **6** Jeg har ennå ikke mottatt resepten på medisinene mine.

G

1 – a **2** – e **3** – d **4** – c **5** – b

H

Fordi de har blitt syke. Ifølge legen har de fått omgangssyke.

I

1 Ja, det har de. Det er faktisk helt normalt å få diaré i starten av en ferie som den Karla og Øyvind er på. **2** Mange i Norge, inkludert faren til Karla og Øyvind, har blitt rammet av influensaepidemien. **3** Hun har vasket hendene hver gang hun har vært ute, og hun har vaksinert seg. **4** De vil vite mer om turen deres og hva de har sett, hørt, smakt og følt.

J

1 diaré **2** dehydrerte **3** medisiner **4** influensaepidemi **5** smittet **6** vaksinert

K

1 å få (irregular) **2** å sørge (group 1) **3** å overveie (group 3) **4** å vaksinere (group 2) **5** å oppleve (group 3) **6** å kjøpe (group 2) **7** å se (irregular)

L

Answers will vary, but should include the same key elements as this model answer:

9. juni 2017

Kjære mamma og pappa!

Takk for mailen! Vi har fått det mye bedre, og legen har sagt at vi ikke behøver å ta flere medisiner, så vi har endelig fått tid til å se oss omkring.

Vi har besøkt Taj Mahal i Agra, og det var en veldig stor opplevelse, men nå er vi i New Delhi hvor vi har smakt den lekre lokale retten Biryani og drukket masse lassi.

I morgen drar vi til Nepal. Vi har bestemt oss for å prøve å komme til Everest Base Camp – endelig vil all vår erfaring med fjellturer i Norge være til gagn. :)

Stor klem fra Karla og Øyvind

Unit 7

A

1 gamle **2** fullt, forskjellige **3** naturlig, varme **4** nye, bra **5** pen **6** kaotisk, stressende

B

The main rules are that adjectives have no special endings (**rød → rød**) if accompanying a masculine or feminine noun; a **-t** ending (**rød → rødt**) if accompanying a neuter noun; and an **-e** ending (**rød → røde**) if accompanying anything plural or as a direct part of a definite construction.

C

1 ny **2** godt **3** gamle **4** billig **5** norske, svenske

D

Det hvite hus (with a capital 'D' and no double definite) is the White House, i.e. the official Washington residence of the President of the United States, and **Den røde plass** is Red Square in Moscow. Meanwhile, **det hvite huset** means 'the white house', so could be any house that is white, and **den røde plassen** could be any square, or indeed any place, that is red.

E

1 små **2** små **3** lille **4** små **5** lite **6** lite **7** lille **8** liten **9** lita **10** små **11** små

F

1 den gule lua, denne røde **2** de estiske sokkene, de grønne, de hvite **3** den nye butikken, denne byen **4** de rosa glassene, de blå

G

1 emosjonell, emosjonelt, emosjonelle **2** glad, glad, glade **3** interessert/interessant, interessert/interessant, interesserte/interessante **4** lykkelig, lykkelig, lykkelige **5** rasende, rasende, rasende **6** rolig, rolig, rolige **7** sint, sint, sinte **8** tilfreds, tilfreds, tilfredse **9** trist, trist, triste **10** urolig, urolig, urolige

H

1 glad **2** interessert **3** sint **4** tilfreds **5** rasende/sint

I

Beate fikk ei stilig skilue av Synnøve, og Synnøve fikk kule solbriller av Beate.

J

1 Ja, hun er veldig nysgjerrig etter å få vite hva slags klær Synnøve fikk. **2** Hettegenseren var aprikosfarget, og Synnøve foretrekker rosa. **3** Det var lett å bytte genseren fordi mora til Synnøve hadde beholdt kvitteringen. **4** Nei, hun kjøpte ei grønn skjorte og et rosa skjørt.

K

Responses will vary, but should include the same key elements as the following model answer:

Favorittklesplagget mitt er ei svart jakke som jeg kjøpte da jeg var på ferie på New Zealand. Jakka er myk og er laget av merinoull. Jeg bruker den i gjennomsnitt kanskje en gang i måneden. Ermene er litt lange, men det er bra når det er litt kaldt. Merinoull puster godt, og selv om jakka er ganske tynn, er den varm om vinteren, men ikke for varm om sommeren. Den er veldig komfortabel og ikke særlig elegant, men samtidig kan man bruke den på jobben hvis det er lov å bruke uformelle klær. Jeg liker denne jakka også fordi den minner meg om den flotte naturen og den rike kulturen i landet som også heter Aotearoa, eller «den lange hvite skyens land». Der er det ikke bare hvite skyer i himmelen, men også mange små hvite merinosauer på bakken.

Unit 8

A

1 bort 2 altfor 3 gjerne 4 ofte 5 kun

B

1 langt 2 vakkert 3 gratis 4 helt 5 komplett 6 relativt 7 mildt 8 greit 9 foreløpig 10 vondt

C

1 framme 2 hjemme 3 ned, der 4 inn, her 5 dit 6 bort

D

Clausal adverbs (also called sentence adverbs) are normally placed immediately after the subject and verb in a main clause (e.g. **Jeg synes <u>alltid</u>…**) and immediately before the verb in a subordinate clause (e.g. **… at det <u>ikke</u> er rettferdig**).

E

1 Kvinner er **ikke bare** mødre. 2 Barnehager bør **alltid** være gratis. 3 Situasjonen i samfunnet vil **nok** forandre seg i framtida. 4 Det er **fortsatt** mye å gjøre for å få likestilling mellom heterofile og homofile.

F

1 sjelden 2 alltid 3 sammen 4 langsomt 5 inne 6 her 7 dårlig/ille/stygt

G

1 velge, foreldrepermisjon 2 nesten alltid, omsorgen 3 dele, ikke 4 kan, mellom 5 familiepolitikken, mer 6 muligheter, karriere

H

1 likestilling 2 stemmerett 3 pappapermisjon 4 tvangsekteskap 5 å diskriminere 6 likelønn 7 likekjønnet ekteskap

I

Hovedpersonen i *Et dukkehjem* heter Nora Helmer.

J

1 Nora har en hemmelighet som hun prøver å skjule fra mannen sin. 2 Nora har innsett at hun ikke får være seg selv med Torvald. 3 Ifølge Ibsen selv handlet *Et dukkehjem* mest om menneskefrigjøring. 4 Det er en slags likhetsprøve for filmer. 5 Det må være minst to kvinnelige personer i filmen som snakker sammen om noe som ikke har med en mann eller en gutt å gjøre.

Unit 9

A

1 lengste: (definite) superlative form of **lang 2 flinkere**: comparative form of **flink 3 fortere**: comparative form of **fort 4 høyeste**: (definite) superlative form of **høy 5 best**: superlative form of **god** (or in this case of the adverb **godt**) **6 større**: comparative form of **stor 7 mer**: comparative form of **mye 8 tyngre**: comparative form of **tung**

B

The subordinating conjunction most commonly used for making comparisons is **enn** (*than*).

C

1 bedre **2** viktigere **3** helst **4** norskeste / mest norske **5** mer aktive (plural)

D

1 større, størst, mindre **2** lavere, lavest **3** høyere, høyeste (definite) **4** kaldere, kaldest **5** færre, færreste (definite) **6** flere, fleste (definite)

E

1 ikke så dyp **2** like høy **3** ikke så varmt **4** ikke så mange **5** like kaldt

F

1 rolig, roligere, roligst **2** dyrket, mer dyrket, mest dyrket **3** tørr, tørrere, tørrest **4** flat, flatere, flatest **5** grønn, grønnere, grønnest **6** isete, mer isete, mest isete **7** lavtliggende, mer lavtliggende, mest lavtliggende **8** berglendt, mer berglendt, mest berglendt **9** smal, smalere, smalest **10** stille, stillere, stillest **11** steinete, mer steinete, mest steinete **12** grunn, grunnere, grunnest **13** kort, kortere, kortest **14** myk/mjuk, mykere/mjukere, mykest/mjukest **15** bratt, brattere, brattest **16** tropisk, mer tropisk, mest tropisk **17** vulkansk, mer vulkansk, mest vulkansk **18** våt, våtere, våtest **19** bred/brei, bredere/breiere, bredest/breiest **20** skogkledd, mer skogkledd, mest skogkledd

G

Danmark: dansk, en danske **Finland:** finsk, en finne/finlender/finlending **Færøyene:** færøysk, en færøying **Grønland:** grønlandsk, en grønlender/grønlending **Island:** islandsk, en islending **Sverige:** svensk, en svenske **Åland:** ålandsk, en ålending

H

Ny-Ålesund ligger lengst mot nord.

I

1 Kull er et fossilt brensel som finnes under bakken på Svalbard. **2** Pyramiden har verdens nordligste piano og verdens nordligste Leninstatue. **3** Over 60 prosent av terrenget er dekket av isbreer. **4** Man må ta med våpen for å skremme isbjørn og til eventuelt selvforsvar.

Unit 10

A

1 Jeg leste en interessant artikkel i går. **2** Da jeg var student, leste jeg mange interessante artikler hver dag.

B

For noen tiår siden var internett eller mobiltelefoner ikke et alternativ. Vi brukte ikke e-post, men postet brev. Vi hadde ikke kredittkort eller mobilbetaling, men tok ut pengene fra banken og betalte med kontanter eller skrev ut sjekk. Den gangen skjedde det meste manuelt og ikke digitalt. En av de største fordeler var at vi snakket mer ansikt til ansikt enn i dag. Men det var også mange ulemper. For eksempel pleide det å være vanskeligere å holde kontakt med gamle venner som bodde langt vekk, og noen følte seg utrygge hvis de hadde mange kontanter liggende i huset.

Group 1: postet, snakket **Group 2:** brukte, betalte, følte **Group 3:** pleide **Group 4:** skjedde, bodde **Irregular verbs:** var (x3), hadde (x2), tok, skrev

C

1 ble **2** fant **3** fikk **4** hjalp **5** kom **6** så **7** sa **8** valgte

D

1 utviklet **2** krevde **3** overrasket **4** nådde **5** kåret **6** søkte **7** klarte **8** stoppet

E

1 å formidle, formidlet **2** å informere, informerte **3** å intervjue, intervjuet **4** å kommunisere, kommuniserte **5** å oppdatere, oppdaterte **6** å rapportere, rapporterte **7** å underholde, underholdt **8** å ytre, ytret

F

1 tok ansvar for **2** fikk kritikk for **3** var overbevist om **4** gjorde inntrykk på **5** var skeptisk til

G

Han ble irritert fordi kona hans begynte å sjekke nyhetene på telefonen så snart hun kom hjem fra jobben. Han syntes at hun hadde blitt asosial og at telefonen hadde tatt over hennes liv.

H

1 Det sto at vi har blitt mer sosiale takket være sosiale medier, for vi har blitt flinkere til å holde kontakt med vennene våre. 2 Hun fikk noen julebrev og bursdagskort, men hadde ikke jevnlig kontakt med dem. 3 Fordi hun trodde at det ville gå over. 4 Da han glemte å hente dattera deres etter skolen. Derfor kom hun gråtende hjem, og da innså han at dette ikke gikk lenger.

I

1 fnøs, irregular, å fnyse 2 syntes, irregular, å synes 3 savnet, Group 1, å savne 4 kommenterte, Group 2, å kommentere 5 pleide, Group 3, å pleie 6 aksepterte, Group 2, å akseptere 7 kulminerte, Group 2, å kulminere 8 innså, irregular, å innse

J

1 å reise seg 2 å begynne/å starte 3 i begynnelsen/i starten 4 å være enig 5 det samme 6 ofte 7 å nekte 8 å huske

K

1 brannmur 2 bredbånd 3 kildekritikk 4 nettsky 5 programvare 6 søkemotor 7 ukeblad

Unit 11

A

1 at jeg antakelig ville bli forfremmet neste år 2 Hvis jeg får sparken 3 når den blir utlyst 4 hvor jeg arbeider; hvem jeg arbeider med 5 han ville sende meg rapporten innen fristen 6 som er tillitskvinne på arbeidsplassen min

B

Subordinate clauses can be introduced with subordinating conjunctions (sentences 1 **at**, 2 **hvis**, 3 **når**), question words (sentence 4 **hvor** and **hvem**), relative pronouns (sentence 6 **som**) or nothing, i.e. where **at** or **som** have been left out (sentence 5).

C

1 fordi 2 så 3 at 4 Til tross for at 5 når 6 om 7 som

D

1 om 2 når 3 når 4 hvis/om 5 om

E

1 hvorfor jeg kom for seint i dag **2** hvem jeg liker å arbeide sammen med **3** når jeg møter opp om morgenen **4** hvor mange kopper kaffe jeg drikker per dag **5** hvilke programmer jeg har på min nye pc

F

1 som **2** – **3** som **4** som

G

1 Den nye vikaren, som vi alle liker, slutter i stillingen neste uke. **2** Det er ulovlig å straffe arbeidere som streiker. **3** Mange (mennesker) sitter hele dagen, noe som er dårlig for ryggen. **4** Fengselsbetjenter, som har en svært krevende jobb, blir ofte stresset. **5** Skuespilleren som spilte Peer i *Peer Gynt*, var veldig overbevisende.

H

1 Jeg synes (at) du arbeider altfor mye. **2** Det er mange som søkte jobben, men ikke så mange som var kvalifiserte. **3** Når en arbeidsgiver sier (at) du alltid skal være ærlig, er det en god idé å passe litt på. **4** Min arbeidstelefon, som jeg kjøpte i fjor, har gjort det lettere for meg å skille arbeid og fritid. **5** Det første (som) jeg gjør, når jeg kommer hjem fra jobben hver ettermiddag, er å sette på kaffetrakteren (som) kona mi ga meg i julegave. **6** Folk som har arbeidet med asbest, burde få erstatning.

I

1 fordi jeg <u>ikke</u> føler **2** at jeg <u>dessverre ikke</u> hadde fått jobben **3** Selv om jeg <u>nok</u> er for uerfaren **4** hvordan jeg <u>best</u> kunne bidra til universitetets profil **5** som man <u>ikke</u> er interessert i **6** Til tross for at jeg <u>alltid</u> hadde ønsket å bli sykepleier

J

1 – e **2** – b **3** – c **4** – f **5** – a **6** – d

K

ambisiøs, sosial, kreativ, erfaren, engasjert, lærevillig, fleksibel, målrettet

L

Jobben som norsklektor omfatter hovedsakelig undervisning i norsk språk fra begynnernivå til avansert.

M

1 Fordi han drømmer om nye utfordringer, og fordi han føler seg velkvalifisert til stillingen.
2 Han har en mastergrad i norsk og fremmedspråkspedagogikk. 3 Han nevner at hans elever har produsert sine egne mini-nyhetssendinger. 4 Han har både ledet og vært en del av team. I tillegg har han vært med på å ivareta kommunikasjonen mellom lærerne og elevenes aktivitets- og festutvalg. Han har også mye erfaring med rettearbeid, eksamen – både muntlig og skriftlig – samt veiledning av større skriftlige oppgaver. 5 Han har vedlagt CV-en sin, dokumentasjon for eksamener ved Universitetet i Oslo og en attest fra sin nåværende rektor.

N

1 en veiledning, å veilede, veiledende 2 en glede, å glede (seg), glad 3 en/et smil, å smile, smilende 4 en drøm, å drømme, drømmende 5 en erfaring, å erfare, erfaren 6 en styrke, å styrke, sterk 7 et arbeid, å arbeide, arbeidende/arbeidsom 8 en dokumentasjon, å dokumentere, dokumentert/dokumenterbar

O

Answers will vary. Some examples include:

utadvendt, profesjonell, energisk, positiv, selvstendig, tilpasningsdyktig, effektiv, konstruktiv; stå-på-vilje, lederskap, samarbeidsevne, ildsjel, å forske, å arbeide med/som…, å utvikle, å grunnlegge, å etablere

Unit 12

A

1 av mine søsken 2 etter flommen 3 med balkong 4 i måneden 5 mot tyveri 6 til en eiendomsmegler 7 før ca. 1980

B

1 Hun ville ikke bo i en boligblokk uten heis. 2 Under oppussing fant onkelen min 30 000 kroner i peisen. 3 Tomannsboligen ligger fredelig til ved grøntområder. 4 Det blir solgt færrest boliger om vinteren. 5 Siden 1950-årene har kjøkkener blitt større og større. 6 Deres første leilighet lå over et vaskeri. 7 Hvilken etasje bor du i? 8 De ville gjerne flytte fra den stygge kjellerleiligheten.

C

1 continents 2 countries 3 cities 4 islands/archipelagos 5 parts of cities 6 individual mountains

D

1 over lenestolen 2 under bordet 3 i hyllene 4 i vitrineskapet 5 bak sofaen 6 fra taket 7 foran døra/døren 8 gjennom alle rommene 9 til venstre for

E

1 til **2** i **3** i **4** på **5** for **6** i/på **7** på **8** fra **9** til **10** i **11** i **12** fra **13** på **14** hos

F

1 I ett år **2** For ett år siden **3** For ett år siden **4** Om ett år **5** I ett år **6** Om ett år

G

1 på **2** i **3** På **4** i **5** på

H

leter etter, interesserte i, gode til, flink til, ferdige med, venter på, grunnene til, forelsket i, ulemper ved, lei av, overrasket over, misunnelige på

I

1 Vaskerommet, mellom **2** fra, vinkjelleren **3** med, dusjkabinett **4** flyttekassene, på **5** hagemøbler, av

J

1 lysestake (the others are all related to electric lighting) **2** sovesofa (the others are all related to babies) **3** hengekøye (the others are not primarily intended for sleeping on) **4** grill (the others are not mainly used for cooking food) **5** murstein (the others are all commonly used for flooring)

K

Fordi han er redd for at det blir for mye arbeid med vedlikehold.

L

1 Rekkehus, tomannsboliger og eneboliger er ofte selveide. **2** Fordi han har eid både leiligheter og eneboliger. **3** Han sier at det er vanvittig mye arbeid med enebolig fordi man skal vedlikeholde både hagen og selve huset innvendig og utvendig. **4** Han mener at han skal tenke seg om. Han skal overveie hva han har behov for og hva som er viktigst for ham.

M

1 klare over **2** står for/har ansvar for **3** snakket om **4** arbeid med **5** bruke tid på **6** behov for

N

1 – d **2** – e **3** – b **4** – a **5** – c

O

1 eldrebolig **2** leilighet **3** enebolig **4** rekkehus **5** kollektiv **6** bondegård **7** tomannsbolig **8** hytte

Unit 13

A

1 alle (nom.) 2 hele (att.) 3 mange (att.) 4 nok (att.) 5 mye (att.) 6 begge to (nom.) 7 noe (att.) 8 hver (att.)

B

1 Fotballklubben min har ikke noen trener for tida. 2 Ingen har lyst til å spille bowling med meg. 3 Jeg kan ikke bli ferdig med modellflyet mitt fordi jeg ikke har noe lim. 4 Barna mine deltar ikke i noen friluftsaktiviteter. 5 Litt trening er bedre enn ingenting.

C

1 alle 2 Noen 3 noen få 4 ingen 5 mange 6 hel

D

1 Flere 2 færreste 3 mye 4 fleste 5 mindre 6 mange

E

1 begge 2 hele 3 nok 4 Hvert 5 all 6 ikke noe

F

Utendørs: dykking, jakt, landeveissykling, roing, sopptur **Innendørs:** fekting, kor, kunstløp, rullestoldans, sløyd

G

Baker: kjevle, målekopp, ringform **Speider:** kompass, lommekniv, sovepose **Musiker:** forsterker, notestativ, stemmegaffel **Maler:** palettblokk, pensel, staffeli

H

Kari er yogainstruktør, vert og kokk på gården.

I

1 Galt: Lene og mora gikk på yoga hver tirsdag og torsdag og noen ganger også en hel lørdag. 2 Rett 3 Galt: Alle kan få noe ut av yoga uansett formen. 4 Galt: Yoga gir en bedre forståelse for hvordan alt henger sammen. 5 Rett

J

1 Noen få timers kjøretur 2 Hver helg 3 All maten 4 En hel lørdag 5 Oss begge 6 Hele kroppen 7 Ingenting 8 Alle

K

1 å trene **2** å intervjue **3** å instruere **4** å tilfredsstille **5** å forstå **6** å stresse

L

1 Kari holder ingen/ikke noen kurs. **2** Det er få år siden. **3** Ingen kan få noe ut av yoga. **4** Man opplever hvordan ingenting/intet henger sammen. **5** Det gir oss mindre energi og mer stress.

Unit 14

A

1 – e **2** – b **3** – d **4** – a **5** – c

B

1 skulle innføre **2** ville bli **3** skulle gjøre **4** skulle begynne **5** skulle få

C

Pluperfect: hadde gått, hadde arbeidet, hadde malt, hadde valgt, hadde begynt **Past future:** skulle, skulle frakte, skulle fortsette, ville gi seg, skulle ha, skulle

D

1 Jeg var glad for at jeg hadde fått et stipend. **2** Han snakket godt fransk fordi han hadde studert i Paris i to år. **3** Hun syntes at norskkurset hadde gitt henne bedre innsikt i norsk kultur. **4** Læreren fortalte Helles foreldre at hun alltid hadde hatt gode evner i kjemi.

E

1 Noen politikere mente at alle unge skulle ta en videregående utdannelse. **2** Lærerne fikk vite at det ville bli endringer i pensumet fra neste år. **3** Fagforeningen krevde at alle lærlingene skulle få individuell veiledning. **4** Som rektor oppfordret jeg alle de som skulle starte på skolen, til å arbeide hardt.

F

1 folkehøgskole **2** videregående skole **3** universitet **4** privatskole **5** grunnskole

G

1 å eksperimentere, hadde eksperimentert, skulle eksperimentere **2** å forelese, hadde forelest, skulle forelese **3** å forske, hadde forsket, skulle forske **4** å undervise, hadde undervist, skulle undervise **5** å utdanne, hadde utdannet, skulle utdanne

H

Agnieszka overveier å studere i Bergen, og hun tror at Kari fortalte henne at hun hadde studert i Bergen og skulle tilbake dit. Hun håper derfor at Kari kan fortelle henne litt om studentlivet i Bergen.

I

1 Ja, Kari er glad for å høre fra henne. Hun skriver at hun ofte tenker på henne og ville ha besøkt henne hvis hun hadde hatt flere penger. 2 Fordi hun studerte i Bergen for to år siden. Før det hadde hun studert et år i Trondheim og gått på folkehøgskole i Oslo. 3 Det er et arrangement hvor nye studenter kan møte engasjerte studenter fra de mange studentorganisasjonene. 4 Nei, hun ble også invitert til filmkvelder, teaterforestillinger og mye mer.

J

1 ville komme 2 hadde trodd 3 hadde valgt 4 skulle holde

K

1 – f 2 – e 3 – c 4 – d 5 – a 6 – b

L

1 forsikre (has nothing to do with education) 2 medlem (is not a person you study with) 3 kunnskap (does not refer to a university faculty) 4 vanskelighetsgrad (does not refer to a university degree)

Unit 15

A

1 Dommen ble lest opp av dommeren. 2 Klienten ble snytt av advokaten. 3 Forbrytelsen anmeldes av mannen. 4 Lommebøker blir ofte stjålet av lommetyver. 5 Alle forbrytere skal hjelpes av samfunnet. 6 Stjålne varer finnes sjelden av politiet.

B

The passive voice can be formed by adding an -s to the infinitive or by using the auxiliary verb å bli, followed by the past participle of the main verb.

C

1 blir mistenkt / mistenkes 2 ha blitt røvet 3 ble stoppet 4 blitt straffet 5 blitt anklaget 6 utsettes / bli utsatt 7 ble skutt 8 bli rørt

D

1 Politiet etterforsker alltid mord og mordforsøk. **2** Mye ulovlig musikk blir lastet ned/lastes ned av unge mennesker. **3** Narkotikalovbrudd bør anmeldes/bli anmeldt til politi og tollvesen. **4** Vår psykolog har tilbudt krisehjelp til de pårørende./Vår psykolog har tilbudt de pårørende krisehjelp. **5** Alle skal behandles på samme måte av rettsvesenet. **6** Politi og kommune benytter Helsedirektoratets modell «Ansvarlig alkoholhåndtering». **7** Blokkens beboere pågrep pyromanen. **8** Våpen kan ikke bæres av alminnelige mennesker i Norge.

E

1 lykkes **2** finnes/fins **3** spørs **4** møtes, slåss **5** høres **6** skyldes

F

1 møte **2** snakke **3** finnes **4** ringes **5** se **6** treffe **7** høre **8** skilles

G

Det er fordi en tiltalt skal dømmes av sine likemenn.

H

1 Man skal være fylt 21 år og være under 70 år. **2** Det kreves god norskkompetanse. Man skal både kunne snakke og forstå norsk. **3** Man får innkallingen i posten. **4** Man skal sende en skriftlig søknad til domstolen og vedlegge en bekreftelse på fritaksgrunnen. **5** Det er lekdommere i straffesaker i tingretten, i lagmannsretten i saker hvor skyldspørsmålet skal avgjøres, og i saker hvor det skal utmåles straff for alvorlige forbrytelser.

I

1 skal dømmes, å dømme **2** kan kontaktes, å kontakte **3** velges/kan velges, å velge **4** vil bli fritatt, å frita **5** må vedlegges, å vedlegge **6** blir innkalt, å innkalle **7** skal avgjøres, å avgjøre **8** skal utmåles, å utmåle

J

1 lenestol (has nothing to do with the justice system) **2** rådgiver (not related to power and authority) **3** område (is not a jurisdiction) **4** utvikling (does not mean condition or prerequisite) **5** piece (is not an official document) **6** ansatt (simply means employee and does not therefore indicate whether the person has authority over other employees) **7** gevinst (does not relate to punishment) **8** advarsel (does not mean decision)

K

1 uskyldig **2** mistanke **3** tiltale **4** ulovlig **5** umyndig **6** mishandle **7** tilstå **8** ubetinget

L

Responses will vary, but should include several of the key elements shown in the model answer:

Jeg ble vitne til en mindre trafikkulykke for to dager siden. En dame kjørte på rødt lys, og det lyktes ikke de andre bilistene å bremse i tide, så hennes bil ble truffet av en liten varebil. Politi og ambulanser ble fort tilkalt, og de ankom med en gang. Jeg ble bedt om å avgi en forklaring fordi jeg hadde vært vitne til ulykken. Heldigvis ble både damen og han som kjørte lastebilen, utskrevet fra sykehuset senere på dagen, så det var kun bilene som hadde blitt skadet. Men jeg ble virkelig forskrekket, og nå passer jeg ekstra på i trafikken.

Unit 16

A

Present participles: irriterende (adj.), smilende (vb.), stående (vb.), imponerende (adj.), gråtende (vb.), sittende (vb.) **Past participles:** kjørt (vb.), fått (vb.), hørt (vb.), sjokkert (adj.)

B

1 rystende 2 reisende 3 anspent 4 leende 5 kjent 6 døende 7 irriterende

C

1 avgående 2 gripende 3 hamrende 4 gjenkjennende 5 gående

D

1 gikk bannende 2 ble stående og hugge 3 satt måpende 4 kom syklende

E

1 dirigert 2 Rettede/Rettete 3 øvd 4 bekymret 5 inspirert 6 kritisert 7 stjålne

F

1 moderniserte 2 utøvende 3 underholdende 4 anerkjente 5 respektert

G

Fjernsyn: (en) filmstjerne, (en) kameramann, (en) programleder, (et) sett **Museum:** (et) kabinett, (et) kunstverk, (en) monter, (en) utstilling **Teater:** (en) balkong, (en) kulisse, (et) parterr, (et) sceneteppe

H

Det hadde vært lenge siden han/hun hadde lest ei bok av en forfatter som han/hun ikke kjente i forveien. I tillegg ble han/hun fanget av bokomslaget med den evig svevende skihopperen.

I

1 Han er intellektuell, en begavet pianist, en sofistikert kunstelsker og en eventyrer. **2** Han blir det ledende medlemmet i en gjeng gutter som stjeler og begår annen kriminalitet. **3** Det betyr at romanen finner sted i en storby, og at leseren kan følge Wilfreds utflukter rundt på kartet over Kristiania/Oslo. **4** Ifølge anmeldelsen var Norge på randen av en ødeleggende omveltning som ville forandre livene til alle samfunnets medlemmer for godt.

J

1 elsket **2** polert **3** ledende **4** atskilte **5** ødeleggende

K

1 kunstelsker **2** gjeng **3** kriminalitet **4** sammenbrudd **5** utflukt

L

1 universitet(s) + bok + handelen **2** ski + hopper **3** verden(s) + krig **4** voksen + livet **5** by + roman

Unit 17

A

1 Dummy subject as it does not refer to anything and carries no meaning. **2** Real subject because it refers to **bryllupet til venninna mi**. **3** Dummy subject to put emphasis on a particular element (**til pinse**) in the sentence for stylistic reasons. **4** Dummy subject to move more complicated structures (**å brenne ei heks til sankthans**) towards the end of the sentence. **5** Real subject because it refers to **et juletre**.

B

1 – a **2** – c **3** – b **4** – d

C

1 Det er for tåkete ute til fyrverkeri. **2** Det er for mange julenisser på denne julefesten! **3** Det er mandelen man må finne i riskremen. **4** Det er mange måter å feire påske på.

D

1 Det kan være litt irriterende å ha bursdag på julaften. **2** Det er en forholdsvis ny tradisjon i Norge at par feirer valentinsdagen./Det er en forholdsvis ny tradisjon at par feirer valentinsdagen i Norge. **3** Det spises ca. 23 millioner egg i løpet av de fem påskedagene. **4** Det er vanlig i Norge å plukke inn bjørkegreiner og lage fastelavnsris./Det er vanlig å plukke inn bjørkegreiner og lage fastelavnsris i Norge. **5** Det ble døpt ca. 42 000 barn i 2010.

E

1 Det er påskekrim jeg elsker. **2** Det er flere og flere ungdommer som velger en humanistisk konfirmasjon. **3** Det er på grunn av beruselse at mange fyrverkeriskader skjer. **4** Det var til foreldrene mine jeg ga en ny pc i anledning sølvbryllupet deres. **5** Det var på min nieses navnefest at foreldrene mine ble uvenner.

F

1 gratulere **2** pyntes **3** ønske **4** invitere **5** feires

G

1 – g **2** – d **3** – h **4** – b **5** – f **6** – e **7** – a **8** – c

H

Fordi det er Norges nasjonaldag, dagen da Norge fikk sin egen grunnlov.

I

1 Det er flaggheising ved Rådhuset og bekransning av Sjømannsmonumentet ved kirken. **2** Det er foreldrenes ansvar å hente barna sine. **3** Man kan kjøpe grillmat, brus, is, kaffe, kaker og vafler samt flagg og sløyfer. **4** Det er meldt dårlig vær på selve dagen. Arrangøren anbefaler at man tar med en paraply og varme klær hvis det regner og er kaldt.

J

1 Det vil være en stor glede **2** det er viktig **3** Det var mulig **4** Det vil være **5** Det er derfor

K

1 nasjonaldag **2** grunnlov **3** bunader **4** opplysninger **5** toget **6** samvær

L

1 å feire **2** et ønske **3** et flagg **4** en deltakelse/en deltaker **5** å arrangere **6** å tale/å holde en tale **7** å markere **8** en invitasjon

Unit 18

A

bygdas årlige skikonkurranse, Astrid Pedersens banebrytende rekord, dattera til Astrid, Astrids barnebarn, de flotte nye skiene til Ola, Veslebygda skilag si Facebook-gruppe

B

The definite form of adjectives is used (e.g. **bygdas <u>årlige</u> skikonkurranse, de <u>flotte</u> <u>nye</u> skiene til Ola**), as genitive constructions refer to a specific thing in the same way that definite constructions do.

C

1 Sigurds akebrett, akebrettet til Sigurd **2** Toves ishockeykølle, ishockeykølla til Tove **3** Kjetils skistav, skistaven til Kjetil **4** Audhilds leggskinn, leggskinnene til Audhild **5** Steinars skøyter, skøytene til Steinar **6** Kirstis golfbukse, golfbuksa til Kirsti **7** Marcus' telt, teltet til Marcus

D

1 robåt **2** tennisball **3** fotballkamp **4** verdenskart **5** sandvolleyball **6** fotballandslag **7** tennissko **8** sovepose

E

It is the final element of a compound noun that determines its gender. For instance, **hjelm** (*helmet*) is masculine, so **skihjelm** is masculine; **jakke** (*jacket*) is feminine, so **skijakke** is feminine; **belte** (*belt*) is neuter, so **skibelte** is also neuter.

F

1 ball number three **2** to fish for buns **3** (a) potato ran **4** sailing west **5** (some) skis are running

G

1 basketball/kurvball **2** kappgang **3** curling **4** skiskyting **5** biljard **6** håndball **7** bueskyting **8** snøbrett

H

1 fallskjerm, fly, hjelm, reserveskjerm, vernebriller **2** fektejakke, maske, sverd **3** hjelm, isbane, kølle, puck, skøyter, tannbeskytter **4** kart, kartholder, kompass, terrengsko, turklær **5** potet, skje **6** bensin, bil, hjelm, kart **7** badedrakt, ball, hette, svømmebasseng, tannbeskytter

I

Hun fikk ikke medalje fordi jenteklassen fortsatt var uoffisiell på den tida.

J

1 Kvinnelige skihoppere fikk først delta i Vinter-OL i Sotsji i 2014. **2** Hun og flere andre kvinnelige skihoppere gikk til sak mot arrangørene. **3** Hun begynte på sykepleierutdanningen. **4** Hun var ikke den aller første fordi det var noen gutter som prøvehoppet i bakken kvelden før.

Unit 19

A

1 synes → **tror** 2 tror → **synes** 3 mener → **tenker** 4 tror → **mener**

B

1 tenkte, har tenkt 2 trodde, har trodd 3 syntes, har syntes 4 mente, har ment

C

1 i 2 med, om 3 om 4 med, i

D

1 respekt 2 levestandard 3 asyl 4 bevegelsesfrihet 5 fengsel 6 slaveri 7 kjønnsdiskriminering 8 statsborgerskap 9 ytringsfrihet 10 rasisme

E

1 vedtatt 2 drøftes/blir drøftet 3 skjer 4 debatterer 5 monterer, dele ut 6 stemmer 7 å selge 8 bestemme, tillatt 9 danne, ledes/blir ledet 10 å åpne, leser

F

1 en bestemmelse 2 en debatt/en debattant 3 en ledelse/en leder 4 et salg/en selger 5 en stemme/ en/ei avstemning 6 en tillatelse 7 en/ei vedtekt/en vedtakelse/vedtagelse 8 et valg/en velger

G

1 selv et beskjedent utdanningstilbud kan forandre verden. 2 han måtte legge bitterhet og hat bak seg da han slapp ut av fengselet. 3 det er farlig å stå i veien for historiens frammarsj. 4 alle måtte ta ansvar på et menneskelig nivå. 5 man kunne ha stor tro på de unge i samfunnet.

H

Han skrev propagandadikt under andre verdenskrig til støtte for Norges frihetskamp.

I

1 Vernet mot vold er troen på livet vårt og menneskets verd. 2 Dikteren mener at granatene skal stoppes med ånd. 3 Dikteren mener at svik er grunnen til at det finnes sult i verden. 4 Verden kan få fred.

J

Answers will vary, but should include some of the key elements of this model answer:

Mikhail Gorbatsjov vant Nobels fredspris i 1990 for sin viktige rolle i fredsprosessen. Gorbatsjov var da Sovjetunionens president og hadde gjort mye for å forbedre forholdet mellom øst og vest, for å avslutte den kalde krigen og for internasjonal avspenning og nedrustning av kjernefysiske våpen.

Hjemme i Sovjetunionen hadde han også fått til et stort reformarbeid. Han trodde for eksempel på ytringsfrihet. Dessuten mente han at alle politiske system hadde behov for reformer i samsvar med tida. Dette betydde at han hadde en god evne til selvkritikk.

Ikke alle var enige med ham, og han er i dag mer populær utenfor Russland enn i Russland selv, men jeg mener at han viste stor politisk toleranse og er et godt forbilde for alle som vil fremme vennskap mellom nasjoner. Jeg lurer på om han syntes at det var vanskelig å ha så mye ansvar som han hadde.

Unit 20

A

1 – c 2 – e 3 – b 4 – a 5 – d

B

Quotation marks disappear (sentences a–e); the direct speech becomes a subordinate clause, introduced by a subordinating conjunction (sentences a–e); word order changes, due to the fact that the direct speech (main clause) becomes a subordinate clause (sentences a and d); pronouns (including possessive pronouns) sometimes change (sentence a); tenses sometimes change (sentences a and d).

C

1 de 2 de/vi 3 deres, hennes, hennes 4 han, sin

D

1 at 2 om 3 at 4 hvor 5 om

E

1 wrong: hadde blitt påvirket 2 right; wrong: ble 3 wrong: lærer 4 right

F

1 Redaktøren ropte at Kristin altså måtte lære å stave navnet på avisa riktig. 2 Marianne uttalte at hun først hadde lært samisk som voksen. 3 Nora spurte Seth hvorfor han ikke snakket/snakker morsmålet sitt med foreldrene sine. 4 Kari utbrøt smilende at hun den dagen hadde fått vite at hun hadde fått midler til et forskningsprosjekt om flerspråklige barn.

G

1 – f 2 – c 3 – e 4 – b 5 – h 6 – g 7 – d 8 – a

H

1 – f 2 – c 3 – e 4 – a 5 – g 6 – b 7 – d

I

Mange nordmenn er forarget over at ganske mange driver og bytter helt forståelige norske ord med engelske.

J

1 De bruker engelske ord for å krydre språket sitt. 2 Sunde bruker dette eksemplet for å vise at norsk ikke bare har lånt ord, men også setningsstrukturer fra engelsk. 3 Nei, tysk hadde en mye større påvirkning på norsk før i tida enn engelsk har i dag. 4 Fordi de lenge drev med handel i Skandinavia og dermed virket inn på områdets språkutvikling.

K

1 spurte om, å spørre om, to ask whether 2 hevder at, å hevde at, to claim that 3 presiserer at, å presisere at, to specify that 4 sier at, å si at, to say that 5 påpeker at, å påpeke at, to point out that 6 synes at, å synes at, to think that 7 understreker at, å understreke at, to stress that 8 bekrefter at, å bekrefte at, to confirm that 9 tenkte at, å tenke at, to think that 10 mente at, å mene at, to think that 11 forteller at, å fortelle at, to tell/say that 12 avslører at, å avsløre at, to reveal that 13 forklarer at, å forklare at, to explain that

L

1 språkforsker 2 språkendring 3 språkvitenskap 4 språkhistorie 5 språk

M

1 at norsk har blitt påvirket av andre språk. 2 hvordan har det norske språket utviklet seg. 3 endringer i språk vil alltid finne sted. 4 hvorfor skyldes den tyske påvirkningen hanseatene.

Active voice Sentences in which the subject performs the action of the main verb: **Kripos avhørte ham** (*The National Criminal Investigation Service questioned him*). See also **Passive voice**.

Adjectives give us more information about nouns and pronouns. They are used to describe attributes, qualities or characteristics, or to classify things. They can stand in front of a noun: (**Jeg kjøpte en pen kjole** (*I bought a <u>nice</u> dress*)), or after a verb such as **å være** (**Kjolen er pen** (*The dress is <u>nice</u>*)). In Norwegian, adjectives inflect according to **gender** (masculine, feminine or neuter), **number** (singular or plural) and form (indefinite or definite).

Adverbs typically give us more information about verbs, adjectives or other adverbs: **Vi snakket <u>sakte</u>** (*We spoke <u>slowly</u>*). Some adverbs, called clausal adverbs, modify the entire clause: **De gjør <u>alltid</u> sitt beste** (*They <u>always</u> do their best*).

Articles The indefinite articles in Norwegian are **en** (masculine), **ei** (feminine) and **et** (neuter), which correspond to English *a/an*. The definite article (*the* in English) is rendered by adding an ending to the **noun**: **-en** (masculine), **-a** (feminine), **-et** (neuter) and **-ene** (plural): **en banan** (*a banana*) → **bananen** (*the banana*). When an **adjective** is used as part of a definite construction, a definite article is added before the adjective: **den** (masculine/feminine), **det** (neuter) and **de** (plural). This is in addition to the normal definite ending of the noun, creating a 'double definite': **en billig kalender** (*a cheap calendar*) → **den billige kalenderen** (*the cheap calendar*).

Auxiliary verbs support the **main verb**. **Å ha** or **å være** are used to form the **perfect tense** and **pluperfect**; **å skulle** or **å ville** are used to form the **future tense** and past future; **å bli** is used to form the **passive voice**; and **modal verbs** are used to express possibility or necessity. See also **Main verbs**.

Clausal adverbs See **Adverbs**.

Clause Sentences consist of one or more clauses, which are smaller units containing a **subject** and a **finite verb**: <u>Jeg kan</u> ikke gå på jobb i dag fordi <u>jeg er</u> forkjølet (*I cannot go to work today because I have a cold*). **Main clauses** are also called independent clauses because they can often stand alone: **Jeg kan ikke gå på jobb i dag** (*I cannot go to work today*). **Subordinate clauses** are also called dependent clauses because they cannot stand alone and require a main clause to make sense. Subordinate clauses are often introduced by a subordinating conjunction: <u>fordi</u> jeg er forkjølet (*because I have a cold*).

Compound nouns are **nouns** formed by combining two or more words. Sometimes linking **-e** or **-s** have to be added: **fotball** (*football*) + **bane** (*pitch*) → **fotballbane** (*football pitch*); **hest** (*horse*) + **veddeløp** (*race*) → **hest<u>e</u>veddeløp** (*horse race*).

Direct object See **Object**.

Finite verbs See **Verbs**.

Future tense is normally formed by combining the modal verbs **å skulle** or **å ville** with the bare **infinitive** of the **main verb**. See also **Verbs** and **Infinitive**.

Gender is important in Norwegian as **nouns**, **pronouns** and **adjectives** inflect according to it. There are three genders in Norwegian: masculine (**en buss** (*a bus*)), feminine (**ei bok** (*a book*)) and neuter (**et hus** (*a house*)). All feminine nouns also have a masculine form (**en bok**). See also **Nouns**, **Pronouns** and **Adjectives**.

Genitive case shows possession, belonging, or other types of relationship between people or **nouns**. In Norwegian, the genitive case is formed by adding an **-s** to the person or noun that owns something: **Leilas sønn heter Liam** (*Leila's son is called Liam*). If a word already ends in **-s**, **-x** or **-z**, an apostrophe is added: **Mads' sønn heter Liam** (*Mads' son is called Liam*).

Imperatives are used to issue orders and requests and to grant permission. In Norwegian, a **verb**'s imperative form is the same as the **stem**, whereas in English the imperative form is the same as the bare **infinitive**: <u>Spis</u> **spagettien din!** (*<u>Eat</u> your spaghetti!*). See also **Stem**.

Indirect object See **Object**.

Infinitive is the form of a **verb** listed in a dictionary. These come either with the infinitive marker **å** (*to*) or as bare infinitives without **å**: **Han elsker <u>å spise</u> spagetti** (*He loves <u>to eat</u> spaghetti*); **Han skal <u>spise</u> spagetti** (*He will <u>eat</u> spaghetti*).

Intransitive/transitive Intransitive **verbs** cannot be followed by an **object**: (**Han sover** (*He sleeps/ is sleeping*)), whereas transitive verbs are always followed by a direct and sometimes an indirect object: (**Han spiser <u>spagetti</u>** (*He eats/is eating <u>spaghetti</u>*)). Some verbs, e.g. **å spise**, can, depending on the context, be both intransitive: (**Han spiser** (*He eats/is eating*)) and transitive: (**Han spiser <u>spagetti</u>** (*He eats/is eating <u>spaghetti</u>*)). Both intransitive and transitive verbs can be followed by adverbials: **Han sover <u>i senga</u>/Han spiser spagetti <u>i senga</u>** (*He sleeps/is sleeping <u>in his bed</u>/He eats/ is eating spaghetti <u>in his bed</u>*).

Main clause See **Clause**.

Main verbs express the verbal action and can be used on their own without an **auxiliary verb**: **Han <u>spiser</u> spagetti/Han har <u>spist</u> spagetti** (*He <u>eats</u>/is <u>eating</u> spaghetti./ He has <u>eaten</u> spaghetti*). See also **Auxiliary verbs**.

Modal verbs See **Auxiliary verbs**.

Non-finite verbs See **Verbs**.

Nouns refer to people, things, places, ideas and feelings. Most nouns inflect for **number** (singular and plural) and can be either indefinite or definite. In Norwegian, nouns belong to three **genders**, and these determine which indefinite singular **article** they are used with: masculine (**en**), feminine (**ei**) and neuter (**et**). See also **Gender**.

Number See **Adjectives** and **Nouns**.

Object There are two types of grammatical object in Norwegian: direct and indirect objects. The direct object is the person or thing affected by the **verb**, i.e. *spaghetti* in the example: **Han spiser <u>spagetti</u>** (*He eats/is eating <u>spaghetti</u>*). The indirect object is the person who receives the direct object, either concretely or in an abstract way: **Han ga <u>meg</u> en pakke spagetti** (*He gave <u>me</u> a packet of spaghetti*); **Han fortalte <u>barna</u> en uhyggelig historie** (*He told <u>the children</u> a scary story*). A **clause** can only contain an indirect object if there is also a direct object present. See also **Intransive/transitive**.

Participles There are two types of participle in Norwegian: past participles (**brent**) and present participles (**brennende**). They are used together with other **verbs** to form complex **tenses** (**Huset <u>har brent</u> ned** (*The house <u>has burned</u> down*)), but they are also used in other ways, e.g. as adjectives: **et <u>brennende</u> hus** (*a <u>burning house</u>*). See also **Verbs**.

Passive voice Sentences in which the **subject** does not perform the action of the **main verb**. There are two passive constructions in Norwegian: the **bli** passive: (**Han ble avhørt i går** (*He was questioned yesterday*)) and the **-s** passive: (**Han skal avhøres senere** (*He will be questioned later*)). See also **Active voice**.

Perfect tense is always a two-**verb** structure. It is formed by combining the **auxiliary verb har** (*has/have*) with the past **participle** of the verb expressing the action itself, and is normally used to connect the past with the present: **Jeg er ikke sulten fordi jeg <u>har spist</u> spagetti** (*I am not hungry because <u>I have eaten</u> spaghetti*).

Personal pronouns See **Pronouns**.

Pluperfect is always a two-**verb** structure. It is formed by combining the **auxiliary verb hadde** (*had*) with the past **participle** of the verb expressing the action itself and is used when something happened before something else in the past: **Jeg var ikke sulten fordi jeg <u>hadde spist</u> spagetti** (*I was not hungry because <u>I had eaten</u> spaghetti*).

Possessive pronouns See **Pronouns**.

Prepositions are used to indicate a relationship between two or more things, often the position of one thing in relation to another: **Vasen er <u>på</u> bordet** (*The vase is <u>on</u> the table*).

Pronouns come in several categories, but what they all have in common is that they have replaced a **noun** or proper noun, normally one that has already been mentioned: **Målfrid har en bil. <u>Hun</u> vasker <u>den</u> hver helg** (*Målfrid has a car. <u>She</u> washes <u>it</u> every weekend*). In the example, **Målfrid** and **en bil** have been replaced with the personal pronouns **hun** and **den**. Some personal pronouns have different forms depending on whether they are the **subject** or not. In the example, **hun** was used because it was the subject. Had it instead been the **object**, **henne** would have been the correct form: **Målfrid er gift. Hennes mann ga <u>henne</u> et nytt nettbrett til jul. Det var dyrt.** (*Målfrid is married. Her husband gave <u>her</u> a new tablet computer for Christmas. It was expensive.*) Some personal pronouns have different forms depending on what **gender** the noun that they refer to is. In the first example, **den** referred back to **en bil**, which is masculine, so the masculine pronoun **den** was used. In the second example, the pronoun referred back to **et nettbrett**, which is neuter, so the neuter pronoun **det** was used.
Possessive pronouns are another type of pronoun, which are used to show ownership or relation. In the previous example, for instance, **hennes** was used instead of **Målfrids**. Possessive pronouns can be reflexive possessive: (**Han tok <u>sin</u> hatt og gikk** (*He took <u>his</u> [own] hat and left*)) or non-reflexive possessive: (**Han tok <u>hans</u> hatt og gikk** (*He took <u>his</u> [=someone else's] hat and left*)), a distinction that English does not have.
Reflexive pronouns are used when the **subject** is the same as the **object**: **Han vasker <u>seg</u> hver morgen** (*He washes (himself) every morning*).

Reflexive pronouns See **Pronouns**.

Relative clauses provide more information about another part of a **clause** or an entire clause itself. They are often introduced by a **relative pronoun (som)**: **Peter, <u>som</u> sitter og spiser spagetti i kjøkkenet, er min beste venn** (*Peter, <u>who</u> is eating spaghetti in the kitchen, is my best friend*).

Relative pronouns See **Relative clauses**.

Stem The stem of a **verb** is the bare **infinitive** minus the **-e** ending (infinitive: **spise** → stem: **spis**). For verbs whose infinitives do not end in **-e**, the stem is the same as the bare infinitive (infinitive: **gå** → stem: **gå**). See also **Infinitive**.

Subject The answer to **hvem/hva** (*who/what*) is doing the action expressed by the **main verb** is the subject. In **Han spiser spagetti** (*He eats/is eating spaghetti*), the question that could be asked would be **Hvem spiser?** (*Who eats/is eating?*) and the answer, **han** (*he*), is the subject. In the more complex sentence **Karen har blitt bitt av en hund** (*Karen has been bitten by a dog*), the subject can be found by asking **Hvem har blitt bitt?** (*Who has been bitten?*), to which the answer is **Karen**.

Subordinate clause See **Clause**.

Tense Verb tense tells us when something happened or will happen. Some tenses are formed by conjugating the **verb** (present and past tense), whereas others are formed by combining **auxiliary verbs** with **main verbs** (these other main tenses being **perfect**, **pluperfect**, **future** and past future).

Verbs state what someone or something is doing, feeling or sensing. They can be divided into two groups: finite and non-finite. **Finite** verbs are verbs in the present tense, past tense or the **imperative** form: **Han <u>spiser</u> spagetti** (*He <u>eats/is eating</u> spaghetti*); all other verb forms are **non-finite** (the present and past **participles** and the **infinitive**): **Han har <u>spist</u> spagetti** (*He has <u>eaten</u> spaghetti*).

A

å amme	*to breastfeed*
å anbefale	*to recommend*
(en) anerkjennelse	*recognition*
(en/ei) anledning	*occasion/ opportunity*
(en) anmeldelse	*review*
antakeligvis	*presumably*
(en) anvisning	*instruction*
å arbeide svart	*to work off the books (cash in hand)*
avmilitarisert	*demilitarized*
å avvise	*to reject/dismiss*

B

(en/ei) behandling	*treatment*
(en/ei) betjening	*service*
å betrakte	*to view/consider*
(et) blad	*magazine*
(et) blodtrykk	*blood pressure*
(et) borettslag	*housing cooperative*
(en) borgerkrig	*civil war*
(en/ei) bosetning	*settlement*
(en) bunad	*Norwegian national costume*

D

det kommer an på	*it depends (on)*
det var dråpen (som fikk begeret til å flyte over)	*it was the final straw*
dristig	*bold, daring*
å duskregne	*to drizzle*

å dyrke	*to cultivate*
dyster	*gloomy*

E

edel	*noble, virtuous*
(en) eiendomsskatt	*property tax*
(en/ei) enhet	*unit*
(en/ei) erstatning	*replacement/ compensation*

F

(en/ei) fagforening	*trade union*
å fange noens oppmerksomhet	*to catch someone's attention*
(en) feil	*error/mistake*
(en) fjellrev	*Arctic fox*
å fnyse	*to snort*
(et) folkeregister	*population register*
(en) forakt	*contempt*
forarget	*outraged/offended*
(en) fordel	*advantage*
å foregå	*to take place*
(en/ei) formidling	*dissemination*
formodentlig	*presumably*
å forringe	*to diminish*
(en/ei) forsikring	*insurance*
å forsove seg	*to oversleep*
(en/ei) forstuing	*sprain*
fortreffelig	*excellent*
å fravriste	*to wrest from*
å fri	*to propose (marriage)*
(en/ei) frigjøring	*liberation*
(en) friluftsaktivitet	*outdoor activity*

(et) friminutt	*(school) break time*
(et) fyrverkeri	*fireworks*

G

(et) gjemsel	*hide-and-seek/ hiding place*
gjenkjennende	*in recognition*
å gjennopprette	*to restore*
å gjenvinne	*to recycle*
gripende	*gripping*
(en) grunnlov	*constitution*
å gå til sak	*to take court action*
(et) gårdsbruk	*farm*

H

hamrende	*pounding*
(en/ei) handling	*action/plot*
å hende	*to happen*
(en) hettegenser	*hoodie*
(en) hoppbakke	*ski jump*
hva som helst	*whatever*
(en) hvalross	*walrus*
(en) hybelkanin	*clump of dust (dust bunny)*

I

imidlertid	*however*
å imøtekomme	*to comply with*
å innrømme	*to admit*
å innse	*to realize*
(et) inntrykk	*impression*

J

(en/et) jafs	*gulp*

K

(en) kaffetrakter	*coffee-maker*
å kikke	*to look/peep/peer/ browse*
(et) klesplagg	*item of clothing*
(en/ei) klimaendring	*climate change*
(en) klimagass	*greenhouse gas*
(et) kloakkanlegg	*sewage plant*
(et) knutepunkt	*junction/hub*
(et) kommunestyre	*municipal council*
(ei/en) kransekake	*tower-shaped almond cake*
krevende	*demanding*
å kringsette	*to encircle*
å krydre	*to spice up/season*

L

(en) lagmannsrett	*court of appeal*
laksefarget	*salmon-coloured*
(en/ei) legeerklæring	*medical certificate*
(et) lekfolk	*lay person/people*
(en) lektor	*teaching fellow*
å ligne noen på en prikk	*to look exactly like someone*
(en/ei) likestilling	*equality*
(et) lim	*glue*
(en) lutefisk	*lye-treated fish*
lykkelig	*happy*

M

(en/ei) markering	*celebration/ commemoration*
(en) meddommer	*lay judge*

(en) medgang	*prosperity/success*
(et) menneskeverd	*human dignity/worth*
(en) milepæl	*milestone*
miljøvennlig	*environmentally friendly*
å mobbe	*to bully*
(en) motgang	*adversity/hardship*

N

(en) narhval	*narwhal*
nedlagt	*closed down*
noensinne	*ever*
Nordøstpassasjen	*the Northeast Passage*
(en/ei) nød	*need/want/distress*

O

OL = De olympiske leker	*Olympic Games*
å omdanne	*to transform/convert*
(en) omgangssyke	*infectious diarrhoea*
å omkomme	*to be killed/die*
(en/ei) omskjæring	*circumcision*
(et) omsorgsansvar	*care responsibility*
(en/ei) omveltning	*upheaval*
å oppfordre	*to encourage*
(en) oppførsel	*behaviour*
oppriktig	*sincere*
oppslukt	*engrossed*
(en) oppstillings-rekkefølge	*line-up*
(en) ordfører	*mayor*
overlegen	*superior*
(en/ei) overnatting	*overnight stay*

P

paff	*baffled/flabbergasted*
å passe på	*to be careful*
(et) pattedyr	*mammal*
(et) pensum	*syllabus*
(en) programleder	*presenter*
(en) påstand	*assertion*

R

(en) rakfisk	*cured fish*
(en) rein	*reindeer*
(et) rettearbeid	*marking*
(en/ei) rettetang	*hair straightener*
(en) russ	*final-year pupil at upper secondary school*
(et) rutefly	*scheduled flight*
(ei/en) røre	*mixture/batter*

S

å samle	*to gather/collect*
sankthans	*Midsummer*
(en) skihopper	*ski jumper*
(et) skogbruk	*forestry*
(en) skredder	*tailor*
å skyldes	*to be due to/ caused by*
(et) skyldspørsmål	*question of guilt*
å skåne	*to spare*
å slanke seg	*to slim down*
å smelle	*to slam*
å smøre	*to spread/grease/wax*
(et) smørejern	*waxing iron*

som et plaster på såret	by way of consolation	**U**	
(et) **speilreflekskamera**	SLR camera	(en/ei) **ulempe**	disadvantage
(en) **spekkhogger**	orca/killer whale	(en/ei) **utflukt**	excursion
(en/ei) **stilling**	position	(et) **utgangspunkt**	starting point
storartet	magnificent	å **utmåle**	to mete/give out
å **straffe**	to punish	(et) **utslett**	rash
(en) **strid**	struggle/battle	(et) **utslipp**	emission
å **stå for**	to be responsible for/ stand for	(en) **utøvende kunstner**	performing artist
(et) **svik**	betrayal/treachery/ fraud/deceit	**V**	
sykehjem	nursing home	(en) **varmekabel**	(underfloor) heating
(en/ei/et) **søppel**	rubbish	(et) **vedlikehold**	maintenance
		(et) **vern**	protection
T		**veslevoksen**	precocious
å **tenke seg om**	to think carefully	**viet**	devoted
tilfreds	satisfied	(en) **vikar**	substitute
å **tilsette**	to add	(et) **VM = verdensmesterskap**	world championship
(en) **tingrett**	district court	(en/ei) **vugge**	cradle
(et) **tog**	procession	**Y**	
å **trekke lodd**	to draw lots	(en/ei) **ytring**	utterance
(en) **trener**	coach	**Ø**	
(en/ei) **trening**	exercise	(ei/en) **østmarkmus**	southern vole
tverrfaglig	interdisciplinary	**Å**	
		(en) **ånd**	spirit/mind/soul

COMPARING CEFR AND ACTFL LANGUAGE PROFICIENCY STANDARDS

This table shows an approximate comparison of the CEFR Global descriptors and ACTFL proficiency levels.* For both systems, language proficiency is emphasized over mastery of textbook grammar and spelling. Note that the ACTFL system divides the skills into receptive (reading and listening) and productive (speaking and writing). For more information please refer to www.actfl.org; www.coe.int; www.teachyourself.com.

CEFR	ACTFL	
	RECEPTIVE	PRODUCTIVE
C2 Can understand with ease virtually everything heard or read. Can summarize information from different spoken and written sources, reconstructing arguments and accounts in a coherent presentation. Can express him/herself spontaneously, very fluently and precisely, differentiating finer shades of meaning even in more complex situations.	Distinguished	Superior
C1 Can understand a wide range of demanding, longer texts and recognize implicit meaning. Can express him/herself fluently and spontaneously without much obvious searching for expressions. Can use language flexibly and effectively for social, academic and professional purposes. Can produce clear, well-structured, detailed text on complex subjects, showing controlled use of organizational patterns, connectors and cohesive devices.	Advanced High/ Superior	Advanced High
B2 Can understand the main ideas of complex text on both concrete and abstract topics, including technical discussions in his/her field of specialization. Can interact with a degree of fluency and spontaneity that makes regular interaction with native speakers quite possible without strain for either party. Can produce clear, detailed text on a wide range of subjects and explain a viewpoint on a topical issue giving the advantages and disadvantages of various options.	Advanced Mid	Advanced Low/ Advanced Mid
B1 Can understand the main points of clear standard input on familiar matters regularly encountered in work, school, leisure, etc. Can deal with most situations likely to arise whilst travelling in an area where the language is spoken. Can produce simple connected text on topics which are familiar or of personal interest. Can describe experiences and events, dreams, hopes and ambitions and briefly give reasons and explanations for opinions and plans.	Intermediate High/ Advanced Low	Intermediate Mid/ Intermediate High
A2 Can understand sentences and frequently used expressions related to areas of most immediate relevance (e.g. very basic personal and family information, shopping, local geography, employment). Can communicate in simple and routine tasks requiring a simple and direct exchange of information on familiar and routine matters. Can describe in simple terms aspects of his/her background, immediate environment and matters in areas of immediate need.	Intermediate Mid	Intermediate Low
A1 Can understand and use familiar everyday expressions and very basic phrases aimed at the satisfaction of needs of a concrete type. Can introduce him/herself and others and can ask and answer questions about personal details such as where he/she lives, people he/she knows and things he/she has. Can interact in a simple way provided the other person talks slowly and clearly and is prepared to help.	Novice High/ Intermediate Low	Novice High
0	Novice Low/ Novice Mid	Novice Low/ Novice Mid

*CEFR = Common European Framework of Reference for languages; ACTFL = American Council on the Teaching of Foreign Languages